浙江省社科规划课题成果:"浙江省普惠制金融发展的模式和路径研究:
基于浙江省金融改革试验区的实践经验"(编号:15NDJC242YB)
浙江省自然科学基金项目:"浙江省新型农业经营主体的金融良性循环机制研究"(编号:LY15G030011)

金融改革试验区普惠金融发展的模式和路径

田剑英 著

中国财经出版传媒集团
中国财政经济出版社

图书在版编目（CIP）数据

金融改革试验区普惠金融发展的模式和路径／田剑英著. —北京：中国财政经济出版社，2017.5
ISBN 978－7－5095－7426－3

Ⅰ.①金… Ⅱ.①田… Ⅲ.①金融体系－研究－中国 Ⅳ.①F832.1

中国版本图书馆 CIP 数据核字（2017）第 087639 号

责任编辑：刘五书　　　　　　　责任校对：杨瑞琦
封面设计：陈宇琰

中国财政经济出版社 出版
URL：http：//www.cfeph.cn
E－mail：cfeph@cfeph.cn
（版权所有　翻印必究）
社址：北京市海淀区阜成路甲 28 号　邮政编码：100142
营销中心电话：88190406　北京财经书店电话：64033436　84041336
北京财经印刷厂印刷　各地新华书店经销
787×1092 毫米　16 开　16.75 印张　310 000 字
2017 年 5 月第 1 版　2017 年 5 月北京第 1 次印刷
定价：36.00 元
ISBN 978－7－5095－7426－3
（图书出现印装问题，本社负责调换）
本社质量投诉电话：010－88190744
打击盗版举报热线：010－88190414　QQ：447268889

Contents 目录

引言 ·· 1

第1章 普惠金融及其在金融改革试验区的发展 ············ 10

1 普惠金融的概述 / 10
    1.1 普惠金融的内涵 / 10
    1.2 普惠金融的发展历程 / 11

2 国内外普惠金融研究述评 / 13
    2.1 国内外关于普惠金融基本内涵的研究 / 13
    2.2 国内外关于小额信贷与普惠金融发展的研究 / 14
    2.3 国内外关于微型金融机构（MFIs）与普惠金融发展的研究 / 16
    2.4 国内外关于金融深化与普惠金融发展的研究 / 17

3 金融改革试验区推进普惠金融发展 / 18
    3.1 国家、地方各级普惠金融的改革实践 / 18
    3.2 浙江省金融改革试验区的实践 / 20

4 国内金融改革试验区发展普惠金融特点 / 21
    4.1 在原有农村经济发展模式基础上实践普惠金融 / 21
    4.2 金融改革试验区引导民间金融阳光化 / 22
    4.3 金融改革试验区推进城乡金融服务均等化 / 22
    4.4 金融改革试验区创新小微金融服务 / 23
    4.5 金融改革试验区实现农村普惠金融 / 24

5 金融改革试验区普惠金融发展的启示 / 25
    5.1 将金融试验区的实践经验辐射周边地区甚至全国 / 25
    5.2 发展民营银行，引导民间金融阳光化运作 / 26

5.3　发展农村微型金融机构　/26
　　5.4　创新小微金融模式，深入推动小微企业发展　/26
　　5.5　健全普惠金融配套政策，构建均衡的普惠金融体系　/27
　　5.6　完善社会信用体系建设　/27
附件　/27
参考文献　/30

第2章　金融改革试验区普惠金融发展效率与协同度 …………………… 33

1　浙江省金融改革试验区普惠金融发展的经验　/33
　　1.1　民间借贷阳光化、规范化　/33
　　1.2　银行卡助农取款服务　/34
　　1.3　金融集聚强化产业链金融，创新民间融资平台　/35
　　1.4　贸易链金融创新　/36
　　1.5　小微金融改革创新的实践　/37
　　1.6　建设移动金融服务体系普惠民众　/39
2　浙江金融改革试验区发展普惠金融的特点　/40
　　2.1　有着丰富的民间资本是设立民营银行的基础　/40
　　2.2　金融改革试验区的金融改革与创新　/41
　　2.3　金融改革试验区民营新兴小型金融机构或金融中介的出现　/41
　　2.4　金融改革试验区普惠金融体系建设　/42
3　浙江省金融改革试验区发展普惠金融的实证研究　/42
　　3.1　金融改革试验区普惠金融机构的绩效评价　/42
　　3.2　金融改革试验区普惠金融与传统的金融服务机构的协同度　/46
4　金融改革试验区普惠金融发展的路径　/54
　　4.1　健全配套政策以构建均衡的普惠金融体系　/54
　　4.2　形成并完善农村普惠金融体系的对称性互惠共生模式　/55
　　4.3　加快农村金融改革节奏，加强金融产品与服务的创新　/56
　　4.4　推进利率市场化，促进民营金融机构的发展　/57
　　4.5　健全普惠金融监管体制　/57
　　4.6　强化政策引导，推进普惠金融示范化建设　/58
　　4.7　加强较发达地区普惠金融基础设施建设　/58
参考文献　/59

目 录

第3章 普惠金融指数与微型金融机构的布局 ………………………… 61
1 宁波普惠金融体系建设的现状 / 61
  1.1 微型金融机构是普惠金融体系建设的重要内容 / 61
  1.2 具有小微企业金融服务的城商行分行 / 62
  1.3 完善农村金融体系的新型农村金融机构 / 64
  1.4 专营小微企业金融服务机构 / 65
2 宁波普惠金融体系的实证研究 / 66
  2.1 宁波普惠金融指数的实证研究 / 66
  2.2 宁波新型农村金融机构网点布局的实证研究 / 70
3 宁波普惠金融体系建设的调查研究 / 76
  3.1 对宁波开展小额信贷业务的调查 / 76
  3.2 对宁波专营小微企业金融服务机构的调查 / 79
4 微型金融机构布局的策略 / 85
  4.1 构建正金字塔金融体系发展包容性金融 / 85
  4.2 发展移动金融 / 85
  4.3 培育行业标杆式的互联网金融企业 / 86
  4.4 推进微型金融的数字化、电子化、信息化、城镇化 / 87
  4.5 渐进式推进并扩大民营银行的数量与规模 / 87
  4.6 统筹规划发展专营金融机构 / 88
  4.7 发展新型农村金融机构 / 89
  4.8 合理进行网点布局提高普惠金融覆盖率 / 90
  4.9 完善信用担保体系和小微金融创新监管机制 / 91
附件 / 93
参考文献 / 96

第4章 微型金融机构与民营中小银行 ………………………… 98
1 民间资本设立中小银行的必要性 / 98
  1.1 民营中小银行是微型金融机构的表现形式 / 98
  1.2 发展中国家的金融深化给予民间资本准入银行业的机会 / 99
  1.3 民间资本投资意愿强烈，民间资本金融化倾向显著 / 100
  1.4 设立民营中小银行，能够引导民间金融阳光化 / 101
2 民间资本设立中小银行的可行性 / 102
  2.1 制度变迁化解民间资本金融化的路径依赖 / 102

    2.2 民间资本是亟待加大力度挖掘的金融资源 / 103
    2.3 民营银行具有创新发展小微金融服务的自发性 / 103
  3 民营中小银行案例：温州民商银行服务小微企业 / 104
    3.1 温州民商银行释放民间资金活力 / 104
    3.2 温州民商银行的草根性有效支持小微企业融资 / 106
    3.3 温州民商银行发展中可能的障碍 / 109
  4 民间资本设立中小民营银行的对策 / 110
    4.1 将基于互惠准则的民间金融活动转化为民营银行的经营创新 / 110
    4.2 借助上海自贸区的辐射效应稳妥有序地设立民营银行 / 111
    4.3 以科技银行为突破口设立中小民营银行 / 112
    4.4 引导民间资本进入银行业，并进行合法的金融经营 / 113
    4.5 制定设立民营中小银行准入、监管和退出的法规 / 114
  附件 / 114
  参考文献 / 115

第5章 普惠金融支点与助农金融服务点 …… 117
  1 助农金融服务点建设的背景与意义 / 117
    1.1 助农金融服务点的基本含义 / 117
    1.2 助农金融服务点建设的背景 / 119
    1.3 助农金融服务点建设的意义 / 122
  2 助农金融服务点的普惠金融功能 / 124
    2.1 顺应农村金融供给侧结构改革实现农村普惠金融体系 / 124
    2.2 具备微型银行的基本组织形态 / 125
    2.3 实现农村金融网络的高覆盖 / 125
    2.4 向村民提供均等的金融服务 / 126
    2.5 发挥精准扶贫的金融包容性 / 126
    2.6 为村级电商O2O运作提供便捷支付 / 127
  3 助农金融服务点延伸农村普惠金融体系的基础与路径 / 127
    3.1 助农金融服务点延伸农村普惠金融体系的基础 / 127
    3.2 助农金融服务点延伸农村普惠金融体系建设的路径 / 130
  4 助农金融服务点延伸农村普惠金融体系面临的风险 / 134
    4.1 工作人员操作不规范引致的操作风险 / 134
    4.2 设施配置不到位 / 135

4.3 农户信用信息采集不完整　/ 135
         4.4 可能存在隐形套现、洗钱等风险　/ 136
         4.5 助农金融服务点功能边界模糊　/ 137
    5 助农金融服务点延伸农村普惠金融体系的风险防范　/ 138
         5.1 加强政府对助农金融服务点的扶持力度　/ 138
         5.2 推进普惠金融示范点建设　/ 138
         5.3 实现村民手机移动端安全支付　/ 139
         5.4 制定严密的规章制度确保规范运行　/ 139
         5.5 建立农户信用信息服务平台　/ 140
    附件　/ 141
    参考文献　/ 143

第6章 小微金融与普惠金融技术 ………………………………………… 145
    1 研究小微金融的必要性　/ 145
         1.1 小微金融演化的相关研究　/ 145
         1.2 各级政府政策支持推动小微金融发展与创新　/ 146
         1.3 台州农商行具有小微金融创新的实践经验与示范效应　/ 147
    2 临海农商行小微金融创新的表现形式　/ 148
         2.1 创新普惠型小额贷款产品与服务　/ 148
         2.2 开展信用评价体系建设实现信用贷款　/ 149
         2.3 注重小微金融产品创新和金融服务方式多样化　/ 149
    3 临海农商行小微金融普惠技术创新模式　/ 151
         3.1 小微金融产品开发技术　/ 152
         3.2 小微金融贷款差别定价技术　/ 153
         3.3 小微金融风险识别技术　/ 154
         3.4 小微金融信用技术　/ 154
         3.5 小微金融覆盖技术　/ 155
    4 小微金融创新发展对策　/ 155
         4.1 设立政府引导的产业投资基金支持小微金融创新发展　/ 155
         4.2 发展移动金融，结合互联网金融发展普惠金融　/ 156
         4.3 开展银保等模式的微贷技术创新　/ 156
         4.4 积极推进大众创业和草根创业，开展创业普惠金融　/ 157
         4.5 服务新型农业经营主体，创新农业产业链金融　/ 157

4.6　加大商业银行的总行建设和网点转型　/158
　　4.7　开展农村信用工程建设，完善信用担保体系　/159
附表　/159
参考文献　/161

第7章　便捷融资与小微企业融资平台的运行 …… 162

1　国内外专家学者对小微企业融资平台的研究　/162
　　1.1　国外学者对小微企业融资平台的研究　/162
　　1.2　国内学者对小微企业融资平台的研究　/163
2　国内外小微企业融资平台方式　/164
　　2.1　国外小微企业融资平台　/164
　　2.2　国内小微企业融资平台　/167
3　德清小微企业融资平台发展的背景　/171
　　3.1　德清金融改革　/171
　　3.2　财政支持小微金融平台的发展　/171
　　3.3　对新型农村金融机构进行补助和优惠　/172
　　3.4　德清农信社引进"台湾微贷技术"　/172
　　3.5　小微企业凭诚信获得商业银行贷款融资　/173
4　德清小微企业融资平台的融资流程　/174
　　4.1　德清民间服务融资中心　/174
　　4.2　互联网金融服务平台　/175
　　4.3　德清融资网　/177
5　德清小微企业融资平台的特点　/178
　　5.1　政府扶持　/178
　　5.2　企业创办民间融资服务中心或入股　/178
　　5.3　重视搭建金融中介平台　/179
　　5.4　注重风险防范　/179
6　小微企业融资平台的普惠性分析　/180
　　6.1　小微企业融资便捷　/180
　　6.2　小微企业融资平台借贷双方操作透明，撮合快捷　/180
　　6.3　小微企业融资程序简单且成本降低　/181
　　6.4　小微企业融资风险低　/181
7　完善与发展小微企业融资平台的对策　/182

7.1 创新财政支持 /182
7.2 规范发展P2P融资平台 /183
7.3 开办P2B融资平台降低小微企业融资的风险 /183
7.4 建立信息数据库 /184
7.5 完善小微企业融资平台的信用评价体系建设 /184

参考文献 /185

第8章 便捷支付与移动金融 ……………………………………… 187

1 国外学者对移动金融业务的研究 /187
    1.1 国外学者对移动金融业务的研究 /187
    1.2 国内学者对移动金融业务的研究 /188
2 移动金融业务发展过程和模式 /189
    2.1 移动金融的发展与功能推进 /189
    2.2 移动金融运行模式分析 /191
3 宁波地区移动金融业务发展现状 /194
    3.1 全国移动金融试点城市 /194
    3.2 NFC手机移动支付随时随地快捷安全 /195
    3.3 金融IC卡为市民提供安全便捷的金融服务 /196
    3.4 建立移动金融公共服务平台 /197
4 移动金融成为宁波市普惠金融发展的创新点 /198
    4.1 贴近民生，金融IC卡已成为金融服务民生的"宁波模式" /198
    4.2 以手机为载体的金融创新，保障移动金融的安全性 /198
    4.3 移动支付平台成为打造宁波智慧城市的重要路径 /199
    4.4 以场景为驱动，创新线上线下融合应用 /199
5 宁波地区移动金融业务发展中的问题与原因 /200
    5.1 宁波地区移动金融业务发展中的问题 /200
    5.2 宁波地区移动金融业务发展中产生问题的原因 /201
6 解决宁波地区移动金融问题的对策 /203
    6.1 加强移动金融服务技术风险管理 /203
    6.2 移动金融融合实体经济普及推广 /204
    6.3 继续创新移动金融业务与模式 /205

参考文献 /207

第 9 章　贸易金融与贸易链便捷金融新业态 ………………………………… 209
1　贸易金融的概述　/ 209
　　1.1　什么是贸易金融？　/ 209
　　1.2　国内外学者对金融服务贸易的研究　/ 210
2　义乌贸易链金融开展的必要性　/ 212
　　2.1　义乌"市场采购"新型贸易亟须与之配套的金融服务　/ 212
　　2.2　义乌市具有多元化金融组织体系　/ 213
　　2.3　义乌市正在开展国际贸易综合改革试点金融专项　/ 214
3　义乌贸易链便捷金融新业态　/ 215
　　3.1　"国贸通"便捷金融服务案例剖析　/ 215
　　3.2　"义乌通"贸易金融一体化供应链金融服务平台的案例剖析　/ 219
　　3.3　义乌贸易链便捷金融新业态的作用　/ 221
4　义乌贸易链金融具有金融的便捷性　/ 222
　　4.1　个人跨境人民币业务试点使国际贸易更便利　/ 222
　　4.2　中小企业享受无抵押低成本贷款　/ 223
　　4.3　创新多元化的贸易金融产品与服务　/ 223
5　义乌贸易金融发展的路径　/ 224
　　5.1　政府和监管部门应该提供更多的导向性和倾斜政策　/ 224
　　5.2　降低授信准入门槛，政策支持贸易融资授信　/ 224
　　5.3　建立网上融资平台，有序建立全球供应链融资体系　/ 225
　　5.4　推出标准化的金融产品与服务　/ 225
附件　/ 227
参考文献　/ 228

第 10 章　数字普惠金融与互联网金融服务实体经济 ……………………… 229
1　国内外互联网金融的发展与运行　/ 229
　　1.1　国外互联网金融的发展与运行　/ 229
　　1.2　国内互联网金融的发展与运行　/ 232
2　互联网金融与实体经济的对接　/ 235
　　2.1　第三方支付与实体经济的对接　/ 235
　　2.2　P2P 与实体经济的对接　/ 237

2.3　众筹与实体经济的对接　/ 239
　　2.4　信息化金融机构与实体经济的对接　/ 242
3　互联网金融与实体经济对接的障碍与风险　/ 245
　　3.1　第三方支付存在的信息外泄与监管不力　/ 245
　　3.2　P2P存在的失信与监管空白　/ 245
　　3.3　众筹存在的责任缺失与经营的持续性问题　/ 246
　　3.4　信息化金融机构存在信息技术风险与黑客病毒　/ 247
4　促进互联网金融对接实体经济的对策　/ 247
　　4.1　支持发展在线供应链金融，使金融与实体经济互动发展　/ 247
　　4.2　实现互联网金融的转变升级，培育行业标杆式的互联网金融企业　/ 248
　　4.3　进行网络诚信体系建设，构建良好的互联网金融生态环境　/ 249
　　4.4　基础设施持续优化，注重内部风险控制　/ 249
　　4.5　加快金融法律建设，不断优化互联网金融行业的监管　/ 250

参考文献　/ 251

后记 ………………………………………………………………… 255

引　言

1　本著作写作的出发点

普惠金融是民生金融，是金融可持续发展问题。世界银行扶贫协商小组（CGAP）在《建设普惠金融体系——捐赠人小额信贷实践指导方针》中阐述了普惠金融体系概念。联合国在"2005年国际小额信贷年"推广"普惠金融体系"，特别强调小额信贷和微型金融的发展。2013年国务院办公厅发布"金十条"等重要文件。党的十八届三中全会在《中共中央关于全面深化改革若干重大问题的决定》第三部分第十二条明确提出"发展普惠金融"。2012年开始通过金融改革试验区发展普惠金融的大规模实践，普惠金融已成为金融变革的新动力。为促进普惠金融的发展，包括央行在内的多个部委在研究制订发展普惠金融的政策文件，并推动移动支付、促进普惠金融的渠道多样化试点工作。同时，许多地方正在制订普惠金融发展规划，如《浙江农信普惠金融工程三年行动计划（2013—2015年）》（浙政发办〔2013〕）、《甘肃省普惠金融发展规划（2014—2018年）》（甘政发〔2014〕101号）。所以，研究普惠金融发展的模式和路径非常必要。

国外微型金融机构的形式主要有以孟加拉格莱珉银行为典型代表的小组联保形式、印度自助小组、印尼人民银行、玻利维亚阳光银行、乌干达的国际社区资助基金会村庄银行、日本妇女城市贷款合作社和菲律宾Novaliches发展组织。我国存在明显的时滞，如普惠金融许多问题有待于实证检验、普惠金融体系建设的路径选择有待于深入研究等。从小额信贷到微型金融再到普惠金融的历史沿革和发展，我国提出了建设普惠金融体系的基本框架和思路，特别是我国在较发达地区通过金融改革试验以发展普惠金融，包括其影响与推广方面，但都处于起步阶段，可供分析的理论和资料较少。因此导致难以在确定的指标后取得所需要的数据对进行定量分析，而且鲜见实证分析资料，对研究普惠金融存在的问题与发展受到诸多限制。

浙江省金融服务供给方面的普惠程度相对较高,特别是浙江省各地区金融改革试验区的开展,浙江省的普惠金融供给相对较高,但普惠金融还没有得到完全普及,仍有部分小微企业和"三农"群体特别是偏远地区对普惠金融的了解甚少,围绕浙江省金融改革试验区研究普惠金融的发展路径是十分必要的。

2 本著作的主要观点

2.1 围绕我国金融改革试验区归纳梳理普惠金融发展模式,特别注重普惠金融发展的路径十分迫切

自党的十八届三中全会第一次提出"普惠金融"以来,各地开始进行了长期的探索和实践,一些国内金融改革试验区在普惠金融的实践探索中取得了明显成效,并展现了符合当地发展普惠金融的不同特色,因此,研究金融改革试验区和普惠金融的联系有其必要性。本著作对普惠金融进行了文献综述与国内外发展现状研究,从金融改革与普惠金融理论、小额信贷与普惠金融发展、微型金融机构(MFIs)与普惠金融发展与普惠金融发展模式等方面,对国内外专家学者发表的相关文章和观点进行文献综述,并从国内外普惠金融体系的实践与经验、国内外普惠金融体系发展历程与实践、国内外普惠金融的发展现状研究,通过对国内各金融改革试验区普惠金融发展研究,分析各地金融改革试验区普惠金融的实践经验,为我国其他地区发展普惠金融提供一定的借鉴。

2.2 研究浙江省金融改革试验区的普惠金融模式与发展路径具有典型性

浙江省是较发达地区,发展普惠金融有着其特有的优势,有着丰富的民间资本,民营新兴小型金融机构和金融中介的大量出现,在金融改革的进程中能够更好更快地推进普惠金融的发展,促进普惠金融体系的建设。因此,以较发达地区浙江省作为研究对象,选取金融改革试验区温州、义乌、台州、丽水、德清、宁波等地正在进行的普惠金融实践,运用了效率评价(DEA)和协同理论(协同度模型)两种方法,对普惠金融效率、普惠金融与正规金融协同发展等问题进行了实证分析,认为各个地区的普惠金融效率都有所差异,应提高普惠金融绩效,

以促使普惠金融与正规金融统筹共同发展。同时通过提炼移动金融创新、促进民间资本阳光化、贸易金融创新、建立民间融资服务平台、发展小微金融改革等普惠金融的发展模式，对推进普惠金融发展提供典型的借鉴经验，特别是对其发展的模式和路径进行总结，为如何发展欠发达地区的普惠金融提供参考与借鉴。

2.3 金融改革试验区的民营金融机构是普惠金融体系的重要组成部分

党的十八大报告明确鼓励、支持、引导非公有制经济的发展，公平参与市场竞争；国务院办公厅发布的"金十条"的第九条为"扩大民间资本进入金融业"；上海自由贸易试验区也支持民间资本进入区内银行业；党的十八届三中全会提出了要完善金融市场体系的金融改革思路，以解决中国经济的结构性矛盾，特别是要在加强监管的前提下民间资本有序发起设立中小型银行等金融机构。民营资本进入银行业问题是我国必然的发展趋势，尤其是在浙江省民营经济较发达地区，必须给予正确疏导民营资本正常投资以及开放投资。所以，在允许民间资本进入金融领域、鼓励和支持民营金融机构发展的背景下，民营银行理应是普惠金融体系的重要组成部分。

通过调查研究普惠金融综合示范区内微型金融机构的创新发展情况，采用多种较为前沿的经济计量方法对普惠金融指数、网点布局进行了实证分析。内容包括：（1）用普惠金融指数对普惠金融的绩效评价研究：对普惠金融指标的研究，探讨普惠金融指数，研究具有科学性和准确性。（2）从网点布局作为切入点研究普惠金融：采用 Probit 模型对新型农村金融机构网点布局的实证研究，对新型农村金融机构网点布局的特点及网点布局等进行实证分析。基于对国内外普惠金融的发展与实践，以微型金融机构的运作特点和运作为基础，通过对小微金融机构相关部门、小微企业主体进行调研，以问卷、访谈、对话、小型会议方式，并通过相应的实证研究展现微型金融机构服务小微企业的现状，从而对微型金融机构的布局提出相应的策略。

2.4 农村金融供给侧结构改革的目标是实现普惠金融体系，这就需要提高金融改革试验区乡镇网点的覆盖率和行政村金融服务的覆盖率

在发达地区城市化进程中，存在着城乡和区域金融发展不平衡，基本金融服

务不均等现象，按照构建和谐社会的要求，经济发达地区在城市化进程中要更加注重解决金融发展不平衡问题，率先建立普惠型金融服务体系，让广大人民共享金融改革发展的成果。助农金融服务点实现金融服务覆盖到行政村偏僻的空白地带，服务最底端社会群体，让村民享受均等的金融服务，具有微型金融组织的形态，体现金融的普惠性与公平性。基于宁波普惠金融综合示范区的建设，通过实地调研与农户采访研究发现，让村民享受均等的金融服务、提供精准金融扶贫及支持村级电商便捷支付，是助农金融服务点发挥普惠金融功能的表现形式；村级便民服务中心、村级连锁便利店、村邮站等是助农金融服务点延伸农村普惠金融体系的主要路径。通过剖析助农金融服务点面临的风险，鉴于助农金融服务点建设是国家普惠金融规划的重要组成部分，提出应加大政府对助农金融服务点的扶持力度，推进农村普惠金融示范点建设，建立农户信用服务平台，制定严密的规章制度等风险防范对策。

2.5 探究小微金融普惠技术创新模式和小微企业融资平台，金融改革试验区的小微金融服务创新十分重要的

小微企业融资主要来自内源融资和外源融资。但小微企业规模小、风险承受能力弱，致使其内源资金不足，且信用体系不健全，缺少担保抵押物，产品单一，外源融资渠道缺乏。以浙江台州市小微企业金融服务改革创新试验区的临海农商行为样本，对临海农商行小微金融创新的表现形式进行全面而具体的分析，认为临海农商行通过普惠民生的一系列金融服务创新，在实践中逐渐形成小微金融微贷技术、风险识别技术、利率差别定价技术、产品开发技术和服务覆盖技术的小微金融普惠技术创新模式，并提出小微金融创新发展对策。

同时，融资平台作为一种特殊的金融中介服务机构，具有金融和中介服务的双重属性，是连接小微企业和正规金融机构的桥梁，同时也是推动小微企业与银行等金融机构顺利开展借贷行为的途径模式。在德清金融改革的背景下，研究德清小微企业融资平台主要是为了提高德清小微企业的融资能力，缓解小微企业融资难题，拓展小微企业的融资途径，对于小微企业融资平台的规范和完善、对于小微企业融资环境优化等具有积极影响，进而提高小微企业的生产经营效率和可持续发展能力。

2.6 金融改革试验区的贸易金融具有贸易链便捷金融新业态

针对当前国际金融危机影响持续，我国中小企业转型升级面临困境的情况，

义乌市立足于地区实际发展现状,在探索贸易发展新模式,促进企业转型升级上取得了一定成效,但在外贸管理体制、服务支持体系和经济辐射范围等方面还存在诸多问题。作为国际贸易改革的配套方案之一,在2013年9月18日,国务院正式批复《义乌市国际贸易综合改革试点金融专项方案》,其主要目标是通过加快金融改革创新,积极推动人民币跨境业务、外汇管理和民间资本管理创新,探索贸易金融新模式,形成多元化金融组织体系、多层次金融市场体系和便利化贸易金融服务体系,创建规范有序的金融发展环境。

2.7 应进一步研究互联网为载体的数字普惠金融,特别是移动互联网给移动金融带来了绝无仅有的发展契机,移动金融具有便捷支付功能

互联网金融是金融与互联网技术相结合的产物,以数字化形式提供普惠金融。在互联网金融模式下,智能搜索引擎通过对信息的组织、排序和检索,能有针对性地满足信息需求,大幅提高信息搜集效率,对个人的服务更有针对性。互联网以其平等、开放、协作、透明、共享的精神改变了包括金融在内的很多行业,在一些互联网平台的交易体系设计中,能有效地将众多交易主体的资金流置于其监控之下,降低互联网金融风险控制成本。通过借鉴国内外运行良好的互联网金融模式如网络银行运行模式、P2P网贷平台典型的运营模式、众筹融资模式、大数据金融模式、第三方在线支付模式等,为实体经济与重大项目建设资金需求探索融资新路径,如搭建在线供应链金融平台、创新P2P网络借贷模式发展微型金融服务、借鉴国外众筹模式开发互联网科技金融等。互联网金融不仅对现有金融体系带来了"鲶鱼效应",更为普惠金融体系提供了新的发展机遇。移动金融利用创新的技术和产品降低金融服务的成本,解决普惠金融难题。浙江省宁波市是移动金融改革试验区,因其功能便利、使用区域广泛、收费低廉、安全性好,具有普惠金融的特点,成为数字普惠金融业务发展的新趋势。

3 基本思路和方法

本著作在普惠金融理论研究基础上,以较发达地区——浙江省的普惠金融为切入点,基于较发达地区经济发展运行特点,结合普惠金融等理论构建一种全新的分析范式,将普惠金融模式研究纳入一个系统的、综合性的研究框架中,把普

惠金融从国内外的产生到发展历程作为一个综合过程。

本著作的写作基本思路和研究方法如下图所示：

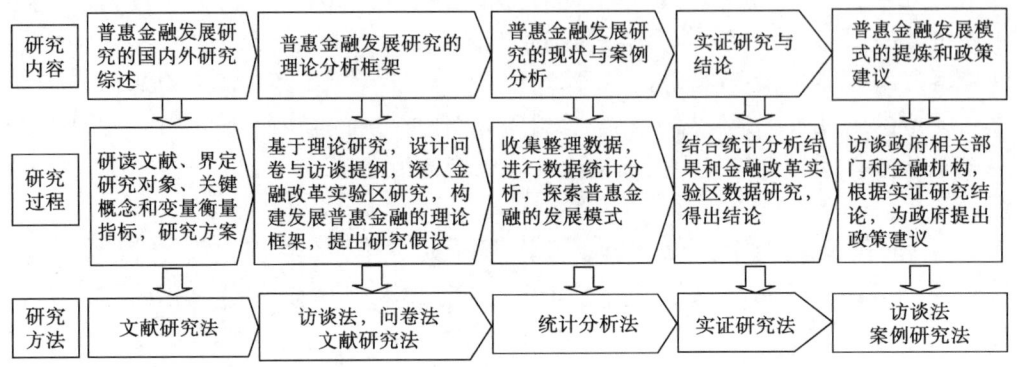

3.1 本著作的写作基本思路

遵循"文献研究——理论分析框架构建和检验——金融改革实验区案例数据收集整理和统计分析——模式提炼——普惠金融理论的丰富与政策建议"的思路：（1）定向搜索整理国内外重点学术期刊的相关文献，进行广泛地国内外比较和深度研读，为后续研究奠定坚实的文献基础。（2）基于文献研究和理论研究，深入金融改革实验区调研，构建发展普惠金融问题研究的理论分析框架，提出研究假设。（3）收集整理数据、进行统计分析、检验假设。（4）研究金融改革试验区内的普惠金融实践，具体应用并检验统计分析结果，使研究结论更加完善和深入。（5）政策建议，从政府和金融改革试验区的试点两个方面提出切实可行的政策建议。

3.2 本著作的研究方法

（1）文献研究法。通过国内外顶级文献的研读，为研究方案的确定、关键概念的明晰、关键变量的定义、理论分析框架的构建提供支持。（2）访谈法和问卷法。一方面两者结合用于检验、修正并完善本课题的理论分析框架和假设；另一方面将访谈中国人民银行、金融办公室、中国银监会等政府相关部门和金融改革实验区相关机构，为政策建议奠定基础。（3）统计分析法。数据处理时，应用欧几里得距离公式构建并计算普惠金融指数，将使用 Microsoft Office 2010 的 Excel 软件进行普惠金融指数的测算；运用效率评价（DEA）模型，通过 MAX-

DEA6.3版本软件进行普惠金融服务的绩效评价；运用协同度模型，通过STA-TA12.0软件研究普惠金融机构与服务创新与传统的金融服务机构的协同关系。（4）案例研究法。深入金融改革实验区开展个案研究，检验丰富实证研究结果。

4 本著作与已出版同类著作的主要不同之处与创新点

4.1 本著作与已出版同类著作的主要不同之处

本著作同国内已出版的同类著作比较，有以下特点：第一，具有独创性。通过文献研究，搜集国内外与普惠金融发展的模式与路径研究相关的资料，了解浙江省普惠金融的发展现状，为本著作研究提供科学的依据，并认识本著作的研究价值，在充分论证的基础上，确定研究课题、填写课题申报表、进行课题立项申报工作等。第二，研究思路及视角不同。基于在2013—2014年度对浙江省金融改革实验区、浙江省金融改革示范县进行调研，如德清、义乌、台州（临海）、丽水、温州等地调研，与中国人民银行宁波中心支行、宁波市金融协会共同完成"较发达地区普惠金融模式及其发展对策研究"。与临海农商行合作，完成"台州小微金融创新发展研究：基于临海农商行金融服务小微企业的实践"课题研究。第三，研究方法不同。本著作主要采用了定量分析和案例相对比较分析法，采用Probit模型、效率评价（DEA）模型等进行实证研究，对普惠金融问题进行数量分析，把普惠金融定量化。第四，研究内容不同。基于民生金融的视角。以浙江省普惠金融为着眼点，基于浙江省金融改革试验区的实践经验，分析浙江省普惠金融的现实状态，研究浙江省普惠金融发展的模式和路径，为地方政府及其相关部门提供决策参考。而同类著作多从理论、现状研究。第五，研究性质有所不同。本著作研究基于国内浙江省辖内，学术性与应用性为一体，而同类著作的研究倾向于国外普惠金融发展及其对我国的借鉴。本著作与同类著作在普惠金融的研究领域有较强的互补性。

4.2 成果的创新之处

4.2.1 研究视角与思路的创新

本著作研究在普惠金融理论基础上，以较发达地区浙江省的普惠金融为切入点，将普惠金融模式研究纳入一个系统的、综合性的研究框架中，把普惠金融从国内外的产生到发展历程作为一个综合过程。研究样本选在较发达地区浙江省，集合"三农"和小微企业资金的供求缺口、丰富的民间资本、现有金融市场体系的缺陷、民营中小金融机构、实体经济等统一纳入普惠金融模式的研究体系和框架中，从而突破了传统金融机构单一视角的研究思路。

4.2.2 研究指标与方法的创新

本著作研究采用了多种较为前沿的经济计量方法对普惠金融指数、网点布局进行了实证分析。（1）用普惠金融指数对普惠金融的绩效评价研究。对普惠金融指标的研究，探讨普惠金融指数，研究具有科学性和准确性。（2）从网点布局作为切入点研究普惠金融。采用 Probit 模型对宁波市新型农村金融机构网点布局的实证研究，对宁波市新型农村金融机构网点布局的特点及网点布局的分析，对普惠金融问题进行数量分析，把普惠金融定量化。

5 本著作在理论、学术及实践上的意义、价值

5.1 本著作在理论、学术及实践上的意义

党中央和政府各级部门极其重视普惠金融问题，特别是政府通过建立金融改革试验区推动普惠金融的发展，本著作为各级决策者提供新的思路和理论基础，具有很强的现实意义。

同时，金融改革试验区吸收各国普惠金融的经验，注重价值判断与制度设计，具有包容性金融的特点，凝练的普惠金融模式能丰富普惠金融的内涵与理论。

本著作总结并提炼浙江省金融改革试验区做法、经验，凝练普惠金融发展模式，设计与完善普惠金融体系，发展区域性金融市场体系，为地方政府、中国人民银行、中国银监会等政府有关部门制定发展普惠金融的政策提供研究依据，提高金融政策的效率性，完善我国金融市场体系。

另外，为所有社会低收入人群提供价格合理、方便快捷的金融服务，不断提高金融服务的可得性，构建"多层次、多元化、广覆盖、可持续"的普惠制、均等化现代农村金融服务体系。

5.2 本著作在理论、学术及实践上的价值

本著作是作者在对 2015 年度浙江省哲学社会科学规划课题（编号：15NDJC242YB）："浙江省普惠制金融发展的模式和路径研究：基于浙江省金融改革试验区的实践经验"、2014 年度宁波市第四批科技计划项目："建立培育宁波市新型农业经营主体的金融服务体系研究"（编号：2014A10019）和 2013 年度台州市第三批哲学社会科学规划立项课题（编号：13GHT01）："台州小微金融创新发展研究：基于临海农商行金融服务小微企业的实践"等课题研究基础上完成的，资料数据准备充足。本著作内容全面，资料实用，提炼普惠金融发展模式，利用金融改革试验区凝练普惠金融模式与路径，较具前瞻性，能够作为浙江省普惠金融发展的决策参考。

第1章

普惠金融及其在金融改革试验区的发展

1 普惠金融的概述

1.1 普惠金融的内涵

一般意义上的普惠金融概念基于小额信贷和微型金融，在发展权理论、科学发展观理论以及和谐社会建设理论的基础上发展起来的，能够有效、全方位地为社会所有阶层和群体提供服务的金融体系。普惠金融最初的雏形可以追溯到小额信贷发展之初，在探索如何为更为广大的人群提供金融服务的实践中，人们不断地进行尝试、探索、总结和创新。在这个过程中，经历了最初的小额信贷阶段，到为穷人提供一系列金融服务的微型金融阶段，最后发展到现在的为所有阶层的人群提供便利而可持续的金融服务的普惠金融阶段。

联合国提出的"千年发展目标"（Millennium Development Goals，简称 MDGs，2005）就是要为所有有金融服务需求的个人和企业提供普遍的金融服务[①]。普惠金融即民生金融，是金融可持续发展问题。普惠金融体系旨在营造一个金融生态

[①] 联合国推行的"2005年国际小额信贷年"提出"普惠金融体系"，要让每个人都能享受到平等的金融服务，其宗旨是实现"千年发展目标"（Millennium Development Goals，简称 MDGs）。

系统，通过扶贫以消除最底端社会群体的金融排斥，体现公平、效率与持续的盈利性（白澄宇，2016）。自 2006 年杜晓山和白澄宇引入"普惠金融体系"（inclusive financial system）后，国内一些代表性的专家学者相继研究普惠金融，特别关注普惠金融与小额信贷、微型金融之间的关系，如杜晓山（2006）①、焦瑾璞等（2009）②、何广文（2010）③、吴晓灵（2010）④等都认为普惠金融就是小额信贷及微型金融的发展。随着党的十八届三中全会明确提出"发展普惠金融"，2014 年和 2015 年的"中央一号文件"、国发〔2015〕74 号更从国家层面确立了普惠金融的实施战略，《G20 数字普惠金融高级原则》成为推广数字普惠金融的国际性准则。

而微型金融发端于对穷人的金融服务，英国合作社集团（1844）⑤、德国的赖夫艾森合作社（Raiffeisen Societies，1854）⑥ 等组织形态是现代微型金融战略的基础。CGAP（2004）认为，微型金融组织就是为穷人提供金融服务的机构，而微型金融机构（Micro – Finance Institutions，简称 MFIs）就是提供微型金融业务的机构，比较有代表性的是关注救助与扶贫的孟加拉乡村银行（GRAMEEN BANK，简称 GB）、注重制度建设与市场导向的印度尼西亚人民银行乡村信贷部（Unit Desas of Bank Rakyat Indonesia，简称 BRI – UD）等。20 世纪 90 年代末，在山西、四川、云南等地实行的"政策性小额信贷扶贫项目"开启了中国微型金融事业。国内外实践表明：普惠金融的实质是"小贷款，大战略"，其基础是微型金融，体现着金融的包容性，支持与推动农村普惠金融的发展。

1.2 普惠金融的发展历程

1.2.1 国外普惠金融的发展历程

从 15 世纪意大利天主教堂建立典当行抵制高利贷服务社区穷人到尤努斯创始的孟加拉乡村银行，到为穷人提供一系列金融服务的微型金融阶段，最后发展到为所有阶层提供便利且可持续的普惠金融阶段。普惠金融理论起源于 20 世纪

---

① 杜晓山："小额信贷的发展与普惠性金融体系框架"，《中国农村经济》2006 年第 8 期。
② 焦瑾璞、陈瑾：《建设中国普惠金融体系——提供全民享受现代金融服务的机会和途径》，中国金融出版社 2009 年版。
③ 何广文："建立普惠金融体系应搞活小额信贷"，《中国经济时报》，2010 年 1 月 12 日。
④ 吴晓灵："构建普惠金融体系，促进社会和谐发展"，《金融时报》，2010 年 8 月 3 日。
⑤ 即 1844 年由英国 LANCASHIRE 的 28 个工人发起成立的商店。
⑥ 即 1854 年在德国农村创立，用创始人 F. W. Raiffeisen 命名。

90年代，伊顿（Eaton，1941）提出"金融民主"并由 R. 希勒（R. Shiller）在21世纪初重新倡导并推广。穆罕默德·尤努斯（Muhammad Yunus，1976）在孟加拉国开始进行小额信贷试验并获得2006年度诺贝尔和平奖，并在印度、菲律宾、非洲等世界许多国家复制并推广。国外对普惠金融的研究和实践已经比较深入与全面，已经形成了较为成熟的普惠金融模式，经过全球性的实践，大量专家学者的研究，微型金融的制度模式主要有二类：（1）以印度尼西亚人民银行乡村信贷部为主要代表的制度主义模式，如印度尼西亚人民银行乡村信贷部模式，强调制度建设、市场导向和可持续发展。（2）以孟加拉乡村银行为代表的普惠金融制度安排混合主义模式，是福利主义模式、制度主义模式和福利主义模式的有机结合，带有救助和扶贫性质的小额贷款为主。其他如拉美的村银行模式、玻利维亚团结银行模式等。

1.2.2 国内普惠金融的发展历程

20世纪80年代初小额信贷由国际机构和组织引入中国，资金来源于国家的金融机构或合作组织。20世纪90年代初杜晓山开创了国内小额信贷的实践，后在中国农业银行、中国邮储银行、城市商业银行等金融机构迅速发展。2001年12月农村信用社开展农户小额信用贷款，标志着正规金融机构进入小额信贷领域。联合国开发计划署于2007年为中国政府提供了"中国普惠金融体系建设"项目，包括制定中国普惠金融体系战略和建立普惠金融投资基金两个内容，国务院、中国人民银行和其他多个部委研究制定了金融改革发展的政策文件（见本章附件）。我国经历了公益性小额信贷、发展性微型金融、综合性普惠金融和创新性互联网金融四个阶段，各级部门积极开展金融改革试验区发展普惠金融，开展了国家级金融综合改革试验区、国家级农村金融改革试验区、中国人民银行专项金融综合改革试验区、省级金融改革试验区、省级金融创新示范县（市、区）等的试点建设。但我国金融改革试验区发展普惠金融的研究，包括其影响与推广方面，都处于起步阶段，可供分析的理论和资料较少，还处在探索过程中。同时，难以在确定的指标后取得所需要的数据对进行定量分析，实证分析更鲜见，因此对研究普惠金融存在的问题与发展受到诸多限制。国内初步形成的普惠金融模式有："政府+银行+扶贫合作社"孕育小额贷款公司，"批发+担保"的小额贷款公司融资模式，完全市场化的公开竞标汇集社会资金模式，"平台+金融+数据"的电子商务平台企业出资模式。外资金融机构独资或参股的小额信贷机构：安信永微型金融（AMC）模式、淡马锡微贷金融服务模式和国际机遇小额担保贷款方式、格莱珉信托小额信贷复制模式等。

2 国内外普惠金融研究述评

2.1 国内外关于普惠金融基本内涵的研究

普惠金融是联合国于 2005 年"小额信贷年"活动中第一次正式提出的。2005 年 5 月国际劳动组织在日内瓦举办构建普惠金融体系全球会议，对关于构建普惠金融的磋商达到高峰，该会议的成果是正式提出了"构建普惠金融体系"，由此，构建普惠金融体系被正式提上国际日程。普惠性金融体系的内核是让所有人特别是穷弱群体享有平等的金融权利，让金融服务惠及所有贫困阶层，同时指出小额信贷是以信贷服务帮助贫困或低收入群体摆脱贫穷为基本宗旨，这与普惠金融所倡导的理念是一致的。尤努斯认为，信贷权是人权，每个人都应该有获得金融服务机会的权利，只有每个人拥有金融服务的机会，才能让每个人有机会参与社会经济的发展。高塔姆·伊瓦图里（Gautam Ivatury，2006）认为，可以采取应用先进的技术手段来构建为全民服务的金融系统，通过使用新技术向贫困人口提供金融服务，能够有效地降低金融服务提供者的成本，从而以更低廉的价格来满足贫困人口的金融服务需求。托尔斯腾·贝克、阿斯利·德米尔居奇—昆特和罗斯·莱文（Thorsten Beck、Asli Demirgüc – Kunt and RossLevine，2007）认为，金融部门改革的重点应该是消除对工作机会和储蓄这些负面影响，消极的激励措施不应该是主要做法。相反，应该选择积极的政策措施，从而逐渐健全金融市场，提高人们的经济权力和参与其中的可能性。

国内金融专家焦瑾璞于 2006 年 3 月份在北京"亚太地区小额信贷论坛"上，首次提出"普惠制金融体系"的概念，指出普惠制金融是能以商业可持续的方式，为包括弱势经济群体在内的全体社会成员提供全面的金融服务。杜晓山（2007）在 2006 年由中国金融学会、金融时报社联合主办的中国金融论坛讲话中指出，中央三个"一号文件"（注：2004 年、2005 年、2006 年）对农村建立金融体系有着清晰的描述，该体系应该是适应和满足农村多层次金融需求，即要建立一个分工合理、功能完备、优势互补、产权清晰、监管有效、管理科学、竞争适度和可持续发展的普惠性金融体系。王睿、明悦、蒲勇健（2008）认为，公平、高效、稳定以及与经济结构的相容性是普惠性金融体系的基本特征。在构建我国普惠金融体系方面，普惠金融是小额信贷及微型金融的延伸和发展，普惠金融继承和发扬了小额信贷的扶贫理念，重视应该向更加贫困的人群和更加偏远的地区开放金融市场和推进金融服务，旨在强调针对穷人的、带有一定扶贫性质的金融不再被边缘化（焦瑾璞，2010），并认为普惠金融体系是对现有金融体系不足所进行的弥补，从广度和深度上来加强完善金融体系，同时依靠技术革新和政策支持来鼓励金融市场向贫困和偏远地区开放，并且提供种类丰富和价格合理的金融产品。杜晓山（2010）对我国小额信贷的服务对象和11项基本原则进行了阐述，同时指出我国普惠金融体系应具有的基本特征：所有家庭和企业都能以合理价格获得所需的金融服务；拥有健全的机构；具备财务和机构的可持续发展能力；拥有多样化的金融服务。李明贤、叶慧敏（2012）在探讨小额信贷与普惠金融产生与发展的基础上，对小额信贷与普惠金融进行了比较分析，认为小额信贷与普惠金融既相互联系又相互区别，小额信贷本质上是普惠金融的理念和实践，普惠金融是对小额信贷扶贫理论认识的深化和发展，但小额信贷与普惠金融在缘起、理论基础、组织机构、业务种类、覆盖面、发展目标等诸多方面存在不同。

2.2　国内外关于小额信贷与普惠金融发展的研究

普惠金融始于小额信贷，从已有文献来看，小额信贷被认为具有以下观点：（1）面向弱势群体，重在解决落后问题；（2）具有较小的贷款额度和灵活的抵押担保；（3）政府补贴扶持和捐赠等支撑着小额贷款机构的发展。国际上对小额信贷可持续及如何实现小额信贷可持续发展有许多研究，主要以小额信贷财务可持续作为研究基点，具体分析小额信贷项目财务状况，看其能否达到操作可持续或经济可持续，然后再对影响小额信贷财务可持续的因素进行分析，最终能够找出实现小额信贷财务可持续性途径，主要代表人物有亚龙（Yaron，1994）、克里森（Christen，1995）和默多克（Morduch，2002）等。

针对金融服务中的弱势群体、较小的贷款额度和灵活的抵押担保形式是小额信贷区别于传统金融服务的基本特征。乔安娜·雷格伍德（2001）在世界银行的《小额金融信贷手册》中将小额信贷界定为一种旨在使中低收入群体受益的经济发展途径。Morduch（1997，1999）在其研究中将小额信贷界定为一种向贫困农户直接提供较高利率的无资产担保的小额贷款并保持高还贷率的扶贫到户方式。利德霍尔姆与米德（Liedholm & Mead，1999）、班尼特（Bennett，1994）、冯·皮施克（Von Pischke，1999）都认为，小额信贷的出现是为了要解决贫穷落后问题。大多数学者，如Yaron、雅各布（Jacob，1994）、霍利斯A.和斯威特曼A.（Hollis A. & Sweetman A.，1998）、维尔路伊森（Versluysen，1999）、梅耶克斯

（Mayoux，1999）、大卫．费尔和卡玛．黑斯修勒（David Fehr and Gaamaa Hishigsuren，2006）等认为，小额信贷是一种有效的金融扶贫方式，如果小额贷款机构允许引进私人资本，吸收社会存款，就能使得小额贷款机构的资金来源得到一定程度上的保证，而政府扶持和捐赠等支撑着小额贷款的发展。小额信贷机构能够通过其金融服务产生的收入来补偿所有的成本项目包括资本成本和营业成本，补偿对通货膨胀引发的补贴及其进行的调整以及一个足够以补偿可能要注销的坏账准备（罗宾逊·玛格丽特（Marguerite Robinson，2001））。但是，Yunus Muhammad（2005）认为，小额贷款机构存在借贷风险，所以，获得客户信息很重要（卡莎和帕夫拉克（Kasia & Pawlak，2002）），乔安娜·莱杰伍德（Ledgerwood Joanna，1996）认为为了减小贷款风险，采用一些抵押担保替代方式是必要的。根据《微型金融公报》（Microfinance Bulletin，2003年7月）的一项调查，集中于低端客户的小额信贷机构必须更注重成本控制。沃勒和伍德沃思（Woller&Woodworth，2001）认为，只要借款人愿意接受较高的利率，小额信贷的利润就会迅速增。

1993年我国第一个非政府小额信贷机构——易县扶贫合作社成立，它是在孟加拉乡村银行信托投资公司和福特基金会的支持下，由中国社会科学院组建，在河北易县成立的，标志着我国小额信贷发展的开始。2001年12月农村信用社开展农户小额信用贷款，标志着正规金融机构进入小额信贷领域。杜晓山（2001，2006）强调小额信贷是整个金融体系的组成部分，认为小额信贷向低收入阶层提供小额度、持续的信贷活动，为大量低收入（包括贫困）人口提供金融服务。随着我国小额信贷不断发展壮大，国内众多学者对我国小额信贷存在的问题有过研究，陈浪南、谢清河（2002）认为，小额信贷最主要的问题是利率。李辉（2004）则阐述了小额信贷的法律法规问题。孙琳（2006）反映出小额信贷行业的业务人员问题，人才缺乏。同时，也有众多专家提出了相应的对策，孙琳（2006）认为关于小额信贷的相关法律法规应完善，政府适宜的监督和管理。党玺、刘京莲（2007）提出小额信贷要建立完善的信用体系，同时（2006）强调小额信贷不应被边缘化，它应该是整个金融体系不可分割的有机组成部分，要以普惠金融体系的新视角来看待小额信贷，认为普惠金融体系框架包含微观、中观和宏观三个层面的内容和要求。巴曙松、韦勇凤、孙兴亮（2012）认为经过多年的发展，中国小额贷款市场已初步形成一个竞争性的市场，呈现出小额信贷机构多样化的局面，其既包括正规的金融机构，也包括非政府组织小额信贷机构等。然而，小额信贷机构在法律定位和监管、资金来源、产品创新、风险控制以及贷款利率市场化等方面均存在结构性问题。在中国应设立专门的小额信贷监管机构，逐步实现利率市场化，鼓励小额信贷机构进行产品创新，拓展多渠道融资，建立小额信贷数据库以及小额信贷机构评级体系等。

2.3 国内外关于微型金融机构（MFIs）与普惠金融发展的研究

微型金融是小额信贷的广义范畴，是一种以小额信贷为主的金融形态，是小额信贷金融多样化和持续化的结果。但是，微型金融不仅仅是小额信贷，还包括存款、保险等其他金融服务。微型金融是个非常宽泛的概念，它包括正规金融机构（如一些商业银行）开展的微型金融服务，也包括那些非正规金融机构和个人开展的微型金融服务。维多利亚·怀特和安妮塔·坎皮恩（Victoria White and Anita Campion, 2002）、尼莫·费尔南多（Nimal. A. Fernando, 2003）的研究认为，非政府组织（Non-Governmental Organizations，简写 NGO）设立的 MFIs 转变为正规金融机构主要是为了确保机构可持续发展，为了扩展小额信贷业务获取盈利。

外国专家对微型金融机构做过很多研究。尤尼福（Unicef, 1997）通过研究得出小额贷款能够促进贷款者收入增加的结论，说明微型金融机构及其服务能起到扶贫作用，为世界上许多发展中国家、发达国家的农村发展做显著的贡献。根据鲁滨逊（Robinson, 2002）对微观金融的定义，小额信贷是一种提供金融以及社会中介的发展方式，金融中介包括提供储蓄、信贷和保险服务，而社会中介主要涉及以表达公民愿望、引起制定政策的决策者关注和提升公民自信心的公民团体。这些服务主要由三种类型的贷款机构提供：正规机构，如银行和农村信用合作社；半正式机构，如非政府组织；非正规来源，如放贷者和私营机构。亚洲发展银行（Asian Development Bank, 2004）定义微观金融机制包括正规和半正规机构提供的微观金融服务，统称为微型金融机构（MFIs）。在微型金融的产品与服务方面，诺斯（Nourse, 2001）提出微型金融不仅提供贷款产品，还需要向贫困人群提供保险与储蓄等金融服务。同时，微型金融机构应当向低收入群体提供有针对性的信贷产品而非同一化的信贷服务。沃勒（Woller, 2002）指出微型金融机构应当以客户需求为导向，提供多元化的金融服务与产品以满足客户群体的不同业务需求。

国内学者对我国微型金融机构发展做了一系列的研究，许多专家指出了我国微型金融的发展存在的诸多问题。赵冬青、刘雅祺（2009）认为，所有致力于为低收入者提供金融服务的市场主体都可以称为微型金融组织，肩负着消除贫困和为低收入者服务的特殊使命，且微型金融只有商业化才能实现可持续发展，并获得大规模的覆盖面（李波，2009）。吴一凡（2013）认为，小额信贷未实现利率市场化、微型金融业务开展风险较高、微型金融机构资金来源渠道狭窄以及相关法律和监管措施有待完善等。同时，也有很多学者针对微型金融存在的问题，提出了相应的建议。陈岩（2012）提出需要完善风险分担机制、信贷机构监督以及信用评级制度，提升微型金融机构的管理水平；刘磊与潘美丽（2012）则认为，除了要建立完善我国征信体系、建立健全微型金融发展的监管体系外，还需培养和壮大微型金融发展的人才队伍，以及优化微型金融发展的法律环境；吴一凡（2013）提出需要扩大覆盖范围，因地制宜开展业务；也需要推行市场化的小额贷款利率，增强产品创新，实现多元化发展。

2.4 国内外关于金融深化与普惠金融发展的研究

罗纳德·I. 麦金农和爱德华·S. 肖（1973）的金融抑制与金融深化理论把金融深化与金融自由化等同起来，代表性人物主要有卡普尔（Kapur）、加尔比斯（Galbis）、弗赖伊（Fry）、赫尔曼（Hellman）、默多克（Murdock）、斯蒂格利茨（Stiglitz）、韦德（Wade）、帕特里克（Patriek）、德梅特里亚德斯和帕特里克（Demetriades and Luintel）等。雷蒙德·W. 戈德史密斯（Raymond W. "Goldsmith, 1969）的金融结构理论认为金融发展就是研究金融结构的变化过程和趋势，金和莱文（King & Levine）、伊斯特利（Easterly）和Stiglitz、帕特里克（Patrick）等也得出相似的结论。斯蒂格利茨的"不完全竞争市场论"认为农村金融市场不是一个完全竞争的市场，代表性人物有亚当斯（Adams）、布鲁纳（Brunner）和雷蒙德（Raymond）等。高塔姆·伊瓦图里（Gautam Ivatury, 2006）认为，采取先进的技术手段来构建为全民服务的金融系统，以满足贫困人口的金融服务需求。

中国金融部门存在着"漏损效应"，即金融资源从享有特权的国有部门流向受到信贷歧视的私人部门（卢峰、姚洋，2003），为实现民营金融的良性发展，需要解除对民营金融的压制，为其创造一种适宜的制度环境（史晋川、严谷军，2001）。其他学者，如饶余庆、周业安、谈儒勇、李焰、于良春、鞠源都分别做了相关研究。焦瑾璞等（2009）认为，普惠金融是对小额信贷及微型金融的发展；夏园园、何广文、吴晓灵（2010）认为，普惠金融体系的核心因素是小额信贷。周小川（2013）认为，普惠金融通过完善金融基础设施，以可负担的成本将金融服务扩展到欠发达地区和社会低收入人群。

3 金融改革试验区推进普惠金融发展

3.1 国家、地方各级普惠金融的改革实践

国家级金融综合改革试验区已经形成了温州市金融综合改革试验区、广东珠江三角洲金融改革创新综合试验区、福建省泉州市金融服务实体经济综合改革试验区、云南沿边金融改革综合试验区、山东青岛财富管理金融综合改革试验区、武汉金融综合改革试验区，在这六个国家级金融综合改革试验区中，温州、泉州、珠江三角洲三地属于较发达地区，普惠金融的实践具有典型性。

2011年年底由农业部、中国人民银行、中国银监会、中国保监会四部委联合批复的6个第一批国家级农村金融改革试验区，即北京大兴区、河北玉田县、吉林九台市、福建沙县、湖南沅陵县及广西田东县6个县（市、区），其中，北京大兴区、福建沙县、湖南沅陵县属于较发达地区。在第二批34个全国农村改革试验区和试验任务中，湖南沅陵、河北玉田、安徽金寨3个县承担农村金融制度改革试验任务，湖南沅陵仍在其中。2012年3月30日中国人民银行和浙江省政府联合批准在丽水市进行农村金融改革试点，丽水成了全国首个经央行批准的农村金融改革试点地区，是全国农村金融改革的样本。

在全国范围内开展普惠金融区建设，如宁波市普惠金融综合示范区、兰考县普惠金融改革试验区等。2015年10月中国人民银行总行批准宁波在全国率先探索建设普惠金融综合示范区，宁波市政府出台《关于建设普惠金融综合示范区的实施意见》（甬政发〔2016〕30号），自2016年4月1日起将率先全国试点建设普惠金融综合示范区，欲打造普惠金融的"宁波范本"。2016年4月9日中国人民银行郑州中心支行与兰考县政府签署了《加快推进兰考县普惠金融改革试验区建设合作备忘录》，推出了"推动兰考普惠金融改革试验区建设工作实施方案"，明确了实施百亿支农计划、定项降准、互联网+等30项具体措施，用以支持兰考进行金融创新和经济发展。2016年12月28日中国人民银行、中国银监会会同有关部门和河南省人民政府印发了《河南省兰考县普惠金融改革试验区总体方案》文件，兰考正式成为我国首个普惠金融改革试验区。

国家、地方各级普惠金融的改革实践总结为表1-1。

表 1-1　　我国较发达地区金融改革实验区的普惠金融实践

普惠金融模式	金融改革实验区	金融改革的内容	普惠金融的绩效
农村金融改革样板	丽水国家级农村金融改革实验区（银发〔2012〕82号）	①便民助农取款服务；②农户信用信息数据库；③林权抵押贷款；④全国首个村级外币代兑点	从全国"三大样板"走向"全国示范"
民间借贷阳光化、规范化	温州国家级金融改革实验区（2012年3月28日国务院常务会议批准）	①温州金融改革12条；②温州民间借贷登记服务中心；③温州指数；④民间借贷信用体系；⑤温州民商银行	实现了区域多层次金融组织体系的制度创新
服务贸易专项金融改革	义乌市国际贸易综合改革试点金融专项（国函〔2011〕22号）	①贸易链金融；②个人跨境贸易人民币结算业务试点；③第三方跨境支付平台；④金融服务实体经济；⑤中国·义乌小商品指数	探索贸易金融新模式，推动人民币跨境业务、民间资本管理等创新
小微金融改革创新	台州市小微企业金融服务改革创新试验区（浙委〔2012〕83号）、（浙政函〔2012〕250号）	①三家专注、专业服务小微企业的民营城市商业银行；②具有丰富的小微金融经验与模式；③小金融机构（组织）先行先试地区；④有金融支持小微企业明星信贷品种；⑤良好的小微金融政策创新环境	具有特色鲜明、在全国有广泛影响的金融支持小微企业的"台州经验"和"台州小微金融品牌"。
创新金融改革示范县	德清—浙江省级金融创新示范县（浙金融办〔2010〕87号）	①以永安街为中心的金融集聚区；②以科技新城为中心的浙江省长江三角洲金融后台服务基地；③多层次资本市场挂牌和上市；④民间融资服务中心；⑤小微企业贷款中心	形成金融创新集聚区
移动金融服务试点	宁波—国家发展和改革委员会、中国人民银行移动电子商务金融科技服务创新试点（发改办高技〔2014〕1100号）	①金融IC卡的发行与试点；②建设完善移动金融安全可信公共服务平台；③手机银行业务	建立移动金融服务体系，实现移动金融的便捷普惠
金融服务实体经济综合改革	泉州获批第三个国家级金改试验区（银发〔2012〕83号）	①建立起独立或相对独立的小微企业金融服务机构；②积极延伸金融支农服务；③海峡股权泉州交易中心；④完善金融网点布局	金融资本进入实体经济，形成服务实体经济的金融市场多元化竞争格局
创新农村合作金融制度	沙县国家级农村改革试验区（2011年12月，农业部、中国人民银行、中国银监会、中国保监会等四部门批准）	①成立全国首家农村土地流转行业性担保公司、养猪专业担保公司等；②新型社区住房贷款；③新型社区金融服务站；④民间资本管理股份有限公司；⑤引进区外金融机构和利用民间资本成立金融机构	沙县模式的农村农户融资机制

续表

普惠金融模式	金融改革实验区	金融改革的内容	普惠金融的绩效
都市"三农"金融	北京市大兴区农村金融综合改革（2011年12月，农业部、中国人民银行、中国银监会、中国保监会等四部门批准）	①农村信贷体系；②农业投资体系；③农业担保体系；④农业保险体系；⑤农村信用体系	持续优化农村金融政策环境和市场环境，建成适应城乡一体化发展需求的农村金融体系
新型农村合作金融改革	湖南沅陵县农村金融综合改革（2011年12月，农业部、中国人民银行、中国银监会、中国保监会等四部门批准）	①率先建成县、乡镇、村三级金融服务体系；②建起县级农村产权交易中心；③依托产业大户建立金融咨询服务公司；④组建县、乡镇、村三级融资担保机构健全涉农保险体系	搭建覆盖到村一级的金融服务中心，探索金融支持产业扶贫的路径，开拓金融支持产业扶贫新模式

资料来源：根据各金融改革实验区的实践及其相关资料整理而成。

同时，国家发展和改革委员会、中国人民银行也进行了移动电子商务金融科技服务创新试点，浙江宁波开展移动金融服务体系的试点，并依托移动金融创新发展普惠金融。深圳前海金融改革实验区、珠江三角洲等也实行了移动金融试点。另外，中国人民银行也开展了（上海）自由贸易试验区和滇桂建设沿边金融综合改革试验区等专项金融综合改革。

3.2 浙江省金融改革试验区的实践

浙江积极进行省级金融改革试验区的建设，如2012年年底浙江省政府批准在台州设立浙江省小微企业金融服务改革创新试验区，2013年9月17义乌市国际贸易综合改革试点金融改革专项改革。浙江省金融改革如火如荼，在温州、丽水、台州、德清、宁波等地进行金融改革试验区的实践。丽水农村金融改革创下多个新的"全国第一"：设立全省首批货币兑换公司，2014年9月14日在浙江青田县方山乡龙现村设立全国首个村级外币代兑点；2014年10月14日宁畲族自治县创建全省首个保险服务民生示范点；全省建立首家集小额取款服务站、反假货币工作站、金融消费者权益保护站、农户基本信用信息采集服务站、金融宣传工作站、"三农"贷款保险证券协办站等六位一体的多功能农村金融服务站，进一步完善农村支付结算体系；2013年5月丽水市开展食用菌特色农业保险试点工作，成为全省唯一获得特色农业保险品种试点资格的地区。这套体系在"金融体系最薄弱的农村"实现了"全覆盖"，保证了农民人人受益。

同时，浙江省也积极开始金融创新示范县（市、区）试点建设，发布"浙江省人民政府办公厅关于开展金融创新示范县（市、区）试点工作的意见"（浙政办发〔2010〕114号），金融创新示范"德清模式"较为突出，根据金融创新示范县（市、区）创建计划，全省7个县（市、区）试点单位，进行了各有侧重的金融创新改革。

4 国内金融改革试验区发展普惠金融特点

4.1 在原有农村经济发展模式基础上实践普惠金融

根据已有的农村经济发展模式，如著名的"晋江模式"、"温州模式"、"珠江模式"、"苏南模式"等，我国建立了多个金融改革试验区包括几个国家级金融改革试验区和一些省级以及其他国家或省级的农村金融改革试验区，各金融改革区都成功走出了一条适合当地经济状况、民营资本从小到大、民间金融不断规范化的发展之路，表1-2着重分析了我国几个国家级金融改革试验区普惠金融的实践经验，通过规范民间融资、农村金融改革、创新小微金融服务、发展普惠农业金融、小微金融改革等方式，促进民间金融"阳光化"、缩小城乡差距实行金融服务均等化、发展小微金融助力小微和涉农企业发展。

表1-2　　　　国家级金融改革试验区发展普惠金融的模式

国家级金融改革区	普惠内容	特点	代表地区	农村经济模式
温州市综合金融改革试验区	规范民间融资	民间金融"阳光化"	温州	温州模式
广东省珠江三角洲金融改革创新综合试验区	农村金融改革	缩小城乡差距实行均等化	梅州、湛江	珠江模式
福建省泉州市金融服务实体经济综合改革试验区	创新小微金融服务	民营资本与实体经济双赢	泉州	晋江模式
云南沿边金融改革试验区	发展普惠农业金融	助力小微和涉农企业发展	云南龙陵县等	三级金融
台州小微企业金融服务改革创新试验区	小微金融改革	小微金融	台州	台州模式

资料来源：根据金融改革试验区普惠金融发展内容整理。

4.2 金融改革试验区引导民间金融阳光化

规范民间融资以温州市金融综合改革区最具代表性。温州地区的民间资本发达，但缺少制度规范和有效监管，存在着极高的民间融资风险。《浙江省温州市金融综合改革试验区总体方案》①的提出标志着温州成为第一个国家级金融改革试验区，从整体出发设计了一个完整的系统的方案推进金融改革创新，着眼于地方金融组织和金融服务体系的创新，民间资本市场和金融风险防范体系的完善，缓解了民营企业普遍存在融资难的问题，引导民间资本在法律法规允许的前提下，参与到地方金融机构里来，在一定程度上刺激银行提升金融服务水平，创新金融产品更好地为民服务。

最具温州特点的是方案的提出使得民间金融朝着阳光化的方向发展，以一个基地、六个中心为体系（见图1-1），并确定了金融改革的十二项主要任务。包括规范发展民间融资、加快发展新型金融组织、深化地方金融机构改革发展、创新发展金融产品与服务。

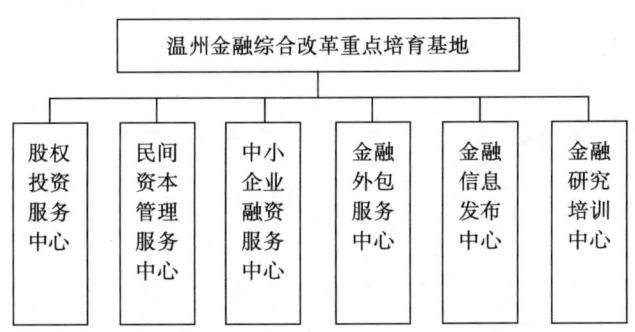

图1-1 温州金融改革综合改革试验区培育体系

4.3 金融改革试验区推进城乡金融服务均等化

2012年7月25日广东省宣布《广东省建设珠江三角洲金融改革创新综合试验区总体方案》获得国务院批准。广东省将以经济带呈现，作为国内试验内容和

---

① 2012年3月28日，国务院第197次常务会议决定设立温州市金融综合改革试验区并通过《浙江省温州市金融综合改革试验区总体方案》。

覆盖范围最为丰富的金融试验区，根据区域的统筹发展和城乡金融一体化为发展目标，解决中小微型企业融资难、融资贵、解决农村金融发展问题等方面的探索。《总体方案》主要分为三大部分（见表1-3）。

表1-3　　　　　　　　广东省珠三角金融改革方案

地　区	金融改革内容
珠江三角洲地区	城市金融改革创新综合试验区
梅州市	农村金融改革创新综合试验区
湛江市	统筹城乡发展金融改革创新综合试验区

资料来源：广东省建设珠江三角洲金融改革创新综合试验区总体方案。

广东省在发展经济中存在一个明显的问题：即贫富差距大，广东的人均GDP可以达四倍差之大。梅州建设农村金融改革创新综合试验区和湛江建设统筹城乡发展金融改革创新综合试验区的提出填补了发展农村金融的缺口，广东珠江三角洲改革提出与之对应的方案：农村金融改革及城乡统筹，积极采取一些措施，缩小城乡之间或区域之间的不平衡。其中又以梅州市为农村金融改革试点，以湛江统筹城乡协调金融改革为试点，积极探索和创新符合当地特色的农村金融服务模式，完善我国农村金融基础设施和配套设施建设，完善农村金融要素市场。

4.4　金融改革试验区创新小微金融服务

《泉州市金融服务实体经济综合改革试验区总体方案》[①]主要任务是建立健全服务实体经济的多元化金融组织体系，以小微企业金融服务为着重点，加大对小微企业及民生的金融支持力度，提升农村金融服务能力。值得一提的是，福建金融改革以"晋江模式"为基础，成为唯一以县域经济形成的模式，为中国农村经济发展画上了浓墨重彩的一笔。福建省人民政府出台的《关于金融服务实体经济发展十一条措施的通知》从信贷支持、直接融资、加强中小微企业金融服务等十一个方面推动金融服务实体经济发展，推动泉州国家金融服务实体经济综合改革试验区建设。

台州也一直是全国小微企业金融服务改革的先行地区之一，台州的"小微金融品牌"推广讲被推广至全国，影响深远。浙江小微企业融资普遍存在融资难、

---

① 2012年12月21日国务院正式批准通过的《福建省泉州市金融服务实体经济综合改革试验区总体方案》。

融资贵的现象，也是制约经济发展的主要因素之一。台州在发展小微金融方面做了很多探索，一直着眼于解决小微企业融资难的问题，聚集和发展各类金融机构，不断创新金融产品，据调查，台州本土就有台州银行和民泰银行等专注于小微企业的金融服务，这使得台州积累了宝贵的经验。2015年浙江台州市小微企业金融服务改革创新试验区①从省级的改革区正式上升为国家级的金融改革试验区，抓住民营经济和小微企业两大主角，进一步推动台州小微企业金融服务水平，能够致力于小微企业金融服务改革发展的探索与实践。

小微企业的健康发展是我国市场经济发展不可或缺的组成部分，泉州和台州市发展小微金融的改革措施为促进实体经济发展提供了条件，试验区的举措为发展小微金融机构及服务体系积攒了成功的经验。

4.5 金融改革试验区实现农村普惠金融

云南沿边的县域金融改革对积极发展壮大多元化农村金融体系、培育功能完备的农村金融市场有着积极影响。《云南省广西壮族自治区建设沿边金融综合改革试验区总体方案》②将加快推进"一心两区"建设，优化布局联动发展，着力发展五大金融，推进沿边金融改革实现新突破（见图1-2）。

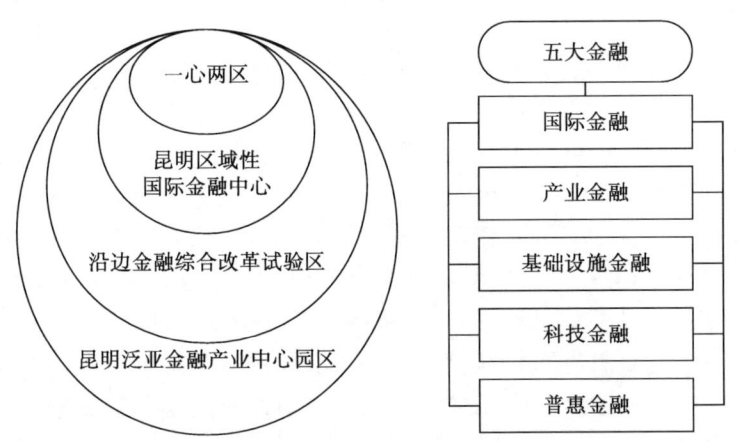

图1-2 云南沿边金融"一心两区"建设图

---

① 2015年12月2日国务院总理李克强主持召开国务院常务会议，决定建设浙江台州市小微企业金融服务改革创新试验区。

② 2013年11月20日出台《云南省广西壮族自治区建设沿边金融综合改革试验区总体方案》。

云南省积极探索跨境金融改革创新，推动沿边地区和民族地区经济金融和谐发展，制定本方案。在改革区试行的两年后还启动了县域三级金融改革创新试点，探索农业金融培育三级金融打造农业生态环境，在县城、乡镇和乡村分别开展"三民"、"三基"和"三农"金融，为普惠事业继续前行开辟了一条光明之路（见表1-4）。

表1-4　　　　　　云南县域三级金融改革创新模式

三级金融试验点	金融特点	内容
县城	三民	建立健全民营金融组织体系，确立民生金融服务保障体系，实现民本金融服务便利化。
乡镇	三基	建立健全基层金融组织体系，确立基本金融服务保障体系，实现基础金融服务便利化。
乡村	三农	建立健全农村金融组织体系，确立农民金融服务保障体系，实现农业金融服务便利化。

注：根据资料整理。

5　金融改革试验区普惠金融发展的启示

5.1　将金融试验区的实践经验辐射周边地区甚至全国

我国正处于经济转型的关键期。自改革开放30多年以来，在金融改革方面进行了长期的探索和实践，温州泉州等国家级金融改革的实施和取得的成果都反映出我国遵循发展普惠金融战略，不断构建和完善普惠金融体系，推动其深化发展。金融综合改革试验区的深入发展，需要本土以及周边其他地区积极响应，落实相应的普惠金融政策。尤其是在解决地方问题之后，要将成功的经验和成果推广开来，为全国层面的普惠金融发展提供借鉴。

如温州发展民间融资，制定规范民间融资的管理办法就有里程碑式的意义，温州特色不只局限于温州，民间融资的问题在浙江乃至全国许多地区都存在，因此借鉴温州的引导民间借贷融资规范民间资本，发展民间金融做好实体经济，拓宽渠道有效引导企业转型升级从而带动整个中国的经济健康持续发展和经济转型升级，上升至建设完整的金融体系。

5.2 发展民营银行，引导民间金融阳光化运作

要鼓励引导民间资本进入银行业和其他金融服务机构，适当降低门槛，建设一个良好安全的外部环境；需要开拓小微企业投资渠道，提高金融机构服务质量，维护金融市场的有序进行；适时引导一些制造业企业和信誉好的民营小贷公司转型民营银行；加强对民营银行的监管制度和风险控管机制，在降低门槛的同时也要严格把关，杜绝不良资本的进入。

要求民营银行加强自身竞争水平，寻找并形成自己的独特模式，加强信息对称优势和市场效率优势，可以基于互联网平台创新模式，与传统银行优势互补；积极进行产品和业务创新；建设加强对民营银行的内部监管，提高防范和化解风险的能力。

5.3 发展农村微型金融机构

在农村这片广阔的土地上，农民是当家做主的主要力量。农村金融就是为服务农民而存在，要重视农民的声音，保护农民的合法权益。同时需要国家以及政府营造良好的外部环境，提供大力扶持例如出台各类税收优惠政策；地方政府积极进行农村公共基础设施建设；继续深化推进贷款公司和农村资金互助社试点和小额贷款公司试点，试点部分符合条件的小额贷款公司按规定改制为村镇银行。利用各种途径提高社会的认知度和信用度，扩大机构的服务范围，扩大网络覆盖面，深入到各农村用户；增加融资渠道发展壮大自身实力，适时取消只贷不存等规定，促进农村金融发展。

5.4 创新小微金融模式，深入推动小微企业发展

要鼓励各类金融机构适应低收入群体和小微企业的需求，坚持小微企业市场定位，加大对信贷、保险、期货等业务创新，创新金融服务产品增加服务方式，提升服务技术水平来满足小微企业经营发展的多种需求，为小微企业经营创造良好发展环境。小微企业也要研究探索自身的发展方式，去积极适应市场，制定符合自身特点的发展战略，培育新型产品和服务方式，加快产品转型升级；创新企业的管理模式加强自身素质，加强和完善监管机制提高防范风险的能力；市场经济发展有其一定的规律性，小微企业要紧紧抓牢市场力量，在未来的发展道路上

不断突破和前进。

5.5 健全普惠金融配套政策，构建均衡的普惠金融体系

首先要建立起一套适宜的政策依托，这是发展普惠金融的基石。各级地方政府部门要制定符合自身发展特色的普惠金融战略规划，给予普惠金融参与机构更多的资金支持，在财政贴息以及税收减免等方面进行干预和引导；采取放宽政策，严格把关的差异化监管机制；放宽担保范围等措施积极创造包括信用环境、担保体系和保险体系的建设等在内的良好的金融生态环境，又要适当提高小微不良贷款容忍度，调低小微贷款风险资产权重，研究监管评级的差异化机制。

建立社会辅助体系。如行业协会、结算支付系统和专业金融服务网络等；改变监管评估机构的原有模式；完善风险化解制度和担保机制，减少小微企业贷款风险；落实普惠金融的统筹安排，使其更具体详细，构建均衡的普惠金融组织体系。

5.6 完善社会信用体系建设

社会信用体系建设是完善普惠金融体系至关重要的一个条件，要重视金融市场、政府社会等各领域数据信息，灵活收集和应用。要建立健全覆盖全社会的征信体系和信息共享机制；培养专业的管理服务人才，扩大规模增强整体实力；加大对失信行为的惩戒力度；加强信用市场监管，改善地方信用环境，推动中小微企业信用体系和农村信用体系建设；开展金融知识普及教育，增强信用宣传教育的广度和深度。只有足够的信息支持，才能使社会信用体系能够发挥其应有的作用，所以要整合信息资源，加强信用信息的公开；培养专业的管理服务人才，扩大规模增强整体实力；加大对失信行为的惩戒力度，建立各方联动的守信激励和失信惩戒机制；加强信用市场监管，改善地方信用环境，推动中小微企业信用体系和农村信用体系建设；加强教育引导，开展金融知识普及教育，增强信用宣传教育的广度和深度，督促社会公众加强自身信用建设，提升防范信用风险的意识和能力。

附件：

[1] 上海市人民代表大会常务委员会公告（2009年第13号）：《上海市推进国际金融中心建设条例》由上海市第十三届人民代表大会常务委员会第十二次会议于2009年6月25日通过，鼓励上海市金融从业人员参与国际化金融职业资格

的认证，同时扶持国内外金融机构增加对于金融人才培养的力度，这些都标志着从政府层面已经意识到国际金融人才培养的重要性和紧迫性。

［2］银发〔2012〕158号文件：2012年7月25日由中国人民银行、国家发展和改革委员会等八部委联合印发的《广东（农用地、商住地、工业地）省建设珠江三角洲金融改革创新综合实验区总体方案》，广东将争取筹建创新型期货交易所，培育区域性股权、产权、金融资产等要素市场；积极推进"深港通"，加速两地证券市场融合；打造广东上市银行板块，鼓励民营资本参与地方金融机构改革重组，发展民营金融控股集团、设立证券期货经营机构。

［3］银发〔2012〕188号文件：2012年国务院批准实施《浙江省温州市金融综合改革试验区总体方案》，引导民间融资规范发展。温州出台全国首部地方金融法规《温州市民间融资管理条例》，开展民间借贷备案；成为全国首批民营银行试点城市；首创民间借贷服务中心；编制了反映民间融资价格变化动态信息的"温州指数"；成立了全国首个地方级征信分中心；设立地方金融监管局，与中央的金融监管形成互补。

［4］国函〔2012〕58号文件：根据方案，允许前海探索拓宽境外人民币资金回流渠道，配合支持香港人民币离岸业务发展，构建跨境人民币业务创新试验区；支持设立在前海的银行机构发放境外项目人民币贷款；在《内地与香港关于建立更紧密经贸关系的安排》（CEPA）框架下，积极研究香港银行机构对设立在前海的企业或项目发放人民币贷款。

［5］国发〔2013〕38号文件：2013年9月18日《中国（上海）自由贸易试验区总体方案》获批，针对金融领域，方案允许在风险可控前提下，在试验区内对人民币资本项目可兑换、金融市场利率市场化、人民币跨境使用等方面创造条件进行先行先试；同时，推动金融服务业对符合条件的民营资本和外资金融机构全面开放，支持在试验区内设立外资银行和中外合资银行。

［6］国发〔2015〕21号文件：《进一步推进中国（上海）自由贸易试验区金融开放创新试点 加快上海国际金融中心建设方案》，加大金融创新开放力度，加强与上海国际金融中心建设的联动。

［7］国办发〔2015〕49号文件：2015年6月22日国务院办公厅转发中国银监会关于促进民营银行发展指导意见的通知，鼓励民营银行着力开展存、贷、汇等基本业务，定位于服务实体经济特别是中小微企业、"三农"和社区，提供高效和差异化金融服务；支持民营银行利用大数据、云计算、移动互联等新一代信息技术提供普惠金融服务。

［8］银发〔2015〕225号文件：2015年7月22日，经国务院同意，中国人

民银行等 9 部委发布《武汉城市圈科技金融改革创新专项方案》，要构建以政府投入为引导、企业投入为主体，政府资金与社会资金、债券资金与股权资金、间接融资与直接融资有机结合的科技投融资体系。

［9］**银发〔2015〕377 号文件**：2015 年 12 月 2 日《吉林省农村金融综合改革试验方案》围绕盘活农村产权、农业产业化供应链、互联网金融创新和分散现代农业规模经营风险等四大特点做文章，提出六项改革任务。

［10］**银发〔2015〕375 号文件**：2015 年 12 月 11 日《浙江省台州市小微企业金融服务改革创新试验区总体方案》以创新小微企业金融服务可持续可复制商业模式为主线，积极探索化解小微企业融资难融资贵问题的有效途径，提出八项改革任务。

［11］**银办函〔2015〕405 号**：根据《中国人民银行办公厅关于开展普惠金融综合示范区试点的批复》，决定在宁波率先试点建设普惠金融综合示范区，助力建设更高水平的小康社会和宁波市"两个基本"和"四好示范区"战略目标的实现。

［12］**国发〔2015〕18 号文件**：2015 年 12 月 11 日《关于金融支持中国（广东）自由贸易试验区建设的指导意见》。

［13］**国发〔2015〕19 号文件**：2015 年 12 月 11 日《关于金融支持中国（天津）自由贸易试验区建设的指导意见》。

［14］**国发〔2015〕20 号文件**：2015 年 12 月 4 日《关于金融支持中国（福建）自由贸易试验区建设的指导意见》。

［15］**银发〔2016〕228 号文件**：2016 年 08 月 31 日中国人民银行、财政部等七部委印发"关于构建绿色金融体系的指导意见"，提出支持和鼓励绿色投融资的一系列激励措施，包括通过再贷款、专业化担保机制等措施支持绿色金融发展。

［16］**国函〔2016〕142 号文件**：2016 年 8 月 15 日《国务院关于同意设立贵州内陆开放型经济试验区的批复》，试验区将以体制机制创新为首要任务，着力建设内陆投资贸易便利化试验区，为内陆地区在经济新常态下开放发展、贫困地区完成脱贫攻坚任务等探索新路径。

［17］**2016 年 11 月中国国务院**决定在辽宁省、浙江省、河南省、湖北省、重庆市、四川省、陕西省新设立七个自贸试验区；继续紧扣制度创新并各具特色。

［18］**沪府办发〔2016〕30 号文件**：2016 年 8 月 5 日上海市政府发布《进一步深化中国（上海）自由贸易试验区和浦东新区事中事后监管体系建设总体方案》并指出，上海自贸试验区将建立适应自贸区发展和上海国际金融中心建设联动的金融监管机制；以自由贸易账户为基础，构建跨境金融安全网，加强本外

币跨境资金流动的实时动态监测监控，建立完善"长臂管理"机制。

［19］津政办发〔2015〕88 号文件：《天津市金融改革创新三年行动计划（2016—2018 年）》，第六条明确详细的表示支持发展要素市场，持续推进交易场所清理整顿工作，促进交易场所规范发展；优化整合各类要素资源，推动"互联网＋"技术与要素市场深度融合，加快建设在全国具有影响力的要素市场。

［20］宁政发〔2015〕92 号文件：2015 年 11 月 17 日宁夏回族自治区人民政府出台了《关于改善金融发展环境支持金融业健康发展的若干意见》，加快推进金融改革创新，加强对各类投资公司、交易场所等机构的有效监管，加大对金融欺诈等金融失信行为的惩戒力度，规范金融市场秩序。

［21］黔府金发〔2015〕11 号文件：贵州省金融办公室下发《关于印发贵州省金融业发展六项行动实施方案的通知》，要加快区域权益类交易场所和要素市场发展，支持贵州股权金融资产交易中心运用"互联网＋"运营模式，构建基于互联网金融模式的创新型交易服务平台；支持贵州绿地金融资产交易中心发挥集团优势，发展互联网金融交易平台，并在新三板挂牌或上市；支持贵州中黔金融资产交易中心创新发展；支持贵阳大数据交易所、贵阳众筹金融交易所创新交易服务。

［22］琼府〔2015〕92 号文件：《海南省人民政府关于加快发展现代金融服务业的若干意见》，加快要素交易市场建设；建设成为集石油储备、金融交易结算、能源交易为一体的国际化大型综合性交易平台；依托洋浦石油储备优势，建设原油期货交割基地，争取商务部批准海南华信石油等企业原油非国营贸易进口资质；鼓励海南橡胶等申请设立天然橡胶期货交割库；支持海南大宗商品交易中心、海南贵金属交易中心等交易场所创新交易品种，打造成为综合性大宗商品交易平台；支持海南产权交易所做大做强；积极推动组建金融资产、农产品、旅游产权、种子和沉香等特色交易平台，构建传统产业、电商和金融三位一体的要素市场体系。

［23］鲁厅字〔2014〕56 号文件：山东省金融办公室等多个部门印发《山东省金融业发展绩效考核办法的通知》，要建立具有金融属性的交易场所，在山东省内注册成立、正常经营 2 年以上的具有金融属性的交易场所，包括权益类交易场所、开展介于现货与期货之间大宗商品交易试点的交易场所。

参考文献

［1］Adams D. W, Von Pischke J. D. Microenterprise credit programs: Déja vu. *World Development*, 1992, 20 (10): 1463 – 1470.

[2] Gary M. Woller, Christopher Dunford, Warner Woodworth. Where to microfinance. *International Journal of Economic Development*, 1999, 1, (1): 29-64.

[3] Luc Laeven. Does financial liberalization reduce financing constraints. *Financial Management*, 2002, 31 (4): 5-34.

[4] Garg A. K, Pandey N. Making money work for the poor in India: Inclusive finance through bank - moneylender linkages. *ResearchGate*, 2007.

[5] Rojas - Suarez, Liliana. Promoting Access to financial services [J]. FELABAN, 2006 (07). Access to Financial Services in Emerging Powers: Facts, Obstacles and Recommendations. *Social Science Electronic Publishing*, Inc, 2015.

[6] E Littlefield, D Porteous, B Helms. Financial Inclusion 2015: Four Scenarios for the Future of Microfinance. *AGRIS*, 2016.

[7] Chakraborty, Amlanbrata, Barman, Suman Roy. Financial Inclusion: Challenges and Opportunities. *Journal of Commerce & Management Thought*, 2010, 1, (2): 169-182.

[8] B Helms, CGT Assistpoor, W Bank. Access for All: Building Inclusive Financial Systems. *World Bank Publications*, 2006, 9 (2): 247-264.

[9] 焦瑾璞、陈瑾：《建设中国普惠金融体系》第一版，中国金融出版社2009年版。

[10] 杜晓山、刘文璞：《小额信贷原理及运作》第一版，上海财经大学出版社2001年版。

[11] 何广文、冯兴元、林万龙：《农户信贷、农村中小企业融资与农村金融市场》第一版，中国财政经济出版社2005年版。

[12] 刘艳红："普惠金融的全球实践"，《金融博览（财富）》2014年第2期。

[13] 中国银监会合作部课题组："普惠金融发展的国际经验及借鉴"，《中国农村金融》2014年第2期。

[14] 焦瑾璞："普惠金融的国际经验"，《中国金融》2014年第10期。

[15] 谢升峰、朱小梅、许宏波、王鸾凤："普惠金融统筹城乡发展的国际经验及启示——以日韩模式与印巴模式为例"，《国家行政学院学报》2014年第4期。

[16] 赵静："新形势下普惠金融发展对策研究"，《现代商贸工业》2014年第9期。

[17] 许英杰、石颖："中国普惠金融实践发展、现状及方向"，《西南金融》2014年第6期。

[18] 钟梓鸥："将金融服务融入地方发展大局：邮储银行浙江省分行践行

普惠金融纪实",《中国金融家》2014 年第 7 期。

[19] 晏海运:"中国普惠金融发展研究",中共中央党校图书馆,2013 年。

[20] 肖宗富:"台州小微金融的创新实践",《中国金融》2013 年第 14 期。

[21] 吴国培:"泉州金融综合改革的探索",《中国金融》2013 年第 3 期。

[22] 赵海:"沙县农村金融改革试验的做法、成效与启示",《三农金融》2013 年第 1 期。

[23] 王新、叶远强:"大兴区创新农村金融改革与发展",《前线》2011 年第 1 期。

[24] 吴晖:"基于普惠金融体系的中国商业性小额贷款公司绩效研究——以浙江省为例",浙江大学图书馆,2012 年。

[25] 陶长琪、陈文华、林龙辉:"我国产业组织演变协同度的实证分析——以企业融合背景下的我国 IT 产业为例",《管理世界》2007 年第 12 期。

[26] 王守淦:"普惠金融的理论框架及路径选择",《中国农业银行武汉培训学院学报》2014 年第 3 期。

[27] 张平:"发展农村小额信贷:完善普惠金融体系建设",《开发研究》2011 年第 2 期。

[28] 杜晓山:"小额信贷的发展与普惠性金融体系框架",《中国农村经济》2006 年第 8 期。

[29] 何广文:"建立普惠金融体系应搞活小额信贷",《中国经济时报》2010 年 1 月 12 日。

[30] 李明贤、叶慧敏:"普惠金融与小额信贷的比较研究",《农业经济问题》2012 年第 9 期。

[31] 吴晓灵:"构建普惠金融体系:促进社会和谐发展",《金融时报》2010 年 8 月 3 日。

[32] 夏圆圆:"普惠金融视角下小额信贷机制发展研究",《湖北社会科学》2010 年第 9 期。

[33] 赵静:"新形势下普惠金融发展对策研究",《现代商贸工业》2014 年第 9 期。

[34] 许英杰、石颖:"中国普惠金融实践发展、现状及方向",《西南金融》2014 年第 6 期。

第2章

金融改革试验区普惠金融发展效率与协同度

1 浙江省金融改革试验区普惠金融发展的经验

1.1 民间借贷阳光化、规范化

温州民营经济发达,中小企业较多,民间资本充足,民间金融活跃,面对小微企业贷款难、民间资本又得不到充分利用,建立起了民间借贷信用体系,这不仅可以满足许多小微企业的资金需求,更能够使民间金融的发展走向规范和良性发展的道路。同时设立国家级金融改革试验区,能更好地利用民间资本服务于实体经济的发展,进而实现资金的供需平衡,促进企业、产业和实体经济的发展。

1.1.1 设立国家金融改革试验区

2012年3月28日国务院常务会议决定设立温州市金融综合改革试验区,批准实施《浙江省温州市金融综合改革试验区总体方案》(银发〔2012〕188号),一场顶层设计与基层实践紧密结合的改革拉开帷幕,随后推出温州金融改革12条,第一条便是规范发展民间融资,民间借贷属于市场行为,不规范的民间借贷市场逐利本质会对正常金融造成影响,甚至社会稳定造成冲击。

1.1.2 建立规范发展的民间借贷的机构

民间借贷登记中心的运行,这个是温州改革的重要产物之一,机构承担民间借贷资金登记的职能,是民间借贷阳光化的重要渠道,也是整个监测体系的数据来源与信用建设的数据来源。因此如何去吸引民间资本到这里登记借贷,需要设计合理的运行机制。要构建合理的运行机制,合约设计要充分考虑借贷双方的隐私保护、利率管理、资金安全保障模式。

1.1.3 温州指数

即民间融资综合利率指数。"温州指数"即向社会定期公布温州民间借贷利率、温州月度指数和民间金融资金交易季度指数,及时反映民间金融交易活跃度和交易价格,为温州乃至全国民间融资市场提供一个"风向标"和"指示器"。"温州指数"发布以来,开通了温州金融办、温州民间借贷服务中心、温州指数网站以及温州商报、温州都市报、微博、微信等发布平台,建立了较为完善的发布体系。

1.1.4 民间投融资市场化

民营经济早已在温州金融市场占据半壁江山,金融改革导致民间金融和小贷公司应声而起,成了支撑温州小微企业发展和资金周转的渠道之一,但民间金融粗犷性发展,缺乏监管,引发了温州全民借贷大规模高利贷危机,尽管民营银行迅速崛起,但还是不能从根本意义上满足温州小微企业的金融需求,我国四大国有银行在金融市场中占有垄断地位,但它们服务于大中型企业,对小微企业有金融服务,但也不到位。基于这种背景下,民营银行的作用对于温州来说就显得格外的重要,温州民商银行要为温州区域的小微企业、个体工商户、小区居民、县域"三农"提供普惠金融服务,从而弥补金融市场覆盖不足的缺陷。温州民商银行应该通过金融创新改变温州传统金融格局,为温州实体经济和区域发展担当坚实的后盾,切实为温州小微企业解决融资难等问题,从而实现民间金融阳光化。

1.2 银行卡助农取款服务

丽水的农村金融改革旨在探索发展农村金融的新途径和新模式,使得金融服务功能全面推向广大农村,继而扩大金融的普惠程度,并在一定上解决"三农"

的资金需求大、融资难的问题，在推进城乡一体化的进程中起到了不可忽视的作用。

1.2.1 国家级农村金融改革试验区

中国人民银行丽水市中心支行于 2010 年提出通过在农村地区布放专用 POS 机终端，为借记卡持卡人提供账户查询和小额取款服务的"银行卡助农取款服务"创新思路，于 2010 年 7 月经总行批准在全国率先开展该项业务试点。随着丽水金融改革的进行，银行卡助农取款服务已经深入到各个乡镇农村，随着国家扶农惠农政策力度的加大，涉农补贴范围不断扩大，补贴品种不断增加，截至 2013 年 6 月丽水市享受各种涉农补贴的农户已达 60 多万户，年发放涉农补贴资金 8.42 亿元，就近便利地支取各种涉农补贴等小额资金已成为当前农村最广泛、最频繁、最迫切的一项基本金融服务需求。

1.2.2 金融服务四级联动

中国人民银行丽水市中心支行提请丽水市政府将"银行卡助农取款服务"工作列为全市十件大事，成立了市、县、乡三级的"银行卡助农取款服务"工作领导小组，并先后多次召开由市、县两级党政"一把手"参加的专题推进会，有力有序地推进该项工作。同时，由丽水市政府出台《关于开展"银行卡助农取款服务"，进一步改善农村金融服务工作的实施意见》（丽政办发〔2010〕112 号）等一系列实施办法，并与各县（市、区）政府签订了工作目标责任书，设立了专项支持资金，将"银行卡助农取款服务"工作纳入年度工作考核范围，形成了市、县、乡、村四级全覆盖的工作格局。

1.3 金融集聚强化产业链金融，创新民间融资平台

践行"引导民间融资阳光化、缓解中小企业融资难"，德清创建了浙江省首家风险分类、高效匹配的民间融资服务中心，在促进德清金融产业发展、推动实体经济发展以及金融创新方面都作出了极大的贡献。

1.3.1 浙江省长江三角洲金融后台服务基地

金融后台服务是与前台服务相对的业务，其拉动现代服务业发展和扩大就业的产业链效应十分明显。1985 年 1 月 31 日中共中央、国务院批转《长江、珠江三角洲和闽南厦漳泉三角地区座谈会纪要》（中发〔1985〕3 号），该纪要明确

提出:"浙江湖州市市区及所属德清县,被列入长江三角洲经济开放区",这使德清县成为浙江省首次被列入沿海经济开放区的县之一。省农村信用联合社后台服务中心、省工商银行后台业务处理中心、中国科学院金融信息所等9家大型金融后台服务机构,成了杭州的"新泽西"。

1.3.2 推进多层次资本市场挂牌和上市

德清县深入推进金融领域供给侧结构性改革,加快省级金融创新示范县建设。自1999年升华拜克成为湖州市第一家上市公司以来,德清县已经形成了具有一定企业数量、产业特色、竞争优势的上市企业群"德清板块",升华拜克、美都能源、兔宝宝、佐力药业、完美世界、我武生物、浙江鼎力、佐力小贷、三星新材等9家上市公司总市值已突破1000亿元,"新三板"挂牌企业达18家,区域性股权交易市场挂牌企业达100家。上市公司纷纷逐浪并购重组,截至2017年4月,德清县9家上市公司累计完成并购重组项目20多宗,金额达200多亿元。如浙江鼎力机械以1437.5万欧元对国际著名的意大利Magni公司增资20%股权;德华兔宝宝以5亿元成功收购多赢网络;佐力小贷以1.34亿元收购杭州高新区兴耀普汇小贷公司60%股权;完美环球以13.53亿元收购北京今典系旗下3家影视管理公司。此外,德清上市公司还积极发起和参与组建各类新金融业态,增强可持续发展能力。

1.3.3 搭建小微企业融资平台

融资平台作为一种特殊的金融中介服务机构,具有金融性和中介服务性双重属性,是连接小微企业和正规金融机构的桥梁,同时也是推动小微企业与银行等金融机构顺利开展借贷行为的途径模式。注重引进中国台湾金融微贷技术,2013年10月德清农信社还与台湾中小融辅公司合作成立"小微企业贷款中心",截至2014年年底,该中心已为小微企业发放信用贷款1亿多元。

1.4 贸易链金融创新

义乌的服务贸易金融改革重在加快金融改革创新,积极推动人民币的跨境业务、外汇管理和民间资本管理创新进而探索贸易金融新模式。

1.4.1 贸易金融专项改革

义乌对外贸易中长期存在的货币汇兑风险、投资缺乏便利化、管理体制制约、支撑体系薄弱等一系列深层次矛盾和问题日趋突出。2011年国务院批复同意《浙江省义乌市国际贸易综合改革试点总体方案》（国函〔2011〕22号），义乌市成为我国第10个综合配套改革试验区。针对当时国际金融危机影响持续，我国中小企业转型升级面临困境的情况，义乌市立足于地区实际发展现状，在探索贸易发展新模式、促进企业转型升级上取得了一定成效，但在外贸管理体制、服务支持体系和经济辐射范围等方面还存在诸多问题。作为国际贸易改革的配套方案之一，在2013年9月18日国务院正式批复《义乌市国际贸易综合改革试点金融专项方案》，其主要目标是通过加快金融改革创新，积极推动人民币跨境业务、外汇管理和民间资本管理创新，探索贸易金融新模式。努力形成多元化金融组织体系、多层次金融市场体系和便利化贸易金融服务体系，创建规范有序的金融发展环境，旨在到2020年基本形成与义乌经济社会发展相适应的贸易金融机制，在推动国际贸易发展、经济结构调整和转型升级中发挥重要作用。

1.4.2 金融改革支持实体经济发展

引导和规范民间借贷，支持优质民营骨干企业发起设立或参股相关金融机构，鼓励民间资本参与设立各类股权投资企业（基金）和创业投资企业（基金），支持符合条件的民营企业在全国中小企业股份转让系统或区域性股权转让市场挂牌。实体企业是贸易的基础，以贸易带动实体企业发展，以实体企业转型带动贸易转型正是义乌正在努力的方向，因此除了支持贸易，金融改革也将为支持实体经济发展提供更多服务和保障。比如义乌推进中小企业私募债发行和场外交易，符合条件的企业可以发行超短期融资券、中小企业集合票据、短期融资券、中期票据、定向工具、资产支持票据和上市公司债、企业债。地方法人金融机构满足相关条件后，可以发行专项用于小微企业贷款的金融债，同时探索资产证券化工作和"中国·义乌小商品指数"证券化工作。

1.5 小微金融改革创新的实践

多年来，台州始终牢牢抓住服务实体经济这条主线，积极致力于探索小微金融改革创新，创出了特色鲜明、在全国有广泛影响的金融支持小微企业的"台州经验"和"台州小微金融品牌"，根据《国务院关于扶持小型微型企业健康发展的意见》（国发〔2014〕52号）、《国务院办公厅关于金融支持小微企业发展的实施意见》（国办发〔2013〕87号）等文件和2015年12月11日中国人民银行、发展和改革委员会、财政部、中国银监会、中国证监会、中国保监会、外汇局联合印发《浙江省台州市小微企业金融服务改革创新试验区总体方案》（银发〔2015〕375号），台州是国家小微企业金融服务改革创新试验区。

1.5.1 培育形成了具有全国影响力的三家专注、专业服务小微企业的民营城市商业银行

台州是全国唯一拥有三家城市商业银行（台州银行、浙江泰隆商业银行、浙江民泰商业银行）的地级市，均脱胎于金融服务社、城市信用社，从一开始的十万元注册资本发展到如今的上千亿元资产规模，三家银行始终坚持小微企业的市场定位，在小微金融业务上深耕细作，与小微企业形成良性互动。

1.5.2 积累了丰富的小微金融经验

台州辖内国有股份制银行成为各系统内小微金融全国重点试点行，工商银行台州分行早在1999年率先出台了中小企业贷款管理办法，成为工商银行系统小企业信贷业务的范本。台州辖内国有、股份制银行被其总行确定为小微金融试点行的有7家，被省行确定为试点行的有3家，台州成为各大行的重点试点地区。

1.5.3 中小型金融机构（组织）先行先试地区

作为主要试点市，浙江首家村镇银行玉环永兴村镇银行（2008年）、全国首家依托农民专业合作社成立（浙江首家经批准）的农村资金互助社临海忘不了资金互助社在台州成立（2009年）；台州已成立小额贷款公司23家（2013年），在全省地级市中排名第二；台州农信系统率先创新推出的"小额丰收贷款卡"（2008年），成为农信系统支持小微企业、"三农"的服务品牌。此外，在台州自发形成的小微金融组织运行良好。

1.5.4 形成有全国影响力的金融支持小微企业明星信贷品种

如台州银行的"小本贷款"有效破解了小微企业贷款抵押难题，被评为全国"2010年服务小企业及三农十佳特优金融产品"；2013年泰隆商业银行与德国复兴银行合作研发的国内首款小微企业中期贷款产品"SG泰融易"，对破解小微企业贷款短贷长用、期限错配难题作了有益探索；2011年民泰商业银行的"商惠通"被评为"全国银行业金融机构小企业金融服务特色产品"。台州辖内国有股份制银行则充分利用自身技术优势，率先开发运用适合小微企业的标准化、批量化的金融产品并取得良好业绩。

1.5.5 良好的小微金融政策创新环境

台州市政府坚持有所为、有所不为，在组建城市商业银行方面，始终坚持市场导向、自下而上的方式，确保三家城市商业银行产权明晰、自主经营。在支持地方金融机构发展壮大方面，帮助台州银行引进中国平安、招商银行等战略投资者，引导泰隆商业银行发行金融债券补充资本金，鼓励三家银行发行小微企业专项金融债加大小微企业支持力度。

1.6 建设移动金融服务体系普惠民众

宁波率先推动发展了移动金融，推出了中行宁波分行"院线通"、光大银行宁波分行"餐饮引用"和建行宁波分行"医院通"。

1.6.1 金融 IC 卡的发行与试点

2007 年中国人民银行宁波市中心支行抓住全球银行卡 EMV 迁移浪潮迭起的机会，全面启动辖区金融 IC 卡发行工作。金融 IC 卡推广工作自 2011 年启动以来，在宁波市经营的 17 家银行机构中，已有 15 家银行在发行金融 IC 卡（复合卡），包括中国工商银行、中国农业银行、中国银行、中国建设银行、交通银行、光大银行、邮储银行、宁波银行、招商银行、浦发银行、上海银行、中信银行、广发银行、奉化农商银行、民生银行。2011 年中国人民银行宁波市中心支行指导辖内商业银行推出了手机信贷业务，在国内乃至国际上首次将金融 IC 卡运用从支付领域拓展到了小额信贷领域。2012 年 8 月，国家发展和改革委员会同意宁波市资金清算中心宁波市金融 IC 卡多应用试点项目列为国家电子商务试点。2013 年 9 月 26 日，宁波市金融 IC 卡多应用公共服务平台上线试运行。

1.6.2 移动金融公共服务平台的建设

2013 年宁波筹建移动金融公共服务平台，完成了与中国人民银行国家级移动金融安全可信公共服务平台的对接，在全国率先实现了中国人民银行总行平台与地方平台的互联互通。经过周密的网络配置、程序开发、报文测试等工作后，双方平台于 2013 年 10 月 31 日对接成功，完成行业应用的注册、上线、发现等功能，即实现双方平台互联互通。2013 年 12 月 1 日，由市贸易局和中国人民银行宁波市中心支行共同推动实施的肉菜追溯系统金融 IC 卡便民支付项目在甬港菜场启动试点。2014 年 5 月 19 日国家发展和改革委员会办公厅和中国人民银行办公厅联合发布《关于组织开展移动电子商务金融科技服务创新试点工作的通知》（发改办高技〔2014〕1100 号），宁波与成都、合肥、贵阳和深圳等城市通过激烈竞争，共同入围移动金融试点。中国人民银行组织相关单位建设完善移动金融安全可信公共服务平台（简称"MTPS"）。

1.6.3 发展手机银行创新

手机银行具备自助开通小额支付、快速登录、网银二维码支付等多种新特色。2009 年 11 月 18 日宁波银行手机银行正式上线，成功搭建起包括网上银行、电话银行、自助银行、手机银行在内的全面电子银行服务架构。宁波银行手机银行具有"快速通道版"、"个人专业版"以及"信用卡版"三个版本，可为不同需求的用户提供相应金融服务。其中，专业版更是囊括了包括账户管理、转账汇款、支付缴费、信用卡、储蓄业务、理财产品、汇率利率、基金投资、自助贷款、客户服务等在内的全方位功能。2012 年 8 月中旬，宁波银行正式启动手机信贷项目。宁波市已被列为国家首批电子商务示范城市，民生银行宁波分行将积极响应人行政策指引，积极开展移动电子商务金融科技服务创新，推动手机银行在支付、公共服务、电子商务等领域的广泛应用。

2 浙江金融改革试验区发展普惠金融的特点

2.1 有着丰富的民间资本是设立民营银行的基础

较发达地区民营经济发达，民间资本充足，为了进一步鼓励剩余民间资本进入金融领域，拓宽民间资本渠道，国家及相关部门推进了民营银行的设立。民营银行的设立将对现有的银行金融体系起到补充作用，进一步完善我国金融组织体系的内在结构。引入民间资本，在满足小微企业融资需求，调动社会资金进入实体经济，促进金融机构股权结构多元化，激发金融机构市场活力具有重要意义。但在这一进程中，也应遵循金融业自身发展规律，法律制度的完善和金融监管的改进也应同步推进。

我国批准设立的民营银行分别是：腾讯、百业源、立业为主发起人，在广东省深圳市设立深圳前海微众银行；正泰、华峰为主发起人，在浙江省温州市设立温州民商银行以及华北、麦购为主发起人，在天津市设立天津金城银行，获批的三家民营银行在发起人、经营方向略有变化。2014年9月29日，阿里、复星、万向等企业发起的在浙江省杭州市筹建浙江网商银行；上海均瑶、上海美特斯邦威服饰等企业发起的在上海市筹建上海华瑞银行获得批准。阿里发起的银行定位"小存小贷"；腾讯定位"大存小贷"；天津定位"公存公贷"；其他两家则体现特定区域，服务当地的小微企业、金融消费者。

2.2 金融改革试验区的金融改革与创新

浙江省通过金融改革的方式发展和普及普惠金融模式，特别是丽水的农村金融改革不论方式的创新上还是最终的实行成果都给予广大农村地区作出了很好的示范。农村地区的普惠金融发展极为的迫切，经济不够发达，资金又不够充足，只有在大力支持"三农"发展的前提下，才能够更好地促进农村地区的经济发展，进而改善人民的生活水平，缩小城乡差距，促进共同发展。温州的金融改革在实行2年之后，成效没有特别的显现出来，但是在一定程度上还是规范了民间融资，使得民间资本更合理化地得到了使用。台州在效仿温州金融改革的同时，吸取温州金融改革的一些教训，更进一步促进小微金融的发展。义乌的贸易金融改革才刚刚实行不久，为了促进实体经济的发展，能够让民间资本服务于实体经济，义乌支持企业发行超短期融资券、企业债等，以更好地引导和规范民间借贷。

2.3 金融改革试验区民营新兴小型金融机构或金融中介的出现

"新36条"提出民间资本可"参与农村信用社、城市信用社的改制工作"，实际上是对现有的金融机构进行改制，不仅没有理论和政策的障碍，而且有很强的可操作性。民间资本参与中国金融业的存量改革，有可能会走出一条类似于"农村包围城市"的发展道路，最后演变成以民间资本为主导的农村商业银行体系，并且形成与国有控股商业银行进行竞争的新格局。发起和设立新兴金融机构由民间资本来主导，不仅有利于民间投资的发展，而且也有利于中国金融体制改革进一步深化。

近年来浙江金融市场变化很大，涌现出很多新兴的金融或准金融机构，比如小额贷款公司、村镇银行、农村信用社、邮政储蓄银行、农村商业银行等，形成各类金融机构并存和共同发展的局面。以民营为主体的新兴小型金融机构或金融中介的出现，改变了传统银行的行为模式，降低了信息的不对称程度，通过市场竞争,挖掘出大量潜在市场价值和民间剩余资本,极大地活跃了金融市场,最终推动了实体经济的发展。民营新兴小型金融机构或金融中介的出现,能够改变金融改革试验区传统银行的行为模式,使金融回归实体经济。

2.4 金融改革试验区普惠金融体系建设

较发达地区有着丰富的民间资本但是仍然存在着资金供求缺口和资金流行性过剩的现象,金融体系不健全,金融市场中存在着空白。完善普惠金融体系建设,对于较发达地区的经济发展有着极其重要的意义。

首先要建立与健全普惠金融监管体系;其次是创新普惠金融监管体系,把普惠金融的行业管理和监管分开,创建普惠金融行业管理协会,强化普惠金融机构的监管。严格控制普惠金融机构的准入条件,加强风险管理,用法律手段规范普惠金融体系的规范化和合理化。另外还需要改进监管手段和方法,运用互联网络等技术手段,建立远程监管平台;建立普惠金融经营风险分析体系,出现问题及时发布预警信号。同时注重提升普惠金融机构人员的风险防范意识、技术操作水平和法制观念等以提高工作人员的整体素质。

加大立法与政府的政策支持是普惠金融的基本保障。建立普惠金融制度,要抓紧完善相关法律法规和配套政策,建立可持续的普惠金融市场体制。

3 浙江省金融改革试验区发展普惠金融的实证研究

3.1 金融改革试验区普惠金融机构的绩效评价

利用 DEA 模型对宁波、温州、台州、丽水、金华(义乌)这 5 个地区的 2012 年普惠金融机构进行绩效评价。本章选取了宁波、温州、台州、丽水、金华(义乌)5 个地区作为分析的样本,上述 5 个地区受金融改革示范区的影响,在浙江省比较具有代表性。为了促进小微企业、"三农"等的发展,让广大人民共享金融改革发展的成果,上述几个地区在促进城市化进程中更加注重了解决金融发展不平衡的问题,率先建立普惠金融服务体系。

3.1.1 指标选取与数据获得

在指标选取中,选择了民间借贷、农村金融机构贷款额为输入指标,地区

GDP 增长率为产出指标。由于数据有限，本章中农村金融机构贷款额包括了邮储银行、村镇银行、农村合作银行、农村信用合作社以及农村商业银行；农业 GDP 增长率以及小微企业促进 GDP 的增长率无法采集到，利用了所在的地级市当年的 GDP 增长率来替代。输入和产出指标的选取和膨胀三角架构理论的关系见表 2-1。

表 2-1　　　　　　　　　　输入和产出指标

绩效内涵	内涵细分	输入/产出指标
可持续性	营利性	民间借贷（输入指标）
	风险	
	增长性	
协同效应	示范性	农村金融机构贷款额（输入指标）
	合作性	
	竞争性	
福利影响	收入效应	地区农业 GDP 增长率（产出指标）
	就业效应	

本章将依次介绍 2012 年浙江省 5 个地区的农村金融机构贷款额、民间借贷规模的估计值。

首先分析农村金融机构贷款额，农村金融机构贷款作为普惠金融来源的很重要一部分。农村金融机构作为一种新型的金融机构，能够改变较发达地区传统银行业模式，使金融回归实体经济（见表 2-2）。

表 2-2　　　　　　2012 年农村金融机构贷款额　　　　　　单位：万元

地区	邮储银行	村镇银行	农村合作银行	农村信用合作社	农村商业银行	总计
宁波	1095891	361622	7467609	2753416	366094	12044632
温州	990924	667300	7898596	1126209		10683029
台州	657112	438939	4165212	537507	851093	6649863
丽水	345642	210798	362547	1542682		2461669
金华（义乌）	890785	211567	2721810	1498263		5322425

数据来源：《2013 年浙江金融年鉴》。

其次分析各地区民间借贷规模，民间借贷虽然存在着黑暗面，但是其也是作为剩余民间资本的一部分，在推进民间借贷阳光化的进程中，对其进行充分利用也能促进普惠金融的发展。由于该数据的不易获取，在查找过程中可能存在误差，就只是估计值，不是确定的数值（见表2-3）。

表2-3　　　　　　　　　　2012年民间借贷规模　　　　　　　　　　单位：万元

地区	估计值
温州	7700000
宁波	4000000
台州	16500000
丽水	1750000
义乌	4000000

数据来源：温州——中国人民银行温州市中心支行；宁波——浙江在线新闻网站；台州——《上海金融》；丽水——网易财经；义乌——《东方早报》。

最终衡量普惠金融的实施成果还是需要依靠地区GDP的增长率来判断（见表2-4）。

表2-4　　　　　　　　　2012年各地区农业GDP增长率

地区	地区GDP增长率（%）
宁波	7.8%
温州	6.7%
台州	7.5%
丽水	10.5%
义乌	10.2%

数据来源：2013年各地区统计年鉴。

3.1.2　绩效评价过程与结论

本章将采用DEA模型中的CCR模型和规模效应模型，同时计算出普惠金融机构的纯技术效率（PTE）、生产效率（PE）和规模效率（SE）。其中：

生产效率（TE）=纯技术效率（PTE）×规模效率（SE）

生产效率指的是在规模报酬不变的生产前沿上最佳投入与实际投入的比率，反映的是某一地区的普惠金融机构与其他地区的普惠金融机构相比，将生产要素转化为产出的能力。

规模效率（SE）是两个最佳投入的比率，一个是规模报酬不变的生产前沿下的最佳投入，另一个是规模报酬可变的生产前沿上的最佳投入。

纯技术效率（PTE）则是指在规模报酬可变的生产前沿上，最佳投入与实际投入的比率。

生产效率的计算是在规模报酬不变的模型中计算取得，纯技术效率则是通过可变规模报酬模型计算得到。

首先将5个地区的普惠金融机构的数据录入到DEA软件中，结合数据可得性和研究实际，本章对普惠金融绩效评价所选取的指标分别是农村金融机构贷款额（万元）、民间借贷（万元）和农业GDP增长率（%），其中前两个指标是投入指标，第三个指标是产出指标（见表2－5）。

表2－5　　　　　　　　　　　原始数据

地区	投入指标		产出指标
	农村金融机构贷款额（万元）	民间借贷（万元）	农业GDP增长率（%）
宁波	12044632	4000000	0.078
温州	10683029	7700000	0.067
台州	6649863	16500000	0.075
丽水	2461669	1750000	0.105
金华（义乌）	5322425	4000000	0.102

本章涉及的DEA模型都是运用MAXDEA6.3版本的软件得出结果。将表2－5的原始数据导入该软件并按投入和产出分别定义各指标的类型后，可以得到表2－6中的结果。

表2－6　　　　　　浙江省5个地区普惠金融的绩效

DMU	Technical Efficiency Score（CRS）	Pure Technical Efficiency Score（VRS）	Scale Efficiency Score	RTS
宁波	.325	.4375	.742857	Increasing
温州	.147035	.230428	.638095	Increasing
台州	.264417	.370183	.714286	Increasing
丽水	1	1	1	Constant
金华（义乌）	.449294	.462509	.971429	Increasing

为了更直观地分析表2－6的分析结果，对表2－6的数据以不同地区为横坐标轴画折线图，见图2－1。

从表2－6和图2－1可以得出以下结论：

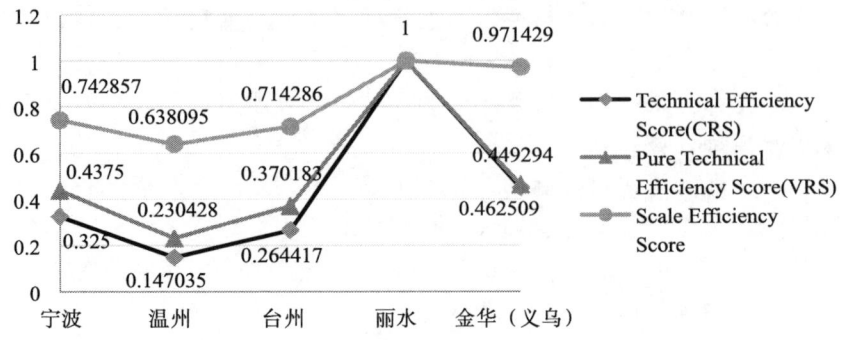

图 2-1 浙江省各地区绩效值对比

第一，浙江省普惠金融的生产效率偏低。从图 2-1 中可以看到生产效率是最下方的一条折线，最低的是温州为 0.147035，最高的是丽水为 1，除了丽水，其他地区的生产效率都小于 0.5，说明浙江省的普惠金融发展情况还不是很理想，将生产要素转化为产出的能力较差，也即将农村金融机构贷款额和民间借贷转化为农业 GDP 增长的能力较差，而且各地区差异较大。

第二，浙江省普惠金融的规模效率较高。规模效率是图 2-1 中最上方的折线，相对平缓，各地区的差异较小，最低的是温州为 0.638095，较高的是金华（义乌）为 0.971429，最高的是丽水为 1。从这里可以看出，浙江省普惠金融的规模比较合理，处于中上水平，各地区间的规模差别相对较小，没有出现极端集中的情况。

第三，浙江省普惠金融的纯技术效率波动较大，并带动普惠金融的生产效率波动。除了丽水，其他地区的纯技术效率普遍偏低，地区之间差异较大。根据纯技术效率的定义，在规模报酬可变的情况下最佳投入与实际投入的比值，可以发现，浙江省普惠金融离最佳状态还较远，这与目前普惠金融在规范化管理方面的欠缺有一定关系，普惠金融还没有做到真正普惠，需要进一步研究和完善，让普惠金融全面惠及"三农"和小微企业。

第四，丽水作为金融改革试验区，普惠金融的各项绩效都遥遥领先于其他地区。宁波、温州和台州这三个地区则绩效相近，宁波稍微比另外两个地区绩效高一些，而金华（义乌）除规模效率值较高外，生产效率和纯技术效率都与其他地区接近，也就是说金华（义乌）普惠金融的规模与其他地方相比合理一些，而其他地区的规模还未达到合理水平。

3.2 金融改革试验区普惠金融与传统的金融服务机构的协同度

利用协同度模型，将普惠金融机构和传统的金融服务机构看作是我国金融体系中的两个重要部分，构建了各地区普惠金融机构和传统金融服务机构的有序度模型。最后得出两者的协同度数值，以宁波为基准，假设宁波的协同度较高，发现温州、丽水与宁波的协同度较高，而台州和金华与宁波的协同度较低。本章选取了宁波、温州、台州、丽水、金华（义乌）5个地区作为分析的样本，上述5个地区受金融改革示范区的影响，在浙江省比较具有代表性。为了促进小微企业、"三农"等的发展，让广大人民共享金融改革发展的成果，上述几个地区在促进城市化进程中更加注重了解决金融发展不平衡的问题，率先建立普惠金融服务体系。

3.2.1 指标选取与数据获得

对于普惠制金融，选取民间总资本、新型农村金融机构数量、新型农村金融机构从业人员数、民间借贷与民间总资本占比这四项指标，其中民间总资本为民营企业资产与民间借贷规模估计值之和，分成宁波、温州、台州、丽水、金华（义乌）5个地区，分别搜集数据，进行对比。对于传统金融机构，选取人民币贷款总额、传统金融机构数、从业人员以及不良贷款率4个指标，同样数据按5个地区搜集。将普惠金融机构和传统金融机构选取的指标列在表2-7中。

表2-7　　　　　　　　　普惠金融机构和正规金融机构指标

普惠金融相关机构指标	传统金融机构指标
民间总资本	人民币贷款总量
新型农村金融机构数量	传统金融机构数
从业人员	从业人员
民间借贷与民间总资本占比	不良贷款率

本章搜集了5个地区的普惠金融相关机构和传统金融机构所有选取指标在2012年的数据。原始数据如表2-8、表2-9。

表2-8　　　　　　　　　2012年普惠金融机构指标数据

地区	民间总资本（万元）	新型农村金融机构数量（个）	新型农村金融机构从业人员（个）	民间借贷与民间总资本占比（%）
	2012年	2012年	2012年	2012年
宁波	34034821	983	10057	11.75%
温州	30224634	621	6915	25.48%
台州	28519858	485	5475	57.85%
丽水	9383147	309	2928	18.65%
金华（义乌）	8618586	479	5038	46.41%

数据来源：2013年各地区统计年鉴、2012年《浙江金融年鉴》。

表 2–9　　　　　　　　　2012 年传统金融机构指标数据

地区	人民币贷款总量（万元）	传统金融机构数	从业人员	不良贷款率（%）
	2012 年	2012 年	2012 年	2012 年
宁波	113003187	1020	28865	1.21%
温州	37839726	629	16399	3.75%
台州	70130036	425	12833	1.14%
丽水	11010440	169	3738	1.19%
金华（义乌）	14864563	239	6168	0.78%

数据来源：2013 年各地区统计年鉴、2012 年《浙江金融年鉴》。

3.2.2　协同度模型分析过程与结论

3.2.2.1　协同度模型理论推导

本章借鉴陶长琪、陈文华和林龙辉（2007）的企业绩效和企业融合之间的协同度模型，将普惠金融机构和正规金融服务机构分别看作金融系统中的两个子系统，两个系统在共同发展中相互促进、相互融合，显示出较强的协调效应。

（1）普惠金融机构的系统有序度模型①

假设普惠金融机构发展过程中的序参量变量为 $e_1 = (e_{11}, e_{12}, \cdots, e_{1n})$，其中 $n \geq 1$，$\beta_{1i} \leq e_{1i} \leq \alpha_{1i}$，$i \in [1, n]$。在本章中，普惠金融机构的序参量变量是普惠金融机构的绩效评价指标。根据评价指标的性质，序参量变量可分为快驰序变量和慢驰序变量。快驰序变量，取值越大表明系统有序程度越高；慢驰序变量，取值越小表明系统有序度越高。不失一般性，假设 $e_{11}, e_{12}, \cdots, e_{1j}$ 为慢驰序参量，$e_{1,j+1}, e_{1,j+2}, \cdots, e_{1n}$ 为快驰序参量。因此，有如下定义：

定义 1　下式为普惠金融机构序参量变量 e_{1i} 的系统有序度：

$$u_2(e_{2i}) = \begin{cases} \dfrac{e_{2i} - \beta_{2i}}{\alpha_{2i} - \beta_{2i}}, & i \in [1, j] \\ \dfrac{\alpha_{2i} - e_{2i}}{\alpha_{2i} - \beta_{2i}}, & i \in [j+1, n] \end{cases} \tag{1}$$

由以上定义可知，$u_1(e_{1i}) \in [0, 1]$，其值越大，e_{1i} 对普惠金融机构有序的"贡献"越大。但是在实际中，e_{1i} 并不是越大越好，而是处在一个合理的范围内最好。总体来看，序参量变量 e_{1i} 对普惠金融机构有序程度的"总贡献"可以通

---

① 本文的协调度模型借鉴了陶长琪、陈文华和林龙辉的《我国产业组织演变协同度的实证分析》，发表在《管理世界》2007 年第 12 期。

过对 $u_1(e_{1i})$ 集成实现。"集成"法有不用的组合形式，取决于系统的具体结构，简单起见，本章采取线性加权求和来处理：

$$u_1(e_1) = \sum_{i=1}^{n} \omega_i u_1(e_{1i}), \omega_i \geq 0 \text{ 且 } \sum_{i=1}^{n} \omega_1 = 1 \tag{2}$$

定义 2 称上式定义的 $u_1(e_1)$ 为普惠金融机构系统的有序度。

由定义 2 可知，$u_1(e_1) \in [0,1]$，$u_1(e_1)$ 越大，e_1 对普惠金融机构系统有序的"贡献"越大，系统有序程度就越高，反之表示系统有序度越低。

（2）传统金融机构的系统有序度模型

与普惠金融机构系统假设类似，同理可得：

定义 3 下式为传统金融机构序参量分量 e_{2i} 的系统有序度：

$$u_1(e_{1i}) = \begin{cases} \dfrac{e_{1i} - \beta_{1i}}{\alpha_{1i} - \beta_{1i}}, & i \in [1,j] \\ \dfrac{\alpha_{1i} - e_{1i}}{\alpha_{1i} - \beta_{1i}}, & i \in [j+1,n] \end{cases} \tag{3}$$

定义 4 称下式定义的 $u_2(e_2)$ 为传统金融机构有序度：

$$u_2(e_2) = \sum_{i=1}^{n} \omega_i \cdot u_2(e_{2i}), \omega_i \geq 0 \text{ 且 } \sum_{i=1}^{n} \omega_i = 1 \tag{4}$$

由定义 4 可知，$u_2(e_2) \in [0,1]$，$u_2(e_2)$ 越大，e_2 对正规金融机构系统有序度的"贡献"越大，系统有序程度越高，反之表示系统有序度越低。

（3）普惠金融机构和传统金融机构的协同度模型

普惠金融机构所倡导的是向所有需要贷款人发放贷款，让穷人也能够得到贷款，解决许多没有抵押物而得不到贷款的人的需求，促进"三农"的发展，与传统金融机构之间相互不产生矛盾，相互协调，共同促进发展。

定义 5 下式为普惠金融机构和正规金融机构的协同度：

$$C = \lambda \cdot \sqrt{|u_1^1(e_1) - u_1^0(e_1)| \times |u_2^1(e_1) - u_2^0(e_1)|} \tag{5}$$

式中，$\lambda \begin{cases} 1, [u_1^1(e_1) - u_1^0(e_1)] \times [u_2^1(e_1) - u_2^0(e_1)] > 0 \\ -1, [u_1^1(e_1) - u_1^0(e_1)] \times [u_2^1(e_1) - u_2^0(e_1)] \leq 0 \end{cases}$

定义 5 的补充说明如下：

A. $C \in [-1,1]$，其值越大，整个普惠金融系统协调发展的程度就越高，反之则越低。

B. 参数 λ 的作用在于判断普惠金融机构和传统金融机构之间的协调方向，当 $[u_1^1(e_1) - u_1^0(e_1)] \times [u_2^1(e_2) - u_2^0(e_2)] > 0$ 时，协调度 C 表现为两个系统同方向发展的协同程度；当 $[u_1^1(e_1) - u_1^0(e_1)] \times [u_2^1(e_2) - u_2^0(e_2)] = 0$ 时，协调度 C

表现为两个子系统之间反方向发展的程度或根本不协调。

C. 当 $[u_1^1(e_1) - u_1^0(e_1)]$ 与 $[u_2^1(e_2) - u_2^0(e_2)]$ 均大于零时，协调度 C 表现为两个系统向低级有序化发展的协调程度；当 $[u_1^1(e_1) - u_1^0(e_1)]$ 与 $[u_2^1(e_2) - u_2^0(e_2)]$ 均小于零时，协调度 C 表现为两个系统向高级有序化发展的协调程度。

D. 定义 5 综合考虑了两个系统情况，如果其中一个系统的有序程度提高幅度较大，而另一个系统的有序程度提高幅度较小，则整个系统不能处于较好的协调状态。

3.2.2.2 两个系统数据的标准化

由于数据计量单位不同不能直接比较，为抵消不同计量单位带来的影响，首先将对原始数据进行标准化处理。

标准化基本原理：

$$\eta = \sigma_j \cdot \sum_{i=1}^{n}(1 - r_{ij})(j = 1,2,\cdots,n)$$

$$X'_{ij} = (X_{ij} - \overline{X})/S_j (i = 1,2,\cdots,n; j = 1,2,\cdots,n)$$

其中，X'_{ij} 为标准化数据，表示变量 j 的均值，S_j 为变量 j 的标准差，其计算公式如下：

$$\overline{X} = \frac{1}{n}\sum_{i=1}^{n}X_{ij}$$

本章通过 STATA12.0 统计软件对以上评价指标的数据进行标准化处理。以下为 2012 年各地区各项评价指标的标准化处理结果（见表 2-10、表 2-11）。

表 2-10 普惠金融机构评价指标标准化结果

民间总资本	新型农村金融机构数量	从业人员	民间借贷与民间总资本占比
0.975497426	1.609135149	1.504855139	-1.044676277
0.662596586	0.180021008	0.31517749	-0.33762665
0.522596675	-0.356883752	-0.230059879	1.330581492
-1.048951638	-1.051701677	-1.194448476	-0.689287891
-1.111739049	-0.380570727	-0.395524275	0.741009325

表 2-11 传统金融机构评价指标标准化结果

人民币贷款总量	传统金融机构数	从业人员	不良贷款率
1.492087532	1.527038199	1.53814252	-0.334762
-0.270353521	0.386717466	0.281985406	1.7699314

续表

人民币贷款总量	传统金融机构数	从业人员	不良贷款率
0.486793199	-0.208232482	-0.077348484	-0.392766
-0.899449553	-0.954836338	-0.993821206	-0.351335
-0.809077656	-0.750686846	-0.748958236	-0.691069

3.2.2.3 两个系统评价指标的赋权

在计算普惠金融系统的子系统的有序度前,我们要先解决如何确定各指标的权重问题。本章在确定指标的权重问题上选取了 CRITIC 法,根据 CRITIC 法,主要有两个因素决定指标权重,一个是相关系数,另一个是标准差。CRITIC 发基本原理如下:

$$S_j = \sqrt{\frac{1}{n}\sum_{i=1}^{n}(X_{ij}-\overline{X}_j)^2}$$

其中,η_j 表示第 j 个评价指标对系统的影响程度,σ_j 为第 j 个评价指标的标准差,r_{ij} 为第 i 个评价指标与第 j 个评价指标之间的相关系数。η_j 值越大,表明第 j 个评价指标对系统的影响程度越大,该指标的重要性也越大。由此得到第 j 个评价指标的客观权重 ω_j 的计算公式应为:

$$\omega_j = \frac{\eta_j}{\sum_{j=1}^{n}\eta_j}(j=1,2,\cdots,n)$$

(1) 普惠金融机构评价指标的标准差

$\sigma_1 = 0.121769791 \quad \sigma_2 = 0.25330377 \quad \sigma_3 = 0.026410516 \quad \sigma_4 = 0.194091592$

(2) 传统金融机构评价指标的标准差

$\sigma_1 = 0.042647362 \quad \sigma_2 = 0.034288599 \quad \sigma_3 = 0.099239178 \quad \sigma_4 = 0.012068264$

(3) 普惠金融机构和传统金融机构各自评价指标间的相关系数矩阵

$$\begin{vmatrix} 1 & 0.757190444 & 0.812306945 & -0.162052791 \\ 0.75719 & 1 & 0.991771732 & -0.443437337 \\ 0.812307 & 0.991771732 & 1 & -0.363595127 \\ -0.16205 & -0.443437337 & -0.363595127 & 1 \end{vmatrix}$$

$$\begin{vmatrix} 1 & 0.884687286 & 0.920253057 & -0.073515354 \\ 0.884687 & 1 & 0.996281808 & 0.27732462 \\ 0.920253 & 0.996281808 & 1 & 0.220327003 \\ -0.07352 & 0.27732462 & 0.220327003 & 1 \end{vmatrix}$$

(4) 普惠金融机构和传统金融机构指标的权重

$$\begin{cases} \omega_1 = 0.135168124 \\ \omega_2 = 0.299169307 \\ \omega_3 = 0.028708269 \\ \omega_4 = 0.536954299 \end{cases} \quad \begin{cases} \omega_1 = 0.27090562 \\ \omega_2 = 0.144517354 \\ \omega_3 = 0.428916898 \\ \omega_4 = 0.155660129 \end{cases}$$

3.2.2.4 普惠金融机构与传统金融机构协同度计算

(1) 普惠金融机构和传统金融机构的序参量分量的系统有序度

将普惠金融机构和传统金融机构所有指标进行标准化处理，根据（1）式和（3）式将已标准化的数据进行归一化处理，结果见表2-12和表2-13。

表2-12　　　　　普惠金融机构评价指标归一化结果

民间总资本	新型农村金融机构数量	从业人员	民间借贷与民间总资本占比
1	1	1	0
0.850088457	0.462908012	0.559264974	0.297672798
0.783014164	0.261127596	0.35727311	1
0.030081599	0	0	0.149620976
0	0.252225519	0.29597419	0.751786027

表2-13　　　　　传统金融机构评价指标归一化结果

人民币贷款总量	传统金融机构数	从业人员	不良贷款率
1	1	1	0.144781145
0.263050921	0.540540541	0.503880288	1
0.5796451	0.300822562	0.361961237	0.121212121
0	0	0	0.138047138
0.037788207	0.082256169	0.09670872	0

(2) 普惠金融机构和传统金融机构的有序度

在得到归一化结果的基础上，根据（2）式和（4）式可分别算出宁波、温州、台州、丽水、金华（义乌）这5个地区的普惠金融机构和传统金融机构的有序度，结果见表2-14。

表 2-14　　　　　普惠金融机构和传统金融机构的有序度

地区	普惠金融机构有序度	传统金融机构有序度
宁波	0.463045701	0.327877577
温州	0.42928495	0.314380088
台州	0.73117091	0.625332354
丽水	0.0844057	0.080339626
金华（义乌）	0.48762978	0.48762978

（3）普惠金融机构和传统金融机构的协同度

根据（5）式计算宁波、温州、台州、丽水、金华（义乌）这 5 个地区的普惠金融机构和传统金融机构的协同度，由于在计算时需要有一个地区作为基准，计算时选择了宁波作为了基准数据，最后得出的结果见表 2-15。

表 2-15　　　　　各地区普惠金融机构与传统金融机构协同度

地区	协同度
宁波	1
温州	0.10803504
台州	-0.363298424
丽水	0.565771815
金华（义乌）	-0.140526522

3.2.2.5　协同度评价结果与讨论

本章分别建立普惠金融机构系统和传统金融机构系统的协同度模型，来考察两者之间的协调发展程度。从表 2-15 各地区普惠金融机构与传统金融机构协同度中可以看出，温州、丽水与以宁波为基准值的基础上协同度较高，而台州和金华的协同较低，为负数。从数据中可以看出丽水的协同度最高，受丽水的农村金融改革的影响，丽水的普惠金融发展的势头较好，普惠金融机构网点在丽水的农村实现全覆盖。由于丽水的正规金融机构在改革之前非常的缺乏，普惠金融机构的出现以及大范围的普及，使得农村金融服务得到了有效供给，健全了农村的金融设施，完善了现代农村金融制度。温州的协同度同样为正数但是却较低，温州的金融改革同样在 2012 开始实行，但是受到了民间高利息借贷的影响，民间借贷没有充分的阳光化，使得在改革中遇到了一些阻碍。民间借贷的立法内容需要得到调整，促进充分利用民间资本，更进一步推动经济的发展。企业的融资难问题还是没有得到解决,但是金融改革的成效还是有所显现的,在推进民间金融规范化与阳光化的进程中,成立了民间借贷服务中心,发布了温州指数以反映民间借贷成本的变动趋势。温州的民间资本量充足,私营企业比丽水多得多,但是民间的不规范的操作使得金融系统受到了影响,应促进规范发展普惠金融机构,使得其与正规金融机构更为协调的发展。金华(义乌)的协同度为负数,说明了两者可能完全相反发展,义乌的贸易金融改革在 2013 年才颁布,而文章中的数据在 2013 年年鉴中的数据反映的却是 2012 年的情况,所以不能充分反映出义乌的金融改革的成效。台州的协同度最低,台州地区的小微企业发达,受温州金融改革的影响,台州推进了小微金融服务改革,但是正规金融机构网在台州较为发达,小微企业金融服务机构却很少,使得小微企业很难得到贷款。在促进改革的同时,应该健全普惠金融机构网,使得普惠金融机构服务体系变得更为完善,促进与传统金融机构的共同发展。

4 金融改革试验区普惠金融发展的路径

4.1 健全配套政策以构建均衡的普惠金融体系

首先要建立起一套适宜的政策体系,这是发展普惠金融的基石。因而政府部门要制定符合自身发展特色的普惠金融战略规划,给予普惠金融参与机构更多的资金支持,在财政贴息以及税收减免等方面进行干预和引导;采取放宽政策,严格把关的差异化监管机制;放宽担保范围等措施积极创造包括信用环境、担保体系和保险体系的建设等在内的良好的金融生态环境,又要适当提高小微不良贷款容忍度,调低小微贷款风险资产权重,研究监管评级的差异化机制。

积极引进金融机构进驻农村,制定出台促进农村金融发展的优惠政策或指导意见,吸引区外金融机构设立分支,增加金融机构数量;组建新型金融机构,积极发展小额贷款公司,着力满足民间资本的投融资需求;采取物质奖励、政策倾斜、推动农行和农村信用社改革等多种形式,引导本地区金融机构优化信贷结构,加快机制转换,调动信贷支农的积极性,争取更多的信贷资金投向"三农"。农村市场金融产品和金融服务方式的创新应该具有大局观念,以服务"三农",带动社会主义新农村的建设为目的,针对农村发展的需要,着力提高自身金融服务能力,促进金融服务方式的转变,完善相关配套服务,促进农村金融创新产品结构健康稳定的发展，以优质的服务完善企业的市场形象，扎根于民心。

促进浙江省金融改革与发展，政府支持必不可少，政府需建立一定的显性存款保障制度，一方面将以法律法规形式保护存款者、民间投资者以及金融机构自身的利益，维护存款者与民间投资者对新型农村金融机构的信任，提高农村金融机构的吸储能力；另一方面将会为新型农村金融机构提供一个与国有商业银行公平竞争的市场环境，解决农村弱势群体的融资问题，增强农村金融市场的竞争效率。

4.2 形成并完善农村普惠金融体系的对称性互惠共生模式

根据共生理论，对称性互惠共生是共生系统进化的基本方向和根本法则，同时也是最佳激励兼容状态或称最佳资源配置状态。因此，促进对称性互惠共生关系的形成是农村金融体系发展的必然要求，这就要求各农村金融机构既要分工协作，又要适度竞争，以提高其服务"三农"的效率。

4.2.1 转变农业政策性金融机构发展理念

将原来按机构划定业务为主的模式转变为按机构划定业务与业务招投标并存的发展模式，以改善政策性金融的运作方式和效率。在机构上仍保持一定分工，国家开发银行主要负责农村中大型基础设施项目的资金投入，农业发展银行则负责农村中、小型项目的资金投入。综合运用财政直接补贴和招投标两种贴息贷款运作方式，发展业务招投标形式，采取补偿率招投标的方法，形成农业银行与农业发展银行的相对分工和适度竞争局面。

4.2.2 对现有农村商业性金融机构明确功能定位

农信社要巩固已有改革成果，办成商业上可持续、主要服务于乡（镇）、村和农民的金融机构；农业银行要结合股份制改革，通过机制和体制的转换，充分发挥农业银行作为大型商业银行的系统优势，切实提高对农业产业化、基础设施和城镇化建设的信贷支持质量和效益，加强对县域经济的服务；积极推进邮政储蓄改革，按照商业化原则，引导邮政储蓄资金支持"三农"。

4.2.3 要努力塑造有适度竞争的农村金融市场，用市场化利率覆盖其经营风险

例如对于不同种类的贷款要有竞争力。对一般商业贷款，形成农村信用社、

地方商业银行和农业银行竞争的局面；对到户贷款和小额信贷，形成农村信用社和农村小额信贷组织竞争的局面。只有竞争，才能形成一个较为合理的资金价格和利率水平，引导社会资金通过这些金融机构投入到农业经济。通过市场竞争机制，引导民间借贷，发挥民间借贷对正规金融体系的补充作用。

4.2.4 新型农村金融机构的设立是我国金融市场准入政策的重大突破，也是农村金融组织增量改革的具体体现

村镇银行、农村资金互助社以及小额贷款机构遵循商业可持续发展原则，充分利用市场机制支持农村地区发展，有助于改善农村地区的金融服务状况。一方面，新型金融机构增加了农村金融供给，有利于竞争性农村金融市场的构建；另一方面，作为农村金融增量改革的重要实践，创新了农村金融发展模式，提高了金融对新农村建设的服务水平。发展新型农村金融机构能够提高农村金融服务的覆盖率，可以改善农村金融市场竞争局面，具有体制上的创新、示范效应。浙江地区凭借其良好的经济环境，能够充分调动金融资源而使得浙江省新型农村金融机构对民间资本阳光运作和改善农村金融服务，推进了农村金融市场的利率市场化进程，成为区域金融体系的重要补充。

4.3 加快农村金融改革节奏，加强金融产品与服务的创新

积极开发适合农民和农村经济发展特点的产品，比如为解决农民工携带现金不安全问题开办异地款项汇划业务，大力发展农民养老金储蓄、农民住房储蓄、银行卡、理财以及代收代付等金融业务，满足农村多元化金融服务需求。加快金融机构改革节奏，促进陈旧金融体制与金融机构改革。

加快传统金融机构转型。促进传统金融机构和普惠金融机构协同发展，传统金融机构要不断提高基础金融服务的水平和质量，积极参与普惠金融发展，加强产品与服务创新。提升网点的覆盖率改善网点的服务环境，更进一步推进ATM等现代服务手段，积极参与普惠金融的发展。开展业务创新，进一步增强和完善服务功能，拓宽服务领域，创新服务品种，增强服务手段，积极开办政策性银行和商业银行委托业务，增加普惠金融服务的金融业务品种。

创新普惠金融工具。金融机构应该积极创新设计能够满足普惠金融需求的多样化的金融产品，不断开拓新的业务领域，发展多种信贷产品以适应当前经济发展的需要。通过不断提高中间业务的服务水平，扩展整体金融服务的品种和范围。但是目前为止我国的普惠金融服务仍然以小额信贷为主，业务品种较为单

一，已经无法满足我国金融服务的多样化的需求。

4.4 推进利率市场化，促进民营金融机构的发展

利率机制是最基本的市场机制，根据金融改革试验区的普惠金融市场经济发展的客观需要，适度放松利率管制，推动利率的市场化形成机制，在放开贷款利率浮动上限的同时，允许贷款利率适当上浮，以保证充足的资金来源。各地区在金融改革进程中应不断推进民间资本阳光化，充分利用民间的剩余资金，规范民间融资，使得民间资本更好地服务于实体经济。推进民间资本阳光化，能够使得之前缺乏有效监管的民间资本，提高其运作透明度和规范化，这些措施对于提高监管有效性和风险管理能力等都有很大的好处。

在加强监管的基础上，应适当放宽金融机构准入政策，允许新设机构进入金融市场，规范发展多种形式的新型金融机构。为保障小额贷款公司、村镇银行等新型金融机构的规范发展，促进民营银行的设立与发展，需要完善相关配套政策和措施，完善相关的监管机制。民营银行在发展普惠金融方面具有明显的信息对称优势和市场效率优势，大力发展民营银行，充分利用民间资本进而推动实体经济的进一步发展。

同时培养建立一批掌握现代金融风险管理技术和方法的专门金融人才队伍，加强对利率风险的分析、监测和管理。但是在推进利率市场化的同时，政府还是要进行适度的调控和干预，仍然需要制定相关的政策法规，加强社会信用体系建设，完善金融监管体制，建立科学合理的监管体系，监督和约束经济主体的违反道德、非理性的行为，为推进利率市场化创造一个良好的外部环境。

4.5 健全普惠金融监管体制

建立宽松规范的监管环境是普惠金融发展的基本要求，创新普惠金融监管体系，把普惠金融的行业管理和监管分开，创建普惠金融行业管理协会，强化普惠金融机构的监管。严格控制普惠金融机构的准入大关，加强风险管理，用法律手段规范普惠金融体系的规范化和合理化。同时金融机构在风险管理上要不断创新，不断引入新技术，从而提高效率，同时提升风险的掌控能力。不断改进监管手段和方法，用科学监管替代行政管理监督的模式，运用互联网络等技术手段，建立远程监管平台，同时建立普惠金融经营风险分析体系，出现问题及时发布预警信号。

提高新型金融的社会公信度，还要通过金融机构本身提高当地支农服务水平、改善经营环境、提升服务质量等措施来解决。第一，新型农村金融机构可以借助当地媒体宣传其设立目的、意义及其"服务三农"的经营理念，介绍主要业务和金融产品，逐步引导农民了解并认可。第二，新型农村金融机构应当加快基础设施建设，积极设立金融网点，扩大服务半径，并加大支农力度，支持农民增收、农业增效、农村发展措施，赢得广大群众的信任与支持，提高社会公信度。

建立社会辅助体系。如行业协会、结算支付系统和专业金融服务网络等；改变监管评估机构的原有模式；完善风险化解制度和担保机制，减少小微企业贷款风险；落实普惠金融的统筹安排，使其更具体详细，构建均衡的普惠金融组织体系。

4.6 强化政策引导，推进普惠金融示范化建设

从货币政策、信贷政策、财税政策、产业政策等方面入手，研究制定普惠金融发展工作规划或指导性意见，建立普惠金融评价指标体系，完善激励约束机制，稳步推进普惠金融的发展。为普惠金融公司提供诸如贴息、减免相关税收、提供资本金、建立风险基金等具体的政策措施，以扶持普惠金融的发展。在支持小微企业、"三农"方面，可以采取精准化降低存款准备金率、给予专项信贷额度、税收优惠、风险损失补偿等政策支持，通过政策鼓励和正面激励，引导中小银行积极投身于全面推进城镇化建设的事业。

浙江省金融改革试验区的普惠金融的发展模式繁多，通过移动金融创新、促进民间资本阳光化、实行各种新型的抵押形式、建立民间融资服务平台、发展小微金融改革等方式，推进普惠金融的发展。浙江省金融改革试验区发展普惠金融有着其特有的优势，金融改革试验区的民营经济发达，发展普惠金融有一定的优势。充分利用民间的剩余资金，大力发展建设普惠金融机构，不断提升普惠金融机构的发展绩效，同时促进普惠金融机构与传统金融机构的协同发展，最终将更进一步推进经济的发展，对于其他地区发展普惠金融将起着示范性的作用。

4.7 加强较发达地区普惠金融基础设施建设

金融改革试验区普惠金融机构的绩效都较高，在绩效评价的结果中可以发现，各个地区的生产效率、纯技术效率和规模效率都普遍非常的高，说明这些地

区的普惠金融机构都在向着良好的方向发展。但是，目前金融改革试验区的金融体系离普惠金融体系还有很大距离，传统金融在金融市场的渗透率和覆盖面远不能满足普惠金融的需求。

引导各类资本到金融机构网点覆盖率低、金融服务不足、金融竞争不充分的地方投资设立机构。应加强较发达地区金融基础设施建设，不断提高金融覆盖面和渗透率，提高金融服务的整体水平，提高 ATM 自助服务机的覆盖率以及营业网点的分散率，提升支付结算水平等。改善金融生态环境，创造和谐的金融生态环境，包括信用环境、担保体系和保险体系建设在内。构建和谐的普惠金融生态环境，有利于深化金融体制改革，推动金融业的发展，同时也能促进经济金融的协调发展、保持金融稳定。改善金融生态环境是一项系统工程，同时也是一个渐进的、长期的过程，必须统筹金融各个行业的发展、统筹区域和企业融资结构的发展。整顿和优化社会信用环境，创造良好的金融生态环境，高度重视改善金融生态环境对增加信贷投入、促进经济可持续发展的重要战略意义。

参考文献

［1］［印度］苏布拉塔·加塔克、肯·英格森特：《农业与经济发展》第一版，华夏出版社 1987 年版。

［2］林毅夫：《再论制度、技术与中国农业发展》第一版，北京大学出版社 2000 年版。

［3］［日］速水佑次郎、［美］弗农·拉坦：《农业发展的国际分析》第一版，中国社会科学出版社 2000 年版。

［4］林毅夫、李永军："中小金融机构发展与中小企业融资"，《经济研究》2001 年第 4 期。

［5］陈浪南、谢清河："我国小额信贷研究"，《农业经济问题》2002 年第 3 期。

［6］俞建国：《中国中小企业融资》第一版，中国计划出版社 2002 年版。

［7］刘曼红：《中国中小企业融资问题研究》第一版，中国人民大学出版社 2003 年版。

［8］李辉："实现小额信贷可持续发展的思考"，《辽宁大学学报（哲学社会科学版）》2004 年第 5 期。

［9］孙琳："关于发展我国农户小额信贷的思考"，《世界经济情况》2006 年第 14 期。

［10］杜晓山："小额信贷的发展与普惠性金融体系框架"，《中国农村经济》

2006 年第 8 期。

［11］杜晓山："建立可持续性发展的农村普惠性金融体系"，《金融与经济》2007 年第 2 期。

［12］王睿、明悦、蒲勇健："普惠性金融体系下中国农村小额信贷机构的研究分析"，《重庆大学学报（社会科学版）》2008 年第 5 期。

［13］韩俊：《中国农村金融调查》第一版，上海远东出版社 2009 年版。

［14］焦瑾璞、陈瑾：《建设中国普惠金融体系——提供全民享受现代金融服务的机会和途径》（第一版），中国金融出版社 2009 年版。

［15］焦瑾璞："构建普惠金融体系的重要性"，《中国金融》2010 年第 10 期。

［16］杜晓山："小额信贷与普惠金融体系"，《中国金融》2010 年第 10 期。

［17］陈岩："关于开展农村小额信贷业务的风险分析和对策"，《农业网络信息》2012 年第 10 期。

［18］刘磊、潘美丽："基于包容性增长的我国微型金融发展的对策研究"，《农村金融研究》2012 年第 12 期。

［19］Yaron, Jacob. What makes rural finance institutions successful? . *World Bank Research Observer*, 1994, 9 (1): 49 – 70.

［20］Robert Peck Christen, Elisabeth Rhyne, Robert C. Vogel. Maximizing the Outreach of Microenterprise Finance: An Analysis of Successful Microfinance Programs. *USAID Program and Operations Assessment Report No.* 10, 1995 (6).

［21］Joe Peek and Eric S. Rosengren. Small business credit availability: how important is size of lender? *Working paper of Federal Reserve Bank of Boston*, 1995.

［22］J Weston, PE Strahan. Small Business Lending and Bank Consolidation: Is There Cause for Concern? . *Ssrn Electronic Journal*, 2007, 2 (3): 1 – 6.

［23］Meyer, Laurence H. The present and Future poles of Banks in Small Business *Finance. Joumal of Banking and Finanee*, 1998, 22 (6 – 8): 1109 – 1116.

［24］Cole, R. A., Walranen, N. Banking Consolidation and the Availability of Credit to Small Business. *Board of Govemors of the Federal Reserve System Working Paper*, 1998.

［25］J Morduch, RF Wagner, B Haley. Analysis of Effects of Microfinance on Poverty Reduction. *NYU Wangner Working Paper Series*, 2002.

［26］Gautam Ivatury. Using technology to build inclusive financial systems. Springer Berlin Heidelberg, *Springer Berlin Heidelberg*, 2006: 140 – 164.

第3章

普惠金融指数与微型金融机构的布局

1 宁波普惠金融体系建设的现状

1.1 微型金融机构是普惠金融体系建设的重要内容

微型金融机构作为普惠金融体系建设中重要组成部分,通过向中小微企业提供微型金融服务,缓解中小微企业的资金需求,促进中小微企业发展,在支持中小微企业发展过程中扮演着不可或缺的角色。我国在微型金融机构的建设中主要采用设立村镇银行、组建小额信贷公司以及商业银行成立小微企业金融服务部或专营小微企业信贷支行等模式。宁波地区作为中小微企业活动十分活跃的地区,对有利于中小微企业发展的微型金融机构的建设一直较为重视。较早地成立了村镇银行、小额贷款公司等微型金融机构。2013年,宁波银监局为了响应中国银监会有关《中国银监会关于深化小微企业金融服务的意见》(银监发〔2013〕7号),出台了《宁波银行业2013年小微企业金融服务实施意见》,并在2013年5月启动了宁波市银行业小微企业金融服务宣传月的活动,进一步促进微型金融机构在宁波地区的发展,推动普惠金融体系的建设。

宁波地区微型金融机构的发展已经有了一定的规模和体系,宁波市范围内有大量的中小微企业,因此在宁波市范围内发展微型金融机构具有较大的意义。从微型金融机构存在的形态分析,宁波市众多的微型金融机构大体上,从金融机构服务定位方面分类可以分为四种类型:(1)定位于中小微企业的城市商业银行法人机构;(2)具有小微企业金融服务特色的城市商业银行分行;(3)新型农村金融机构;(4)专营小微企业金融服务的机构团队。截至2013年,宁波已经形成了3家定位于中小微企业的城商行法人机构,10家具有小微企业金融服务特色的城商行分行,多家新型农村金融机构包括13家村镇银行、42家小额贷款公司和1家农村资金互助社,以及近400多家的专营小微企业金融服务的机构团队四个层次的微型金融服务体系,因此,对宁波市微型金融机构的运行现状进行研究是十分必要的。

1.2 具有小微企业金融服务的城商行分行

1.2.1 城商行法人机构

在宁波市微型金融机构中,宁波银行、宁波东海银行和宁波通商银行都是具有股份制商业银行性质的,定位于中小微企业的城商行法人机构,在发展微型金融机构占有重要的地位。在3家法人机构中(见表3-1),宁波银行的注册资金实力最为雄厚高达20.5亿元,且在宁波地区拥有176家支行机构,而且还引进新加坡华侨银行作为其境外战略投资者,还是3家法人机构中唯一一家上市银行,对发展微型金融机构的影响力巨大。宁波东海银行和宁波通商银行虽然成立时间相对较迟,分别为2012年3月和2012年4月,并分别由1988年成立的象山绿叶城市信用合作社和1993年成立的宁波国家银行(外资银行)转变而来,其注册资本都在5亿元以上。

表3-1　　　　定位于中小微企业城商行法人机构的基本情况

机构名称	成立时间	注册资本(单位:亿元)	在宁波市的机构数量
宁波东海银行	2012年3月29日	5.09	9
宁波通商银行	2012年4月16日	6.39	2
宁波银行	1997年4月10日	20.5	176

资料来源:宁波金融学会。

宁波银行在2013年继续加大对小微企业信贷支持力度,同时通过创新、升级"金色池塘"产品,提供安全、快捷的电子金融服务,打造针对小微企业的一揽子金融服务体系,助力小微企业可持续发展。宁波银行的房产抵押率最高可达100%，授信期最长可达8年，单笔500万元以下贷款最快2小时完成审批。除了名声在外的宁波银行，2012年以来，宁波东海银行、宁波通商银行两家专注中小企业贷款的城商行也相继成立。宁波通商银行同样致力于打造服务物流小微企业的专业化银行，成立总行级物流金融专业部门，组建专业化业务团队，制定针对性强的金融产品。宁波东海银行的成立，对中小企业支持的一系列金融产品与服务，也为解决中小企业融资难问题搭建了一个新平台。

1.2.2 城商行分行

宁波市除了支持发展本地的银行法人机构外，还积极鼓励银行异地城商行开设在本地的分行，促进本地微型金融机构的发展。在宁波市的10家具有中小微金融服务特色的城商行分行中（见表3-2和图3-1），包括1家外资银行分行、3家外省银行分行以及6家本省非本市银行的分行，这些城商行分行在宁波市分设了一共61家支行机构，包括小微企业专营支行、科技支行和物流支行等，并推出了多样的针对中小微企业的贷款产品，极大地促进了宁波市微型金融机构的发展。

表3-2　　　具有中小微金融服务特色城商行分行的组织形式

机构名称	成立时间	机构性质
浙商银行宁波分行	2004年12月25日	股份制商业银行分行
上海银行宁波分行	2006年4月26日	股份制商业银行分行
包商银行宁波分行	2008年4月11日	股份制商业银行分行
临商银行宁波分行	2008年12月25日	股份制商业银行分行
温州银行宁波分行	2008年12月28日	股份制商业银行分行
浙江泰隆商业银行宁波分行	2008年12月31日	股份制商业银行分行
杭州银行宁波分行	2009年5月26日	股份制商业银行分行
浙江民泰商业银行宁波分行	2009年12月17日	股份制商业银行分行
浙江稠州商业银行宁波分行	2011年3月24日	股份制商业银行分行
恒丰银行宁波分行	2012年3月7日	股份制商业银行分行

资料来源：宁波金融学会。

具有小微企业金融服务特色的城商行分行有9家：温州银行、临商银行、泰隆银行、民泰银行、稠州银行、杭州银行、包商银行、上海银行、浙商银行。如泰隆银行宁波分行，作为一家专业致力于小微金融服务的银行，泰隆银行宁波分

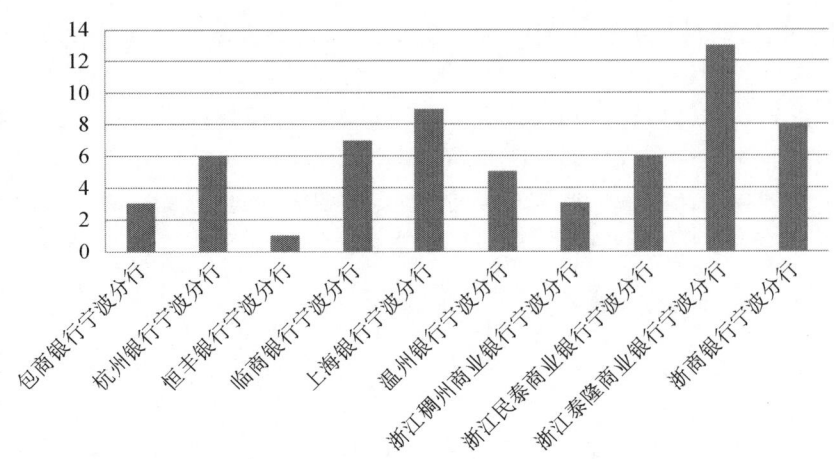

图 3-1 十家城商行分行在宁波的机构数量

资料来源：《宁波金融年鉴》。

行不断深化小微企业市场定位，创新产品，简化流程，为小微企业融资难这一国际性的"麦克米伦缺口"提供了中国式解答。泰隆银行自进驻宁波以来，累计向甬上小微企业发放贷款 3.99 万笔合计 257.68 亿元，直接支持了 1.36 万人创业起步，而在分行的贷款客户中，99% 以上的贷款客户为 500 万元以下的小微企业客户，户均贷款仅为 44 万元，最小的一笔贷款仅 0.5 万元。又如浙商银行宁波分行，自 2004 年落户以来，浙商银行宁波分行始终把小微企业作为信贷支持的重要对象。截至 2012 年 6 月底，500 万元及以下小企业贷款客户数达 2919 户，占分行全部贷款客户数的九成以上，贷款余额 44.82 亿元。另外，宁波市银监局对小微企业支持力度较大的机构，给予设立分支机构的政策倾斜，浙江泰隆商业银行宁波分行、浙江民泰商业银行宁波分行和浙江稠州商业银行宁波分行因市场定位专注，已先后享受相关优惠政策，积极开展小企业金融服务。

1.3 完善农村金融体系的新型农村金融机构

村镇银行作为微型金融机构中新型农村金融机构的主要代表，同样对微型金融机构的发展起着重要的作用。宁波的 13 家村镇银行（见表 3-3），一共 27 家分支机构分布在象山、慈溪、余姚、奉化、宁海、江北等宁波市的各个区县，其注册资本都在 0.5 亿元至 2 亿元之间，为发展宁波地区的微型金融机构同样起到了重要作用。从村镇银行的发起人机构分析，中国银行在宁波参与发起了 3 家，建设银行参与发起了 2 家，国家开发银行参与发起了 1 家，鄞州银行参与发起了

2家，民生银行、浦发银行、宁波市信用社、余姚农村合作社和盛京银行分别参与发起了1家。

表3-3　　　新型农村金融机构（村镇银行）的组织形式

机构名称	成立时间	注册资本（单位：亿元）	发起机构
象山国民村镇银行	2008年8月31日	0.8	鄞州银行
慈溪民生村镇银行	2008年12月30日	1	民生银行
余姚通济村镇银行	2010年2月2日	1	余姚农村合作银行
奉化罗蒙村镇银行	2010年12月14日	0.5	宁波市信用联社
鄞州国民村镇银行	2011年3月16日	1	鄞州银行
江北富民村镇银行	2011年9月19日	1	盛京银行
慈溪建信村镇银行	2011年12月20日	1	建设银行
宁海建信村镇银行	2011年12月21日	1	建设银行
北仑国开村镇银行	2011年12月28日	2	国家开发银行
镇海中银富登村镇银行	2012年2月20日	0.5	中国银行
宁海中银富登村镇银行	2012年4月27日	0.5	中国银行
海曙浦发村镇银行	2013年6月28日	1	浦发银行
象山中银富登村镇银行	2013年10月25日	0.5	中国银行

资料来源：《宁波金融年鉴》。

为切实解决农户和小微企业缺少有效抵押物的困难，辖内新型农村金融机构进一步推进了保证和信用贷款。据统计，其非抵质押类贷款占比已达到70%以上。宁波市村镇银行对抵押品范围的限定亦更加宽泛，据调查，有些银行采取了涉及集体土地、机器设备、超年限房产、车辆船舶等抵押物的"抵押品组合"方式，并放大抵押倍数，缓解小微企业融资难。

1.4　专营小微企业金融服务机构

为了切实解决小微企业的融资难题，无论是监管部门还是各家商业银行，都将信贷政策向小微企业作了倾斜。据《宁波银监局关于设立小微企业金融服务专营机构的实施意见》，对于符合条件的银行业金融机构批量化设立小微企业金融服务专营机构予以积极支持，且不受"每次批量申请的间隔期限不得少于半年"的限制。统计表明，截至2013年7月，宁波银行业专营小微企业金融服务的机构已近400家。同时，鼓励银行业金融机构新设或改造一些分支行成为专门从事小微企业金融服务的专业分支行或特色分支行，如推动商业银行设立服务科技型小微企业的科技支行、服务物流小微企业的物流支行等。例如中国工商银行中小企业金融部、中国银行科技支行、杭州银行科技支行、浙商的小微企业专营支行、临商银行物流支行。

2　宁波普惠金融体系的实证研究

2.1　宁波普惠金融指数的实证研究

2.1.1　研究方法

普惠金融指数反映了区域性普惠金融供求情况，用普惠金融指数对普惠金融的绩效评价研究，使得本课题的研究具有科学性和准确性。国内引入普惠金融的理念已经有近10年的时间，普惠金融的理念与中国一直扶持的农村金融遥相呼应，都关注处于金融服务边缘的弱势群体，提倡人人都应拥有金融服务的机会。为研究宁波普惠金融的发展状况，借鉴国内外专家的研究成果，试图建立并测算反映宁波普惠金融发展状况的普惠金融指数。首先，选取衡量普惠金融的指标，普惠金融的发展状况必须从供给和需求两个方面来反映，因此，选取的指标包括反映宁波金融服务的供给情况和金融服务的需求情况两个方面；其次，根据变异系数确定各指标的权重；再次，确定评价普惠金融发展状况的标准，即普惠金融完全空缺的情形和普惠金融达到最高水平的情形；最后，应用欧几里得距离公式构建并计算普惠金融指数，比较指数值与标准值，从而评价宁波普惠金融的发展状况。

2.1.2　指标选取与数据来源

本课题在指标的选取方面，结合研究的需要和数据的可得性，共采用六个指标进行实证研究。其中，反映宁波市金融服务供给情况的指标包括金融服务的地理分布密度和金融服务的人口分布密度两个方面，具体指标分别是宁波市每万平方公里的银行业金融机构数（X_1），每万平方公里的银行业金融机构从业人员数（X_2），每万人拥有的银行业金融机构数（X_3），每万人拥有的银行业金融机构从业人员数（X_4）；反映宁波市金融服务需求情况的指标采用金融服务的最基本服务，即存款和贷款两个指标的使用情况，具体指标分别是人均储蓄存款占人均GDP的比重（X_5），人均短期贷款占人均GDP的比重（X_6）。这六个指标均与普惠金融指数是正相关关系，六个指标的数据可以通过以下原始数据计算得到（见表3-4）：宁波地域面积（万平方公里），宁波总人口（万人），人均储蓄存款（万元），人均短期贷款（万元），银行机构数（家），银行从业人员（人），人均GDP（元）。这些原始数据来源于2003年至2013年宁波市统计局发布的《宁波统计年鉴》和《宁波金融年鉴》历年的统计数据，通过这些指标数据可以测算宁波2002年到2012年的普惠金融指数变化情况。

表3-4　　　　　　　　宁波市普惠金融发展状况的指标

年份	每万平方公里的银行业金融机构数（家）X_1	每万平方公里的银行业金融机构从业人员数（人）X_2	每万人拥有的银行业金融机构数（家）X_3	每万人拥有的银行业金融机构从业人员数（人）X_4	人均储蓄存款占人均GDP的比重（%）X_5	人均短期贷款占人均GDP的比重（%）X_6
2002	400	7365.625	0.703052	12.94604	0.591844	0.661597
2003	471.875	8691.667	0.825031	15.19661	0.604161	0.750637
2004	557.2917	10256.25	0.967993	17.81469	0.571255	0.707789
2005	657.2917	12102.08	1.133465	20.86941	0.593936	0.701276
2006	776.0417	14281.25	1.329289	24.46249	0.607499	0.771192
2007	914.5833	16851.04	1.555193	28.65417	0.532631	0.821539
2008	1080.208	19885.42	1.825415	33.60383	0.597918	0.80983
2009	1101.042	21932.29	1.851074	36.87261	0.661822	0.89703
2010	1914.583	33990.63	3.201544	56.84051	0.634036	0.907473
2011	2020.833	37060.42	3.365718	61.7245	0.603853	0.919573
2012	2122.917	39027.08	3.527722	64.85261	0.633716	0.943291

数据来源：根据2003年至2013年《宁波统计年鉴》和《宁波金融年鉴》历年统计数据计算得到。

2.1.3　模型的构建

首先，要确定各项指标的权重，由于不同指标之间的量纲不同，为消除量纲以使指标具有可比性，权重的确定方法可以采用变异系数法。变异系数为指标的标准差和平均值之比，因而权重的计算公式为：

$$w_i = \frac{v_i}{\sum_{i=1}^{n} v_i}, i = 1, 2, \cdots, n \tag{1}$$

其中，$v_i = \dfrac{\sigma_i}{\bar{x}_i}, i = 1, 2, \cdots, n$，$v_i$ 表示第 i 个指标的变异系数，σ_i 表示第 i 个指标的标准差，$\bar{x}_i$ 表示第 i 个指标的平均值。

其次，对各指标进行归一化处理，并利用各指标的权重计算各指标历年的金融服务普惠情况，得到反映历年普惠金融波动情况的矩阵，矩阵中的元素 d_i 计算公式为：

$$d_i = \frac{w_i(x_i - \min_i)}{\max_i - \min_i}, i = 1, 2, \cdots, n \tag{2}$$

其中，x_i 为第 i 个指标的实际值（见表 3-4），$\max_i$ 为第 i 个指标历年数据的最大值，$\min_i$ 为第 i 个指标历年数据的最小值。

最后，比较（1）式和（2）式可以知道，$0 \leq d_i \leq w_i$，d_i 值越大表明这个指标反映的金融普惠程度越高，金融服务的总体普惠情况要通过 6 个指标来共同反映，这样宁波的普惠金融发展状况可以表示为 6 维笛卡儿空间上的点，即 $D = (d_1, d_2, d_3, d_4, d_5, d_6)$，空间中的原点 $O = (0,0,0,0,0,0)$ 表示宁波的普惠金融服务完全空白，而各指标的权重组成的向量 $W = (w_1, w_2, w_3, w_4, w_5, w_6)$ 表示普惠金融发展的最高水平，即各个指标都取得最大值。因此，宁波的普惠金融指数 NBIFI 可以通过笛卡儿空间中点 D 到点 W 之间的反欧几里得距离来测算，具体的测算公式为：

$$NBIFI = 1 - \frac{\sqrt{\sum_{i=1}^{6}(w_i - d_i)^2}}{\sqrt{\sum_{i=1}^{6}w_i^2}} \tag{3}$$

2.1.4 实证分析

由表 3-4 从 2002 年至 2012 年各年的 6 个普惠金融发展状况指标数据及公式（1）可以计算出各指标的权重值，计算结果见表 3-5。

表 3-5　　　　　　　　各指标权重计算结果

指标 X	X_1	X_2	X_3	X_4	X_5	X_6
权重 W	0.237192	0.233476	0.23046	0.226742	0.022839	0.049291

数据来源：根据表 3-4 数据计算得到。

根据表 3-4 的实际数据及表 3-5 的权重计算结果，应用公式（2）可以计算出宁波市由 6 个指标反映的普惠金融从 2002 年到 2012 年的波动情况矩阵，矩阵计算结果如表 3-6 所示。

表 3-6　　　　　　　　　宁波普惠金融波动情况矩阵

年份	d_1	d_2	d_3	d_4	d_5	d_6
2002	0	0	0	0	0.010525	0
2003	0.009895	0.009778	0.009952	0.009831	0.012714	0.01558
2004	0.021654	0.021316	0.021616	0.021268	0.006865	0.008083
2005	0.035421	0.034927	0.035117	0.034611	0.010897	0.006943
2006	0.051769	0.050997	0.051094	0.050307	0.013307	0.019177
2007	0.070842	0.069947	0.069525	0.068618	0	0.027987
2008	0.093644	0.092323	0.091572	0.090239	0.011604	0.025938
2009	0.096512	0.107417	0.093665	0.104518	0.022839	0.041196
2010	0.208511	0.196336	0.203856	0.191743	0.018024	0.043023
2011	0.223139	0.218973	0.217242	0.213078	0.01266	0.045141
2012	0.237192	0.233476	0.23046	0.226742	0.017967	0.049291

数据来源：根据表 3-4 及表 3-5 数据计算得到。

由表 3-6 的普惠金融矩阵及表 3-5 的各指标权重，应用公式（3）可以计算出宁波普惠金融指数 $NBIFI$ 各年的数值，结果如表 3-7 所示。

表 3-7　　　　　　　　　宁波普惠金融指数测算结果

年份	2002	2003	2004	2005	2006	2007
NBIFI	0.000848	0.046028	0.093714	0.151458	0.222357	0.302122
年份	2008	2009	2010	2011	2012	
NBIFI	0.397879	0.436098	0.861324	0.936138	0.989573	

数据来源：根据表 3-5 及表 3-6 数据计算得到。

2.1.5　结论

由表 3-6 的计算结果可知，从 2002 年到 2012 年 6 个指标的波动规律基本相同，都呈现平稳增加的趋势，但各指标中的普惠金融供给方面（d_1，d_2，d_3，d_4）的值明显高于普惠金融需求方面（d_5，d_6）的值，说明宁波金融服务供给方面的普惠程度相对较高。其中，普惠金融供给方面的四个指标之间数值相差不大，波动情况也十分相似，在统计的 11 年间都呈严格递增的趋势，各指标的最小值都出现在 2002 年，最大值都出现在 2012 年。同时，这四个指标都分别在

2004年和2010年出现最快的增长速度,几乎是2003年和2009年指标值的两倍,其他年份则缓慢增长。

普惠金融需求方面的2个指标（d_5,d_6）之间差异较大,数值的大小和波动规律都不相同,其中,贷款服务的使用情况指标（d_6）除了在2004年、2005年和2008年出现下降外,其他年份都是增长趋势,指标的最小值和最大值分别出现在2002年和2012年。而存款服务的使用情况（d_5）是6个指标中波动最大的,分别在2004年和2007年出现大幅度下降,并在2010年和2011年又连续两年呈现下降趋势,2012年又有所回升,该指标在统计的11年中的最小值出现在2007年,并在2009年达到最大值。

从表3-7的普惠金融指数测算结果来看,2002年至2012年间宁波普惠金融指数总体上迅猛增长,从2002年接近0的指数水平,经过11年发展指数值已经接近1。增幅最大的年份出现在2004年和2010年,指数值分别从2003年的 0.046028 和2009年的 0.436098,翻一倍到2004年的 0.093714 和2010年的 0.861324 的水平,这与普惠金融供给方面的指标波动特点是一致的,说明2004年和2010年的宁波金融服务普惠水平主要是由金融服务的供给拉动的。

根据宁波普惠金融指数的测算结果,可知指数值的大小主要取决于金融服务的供给情况,因而,应根据金融服务的需求进一步增加微型金融机构的数量,创新金融产品与服务,从而推动宁波普惠金融全面协调地发展。当然普惠金融指数的变化应该是受多方面复杂因素综合影响的,鉴于研究方法及数据的限制,本章仅采用6个指标进行测算,因而得到的普惠金融指数与宁波普惠制建设的情况实际有些偏差,这也是后续研究的方向。

2.2 宁波新型农村金融机构网点布局的实证研究

从网点布局作为切入点,研究微型金融机构网点布局的特点及网点布局的影响因素,为宁波市金融机构网点布局提供科学合理的提供科学基础。为研究宁波市新型农村金融机构网点布局的特点及网点布局受哪些因素的影响最大,通过二分模型进行实证分析。二分模型的应变量只有 *1* 和 *0* 两种取值,并且应变量发生的概率是自变量的函数,当应变量服从正态分布时,应变量的概率函数为 Probit 模型;当应变量服从 Logistics 分布时,应变量的概率函数为 Logit 模型。本章以宁波市新型农村金融机构的网点数为应变量,以宁波市的经济发展水平、社会环境、农村金融环境及信息化水平等方面的指标为自变量。考虑到公开的统计数据尚未细分到乡镇层面,只有县（市）的统计数据,因此将宁波市按行政区划分为6个地区，分别是市区、余姚市、慈溪市、奉化市、象山县和宁海县等，根据宁波市各地区的实际数据分析新型农村金融机构网点布局的规律，为宁波市新型农村金融机构更好地发展提出相关建议。

2.2.1 模型的构建

2.2.1.1 Probit 模型

设 Y 是一个二值的响应变量，取值为 0 或 1。Y 的值依赖于解释变量 X，X 可以是标量或向量。$Y=1$ 的概率是关于 X 的一个函数，即

$$P(Y=1|X) = \pi(X)$$

若 $\pi(X)$ 和 X 之间满足

$$\pi(X) = \Phi(\alpha + X'\beta)$$

或 $\Phi^{-1}(\pi(X)) = \alpha + X'\beta$

其中，α,β 是参数，β 的维数与 X 相等，$\Phi(\cdot)$ 表示标准正态分布函数，则

$$P(Y=1|X) = \Phi(\alpha + X'\beta) \tag{1}$$

(1) 式决定的模型即为 Probit 模型。

2.2.1.2 Logit 模型

假设应变量 Y 是一个二值变量，取值为

$$Y = \begin{cases} 1 & \text{事件发生} \\ 0 & \text{事件未发生} \end{cases}$$

自变量 $X_1, X_2, \cdots, X_m$。

P 表示在 m 个自变量作用下事件发生的概率，若应变量 Y 服从二项分布，则 Logit 模型为

$$P(Y=1|X_1, X_2, \cdots, X_m) = \frac{1}{1+e^{-(\beta_0+\beta_1X_1+\cdots+\beta_0X_m)}}$$

$$P(Y=0|X_1, X_2, \cdots, X_m) = 1 - \frac{1}{1+e^{-(\beta_0+\beta_1X_1+\cdots+\beta_0X_m)}}$$

于是有

$$\frac{P}{1-P} = e^{\beta_0+\beta_1X_1+\cdots+\beta_0X_m}$$

$$\ln\left(\frac{P}{1-P}\right) = \beta_0 + \beta_1X_1 + \cdots + \beta_0X_m \tag{2}$$

(2) 式表示的事件发生概率和未发生概率之比的自然对数称为 P 的 *Logit* 变

换，它将非线性的分布函数转化为线性形式，并且将概率 P 的取值范围由 0 至 1 之间变换为无上下限。

2.2.2 变量的选择

本部分研究的是新型农村金融机构的网点布局，以宁波市市区及5个县（市）的新型农村金融机构网点分布数为研究对象，应变量为村镇银行、小额贷款公司和农村资金互助社的网点数总和，网点数大于平均值则取1，否则为0（见表3-8）。自变量包括经济环境、社会环境、农村金融环境及信息化水平四个方面，共15个具体变量，自变量原始数据见表3-9。

表3-8 宁波市新型农村金融机构网点的分布情况　　　　　　　　　　　单位：家

类型 \ 地区	市区	余姚市	慈溪市	奉化市	象山县	宁海县	平均值
村镇银行	5	1	2	1	1	2	2
小额贷款公司	14	2	9	4	4	3	6
农村资金互助社	0	0	1	0	0	0	0.2
合计	19	3	12	5	5	5	8
响应变量 Y	1	0	1	0	0	0	

资料来源：根据实地调研资料整理。

表3-9 　　　　　　　　　　　自变量数据

	自变量	市区	余姚市	慈溪市	奉化市	象山县	宁海县
经济环境	农村居民人均纯收入（元）X_1	17955	16074	18260	15654	14653	14757
	生产总值增长率（%）X_2	9.9	10.1	10.6	9.1	9.3	11.1
	固定资产投资（万元）X_3	14900472	2591899	2965856	1033732	1157107	1206006
	工业企业数（个）X_4	3234	1058	1123	410	366	425
	工业总产值（万元）X_5	80722057	10718973	16135516	3629770	4261283	4980099
社会环境	全日制学校数（所）X_6	356	150	150	56	63	85
	各类学校在校学生数占总人口比例 X_7	0.249576	0.16769	0.175031	0.14757	0.130698	0.151808
	在岗职工平均人数占总人口比例 X_8	0.402421	0.132279	0.147192	0.118206	0.386561	0.113514
	刑事案件立案数（件）X_9	4778	1844	1988	698	575	973
	犯罪人数（人）X_{10}	7000	3073	2836	1088	784	1383

续表

	自变量	市区	余姚市	慈溪市	奉化市	象山县	宁海县
农村金融环境	第一产业增加值（万元）X_{11}	577383	403795	435708	260258	530238	344888
	年末金融机构存款余额与贷款余额之差（万元）X_{12}	1211945	242092	1430354	-571155	-1283378	-1205628
信息化水平	年末移动电话用户数（万户）X_{13}	463.49	151.50	211.38	61.40	69.98	71.72
	国际互联网用户数（户）X_{14}	1581048	211089	271266	107908	110573	98309
	电信业务收入（万元）X_{15}	617138	117034	168401	57989	54558	63569

资料来源：根据《宁波统计年鉴2012》数据整理。

2.2.3 数据处理

将年末金融机构存款余额与贷款余额之差 X_{12} 定义为分类变量，X_{12} 大于 0 时取 1，否则取 0。其他自变量定义为连续变量，并根据各自变量的平均值进行标准化处理（见表 3-10）。

表 3-10　　　　　数据标准化处理

自变量	市区	余姚市	慈溪市	奉化市	象山县	宁海县
Y	1	0	1	0	0	0
X_1	1.106591	0.990663	1.125389	0.964778	0.903085	0.909494
X_2	0.988353	1.008319	1.058236	0.908486	0.928453	1.108153
X_3	3.747749	0.651911	0.745969	0.260003	0.291034	0.303333
X_4	2.93289	0.959492	1.01844	0.371826	0.331923	0.385429
X_5	4.021101	0.533957	0.803777	0.180814	0.212272	0.248079
X_6	2.483721	1.046512	1.046512	0.390698	0.439535	0.593023
X_7	1.464687	0.984122	1.027204	0.866044	0.767027	0.890916
X_8	1.857081	0.610437	0.679257	0.545494	1.78389	0.523841
X_9	2.640752	1.01916	1.098747	0.385777	0.317797	0.537767
X_{10}	2.598367	1.140683	1.05271	0.40386	0.291017	0.513363
X_{11}	1.35734	0.949261	1.024283	0.611827	1.246509	0.810779
X_{12}	1	1	1	0	0	0
X_{13}	2.701332	0.882979	1.231974	0.357854	0.40786	0.418001
X_{14}	3.985512	0.532114	0.683808	0.272015	0.278733	0.247818
X_{15}	3.432711	0.650979	0.936698	0.322553	0.303468	0.35359

资料来源：根据表 3-9 计算得到。

2.2.4 实证分析

根据模型（1）和模型（2），将以上的数据进行参数估计，但由于样本数较少，而自变量个数较多，无法进行多元模型求解。因此，须对 15 个自变量分别与应变量进行模型的参数估计，这样便会产生 30 个二分模型，为避免烦琐，模型的求解结果只给出相应自变量的系数值。应用 SPSS 软件进行求解，计算结果如表 3-11 所示，其中，Logit 模型只有部分自变量与应变量能求出解，其余用 * 号表示无法计算出系数值。

表 3-11 模型的估计结果

自变量		Probit 模型 β 系数	Logit 模型 β 系数
X_1	农村居民人均纯收入	2.811	*
X_2	生产总值增长率	2.22	7.478
X_3	固定资产投资	0.3	*
X_4	工业企业数	0.469	*
X_5	工业总产值	0.282	*
X_6	全日制学校数	0.619	84.522
X_7	各类学校在校学生数占总人口比例	2.039	*
X_8	在岗职工平均人数占总人口比例	0.37	1.167
X_9	刑事案件立案数	0.577	*
X_{10}	犯罪人数	0.569	5.237
X_{11}	第一产业增加值	1.831	5.592
X_{12}	年末金融机构存款余额与贷款余额之差	3.083	*
X_{13}	年末移动电话用户数	0.6	*
X_{14}	国际互联网用户数	0.272	*
X_{15}	电信业务收入	0.364	*

资料来源：根据 SPSS 软件计算得到。

根据实证分析结果，可以发现虽然 Probit 模型和 Logit 模型的结果不完全一致，但是两者有相似之处。Probit 模型系数值较高的自变量，在 Logit 模型中系数值也会相应地较高，如 X_2 和 X_{11}。相反，Probit 模型中系数值较低的自变量，在 Logit 模型中系数值也会相应地低一些，如 X_8。

2.2.5 实证结论

第一,在宁波市的经济环境方面,在 Probit 模型,选取的 5 个影响因素中,系数值明显高于其余变量的是 X_1 和 X_2,即农村居民人均纯收入和生产总值增长率在经济发展水平方面对新型农村金融机构网点布局影响最大。新型农村金融机构作为金融支农的新兴组织,主要服务于农业发展和农村建设等方面,因此在网点布局时会更多地考虑农业方面的指标,如农村居民人均纯收入,这与在 Probit 模型中 X_1 的系数值 2.811 为 5 个经济指标中系数最大的结果是一致的。排第二的是 X_2,其系数值为 2.22,正如所有商业机构一样,新型农村金融机构的网点布局也要考虑盈利的机会。盈利机会与当地的经济环境息息相关,而生产总值增长率是最直观地反映一个地区经济发展水平的指标,因此 X_2 在 Probit 模型和 Logit 模型中的系数值都很高。另外三个自变量固定资产投资、工业企业数和工业总产值可以认为是第二产业层面的指标,因此与新型农村金融机构网点布局相关性较小。

第二,在反映宁波市社会环境的 5 个影响因素中,Probit 模型的 β 系数值最高的自变量是 X_7,为 2.039,其余 4 个自变量中 β 系数值最小的是 X_8,为 0.37,Logit 模型中 β 系数值最高的自变量是 X_6,β 值最小的自变量与 Probit 相同,也是 X_8。说明新型农村金融机构的网点布局偏好受教育水平较高的地区,而就业水平则相对而言不是特别重要。首先,新型农村金融机构在网点布局的时候需要一定量的从业人员,而从业人员的选择一般会偏向本地人,因此当地的受教育水平成为网点布局比较重要的一个考虑因素。其次,一个地区的就业水平则对新型农村金融机构网点布局影响不大,对营利性的农村金融机构来说,当地就业水平低,员工的忠诚度和工作积极性都会提高,并且供需不平衡还会使用工成本降低;当地就业水平高,则员工的幸福度会增加,当地的社会秩序也会更好。再次,新型农村金融机构主要服务于农业,网点必然设置在农村地区,而农村以家庭务农为主,就业水平难以反映农村地区的情况,因此就业水平不是新型农村金融机构的网点布局的一个重要指标。最后,在社会环境的其他 2 项反映当地治安状况的指标中 β 系数值分别为 0.577 和 0.569,说明治安状况是一项次要指标,既不是十分重要的指标,也不是可忽略的指标。

第三,在宁波市的农村金融环境和信息化水平的最后 5 个指标中,Probit 模型中 β 系数值最大的自变量是 X_{12},其次是 X_{11} 和 X_{13},Logit 模型 β 系数值只有 X_{11} 有解。一方面,自变量 X_{11} 是反映农业生产水平的指标,在两个模型中的 β 系数值都比较高,即新型农村金融机构网点布局十分看重当地的农业生产水平,因为农业的产出越高对金融服务的需求就越大,农村金融机构成立网点就越有利。另一方面,在 Probit 模型中 β 系数值最高的指标是 X_{12} 为 3.083, X_{12} 反映的是当地融资供给与融资需求的关系,即金融供需情况对新型农村金融机构网点布局的影响。由模型的估计结果可以看出,Probit 模型中反映金融供需的指标 X_{12} 的 β 系数值在 15 个全部自变量中是最高的,即新型农村金融机构网点首先考虑的是当地的金融供需状况。而反映信息化水平的 3 项指标 β 系数值都比较小,因为新型金融机构对服务对象的信息化要求不高,并且对农村地区的信息化水平提出较高要求在现阶段是不现实的。

3 宁波普惠金融体系建设的调查研究

普惠金融作为和谐金融的一种表现,体现的是一种"小贷款,大战略"思想,重视微型信贷,并纳入金融机构的信贷体系,让农村贫困人口也享受到金融服务。20 世纪 90 年代,小额信贷的内涵被扩大到微型金融,也包括提供储蓄、保险和汇款结算等小额信贷之外的金融服务。所以,对宁波普惠金融体系建设主要从小额信贷业务和微型金融机构两个方面进行调查研究。

3.1 对宁波开展小额信贷业务的调查

中国银监会等监管部门为了加强对小型微型金融服务的水平,在政策层面上积极促进商业银行设立小型微型金融服务专营机构。商业银行小微企业金融服务专营机构的发展过程中,由于各商业银行的经营状况不同,设立的小微企业专营机构具有各自的特点,形成了四种比较典型的组织架构与模式,即完全事业部制的模式,准事业部制的模式,分级管理式小微企业专营模式,特色专营支行模式。本次调查问卷的调查对象是宁波市的微型金融机构包括村镇银行、小额贷款公司、担保机构等,调查目的是了解宁波市微型金融机构的发展现状(调查问卷见附件1),拟了解宁波市金融机构小企业金融部发展的现状及对策。

3.1.1 普惠金融思想需要进一步宣传

在关于宁波市小额贷款需求的调查中,有大约 70% 的调查对象未办理过贷款,也有很大一部分没听说过或接触过小额贷款公司,或者基本不了解小额信贷情况。可见,宁波普惠金融的思想还需要进一步宣传,金融服务的需求需要进一步挖掘。

3.1.2 客户最关心小额贷款的担保方式和贷款利率

在小额贷款公司服务方面,客户主要关心以下几点:贷款期限,贷款金额,贷款利率,办理时间和担保方式等。从图3-2可见,客户在琢磨是否进行贷款融资时,最多考虑到的是担保方式和贷款利率两个方面,其次比较关心贷款金额以及办理时间,贷款期限则滞后。

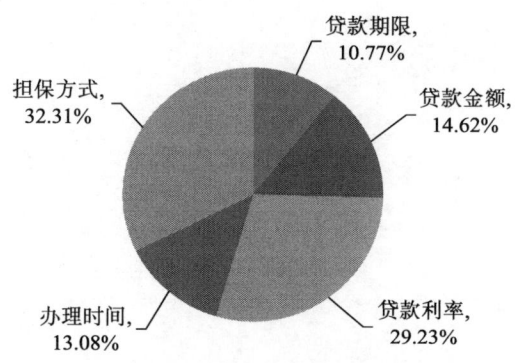

图3-2 客户关心的小额贷款公司服务的主要几个方面(百分比)

3.1.3 客户不选择小额贷款的最大原因是高利率

在调查中,发现很多客户不选择与小额贷款公司合作,其中存在着以下几大原因,分别是高利率、个人隐私、不可靠以及了解少。从图3-3可见,高利率是不选择贷款的最大原因,其次是对小额贷款的了解少,再是认为不可靠以及个人隐私问题,而其他因素较为复杂、分散。

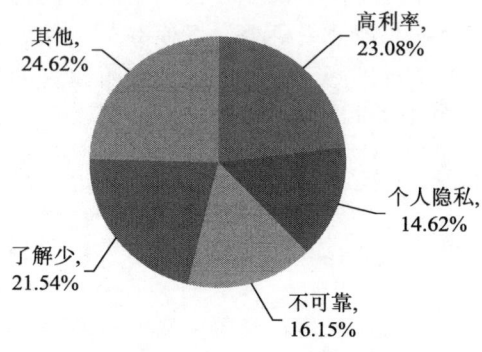

图3-3 客户不选择与小额贷款公司合作的主要原因(百分比)

3.1.4 客户在小额贷款时遇到的最大问题是缺乏有效担保和利率过高

研究发现客户在向小额贷款机构贷款时会遇到各种问题，主要的问题有：抵押不足、缺乏有效担保、资产负债率较高、经营规模小、经营信用度较低、服务质量差、利率过高等（见图3-4）。从图3-4可见，小微企业在贷款时最主要的问题还是缺乏有效担保和利率过高。

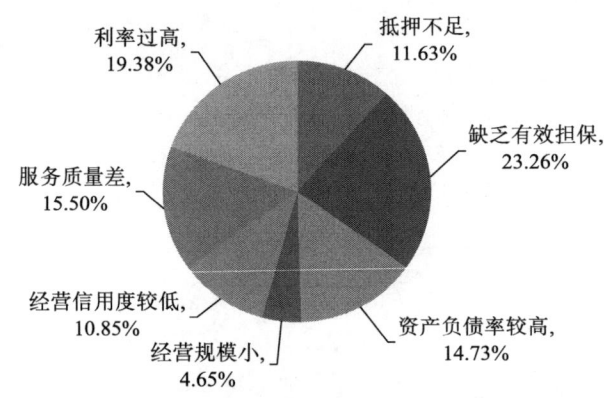

图3-4 小微企业在向小额贷款机构贷款遇到的主要问题（百分比）

3.1.5 小额贷款存在问题，需要监管

研究发现小额贷款公司在优化融资环境、规范引导民间融资方面发挥了积极作用，但同时存在一些问题：有些小额贷款对纯农业的支持力度较小，偏离了"支农支小"政策目标。有些小额贷款公司贷款资金投向违规，信贷资产潜在风险加大。部分贷款资金涉及民间借贷市场和被用于金融机构吸收存款，有贷款主体因涉嫌非法吸收公共存款罪被公安机关立案侦查，担保人出逃国外。一些小额贷款公司也存在财务制度执行不严，业务信息系统不完善的情况。所以，宁波的小额贷款发展还需要相关部门有力的引导和监管。

3.1.6 小微企业的先天不足使其贷款存在问题

小微企业在向银行申请贷款时，同样也存在着很多问题。小微贷款有着先天的不足，首先是企业的规模比较小，一些管理制度不太健全，不太规范；其次是信息不太透明，信息不对称比较突出；另外，对一些规模比较小的企业，企业主个人的情况就能决定整个企业的命运，这也是风险。而小微企业处在产业链的末端，也容易受到上下游企业的挤压。

3.1.7 商业银行看重小微企业主的人品

宁波各家银行虽然放开信贷政策，但他们都有一个通用的标准：他们向小微企业放贷时，将企业主的人品放在第一位。如果小微企业主家庭不和睦，那么贷款申请很有可能被拒。具体说来，银行一般先考察企业主的人品，如他有没有赌博等不良嗜好，有没有进行风险投资，此外，还有一个重要部分是夫妻婚姻和睦与否，这个是体现出他对家庭的责任感，如果一个人对家庭都没责任感，那么很难肯定他会有谨慎使用贷款以及及时归还贷款的责任感。至于企业主的"人品"，银行会从多个角度来考察：物以类聚，人以群分，先看企业主周围的朋友"人品"如何，还可以通过企业所在的街道、行业协会或者主管部门等多渠道了解。了解企业主"人品"之后，要考虑企业的产品。小微企业如果是依附大企业做配套产品，这样容易得到银行的青睐。

3.1.8 宁波对小微企业信贷有明显的倾斜政策，融资气氛较以前大有好转

虽然小微企业融资一直都存在着些许问题，但宁波的小微企业的融资气氛较以前大有好转。宁波在信贷投放方面，也表现出明显的小微企业信贷倾斜政策。如，2012年4月9日"宁波银行业支持实体经济服务月暨小微企业金融服务宣传月"，各银行业机构相继开展一系列"支持小微"的服务活动，这对宁波小微企业的扶持力度是很大的。招商银行宁波分行2012年将40亿元投向小微企业，如果有需要，面向小微企业的贷款总额不做封顶。华夏银行宁波分行也加大对单笔500万元以下授信的信贷投放力度，逐步提高单笔500万元以下授信的投放比例。此外，该行推出"快捷贷"信贷产品，一般在一周内即可完成对小微企业的放贷流程。另外，其他的银行同样紧锣密鼓地出台对中小微企业的扶持举措。2013年宁波银行，发行80亿元金融债券，专门用于小微企业贷款及个人经营性贷款；设立10亿元信用贷款额度，向诚信企业发放信用贷款，企业无需任何抵押或担保，凭信用可获得200万元贷款额度；重点加强对科技型小企业支持力度，为具有较好发展潜力的文化类、科技型企业提供融资支持。

3.2 对宁波专营小微企业金融服务机构的调查

本次调查问卷的调查对象是宁波市的微型金融机构包括村镇银行、小额贷款

公司、担保机构等,调查目的是了解宁波市微型金融机构的发展现状。以3家城商行法人机构,10家城商行分行,13家村镇银行和12家小额贷款公司为研究对象,运用有关机构的组织形式、注册资本结构和来源,业务运行种类以及金融产品等方面的有关数据进行分析,(调查问卷见附件2),调查研究宁波地区的微型金融机构存在的问题与发展对策。

3.3.1 商业银行小微企业金融服务专营机构的服务对象多是微型企业

商业银行小微企业金融服务专营机构是商业银行为解决小微企业融资难问题而设立的有针对性的服务于小微企业的金融机构。所以,通过调查也可以了解到商业银行小微企业金融服务专营机构的服务对象主要是微型企业和个体工商户,在专营机构的服务对象中,微型企业占到50.1%,个体工商户占到35.1%,相对于其他服务对象而言,主要是这部分企业融资需求较大,且融资难度大(见图3-5)。但是小微企业金融服务的专营机构业务向综合性发展,比如有部分小微企业专营机构同时也对个人和农户发放贷款,例如中国农业银行为客户提供支付结算、财务顾问、投融资顾问、企业和个人理财、企业债券发行等全方位、多样化的综合金融服务。

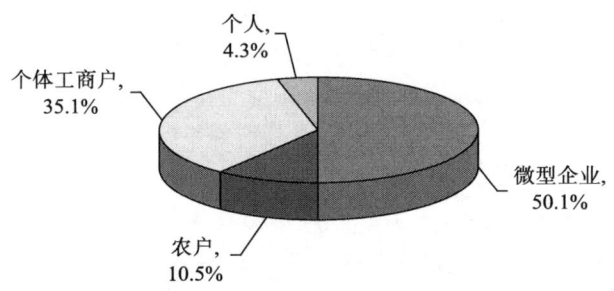

图3-5 商业银行小微企业金融服务专营机构服务对象

3.3.2 多数小微企业专营机构认为小微企业经营状况有所改善

商业银行对小微企业经营状况的看法直接影响到小微企业的融资难度,但是,随着中国经济的稳健的发展,从政府层面同时也意识到经济的发展离不开民营经济,而小微企业是民营经济的主力军,对宁波市商业银行小微企业专营机构从业人员的调查中发现,52.2%的小微企业专营机构的从业人员认为小微企业的经营状况有所改善,只有8%的从业人员认为小微企业的经营状况是有所变差或者明显变差的，所以可以得出，随着小微企业经营状况的改善，商业银行会更好的满足小微企业的融资需求（见图3-6）。

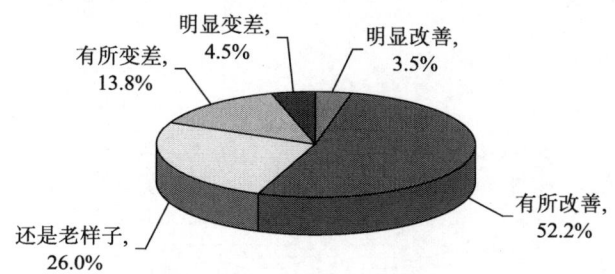

图3-6 小微企业经营状况分析

3.3.3 大多小微企业贷款需求程度有所增加

对宁波市小微企业金融服务专营机构的调查显示（见图3-7），超过70%的专营机构认为小微企业的贷款需求程度增加，近50%的专营机构认为小微企业的贷款需求程度有所增加，只有8.7%的专营机构认为小微企业贷款需求旺盛度没有变化。

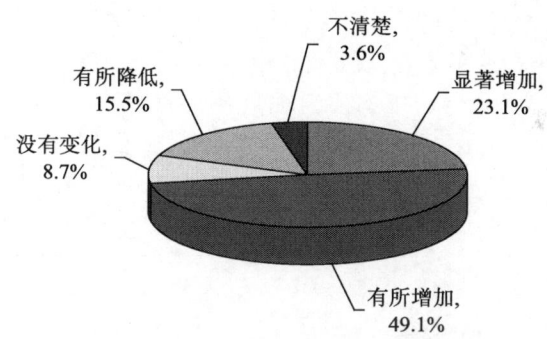

图3-7 小微企业贷款需求旺盛程度

3.3.4 专营机构面向小微企业的主要贷款方式是信用贷款

根据宁波市小微企业金融服务专营机构的调查所得（见图3-8），小微企业金融服务专营机构的贷款方式主要有信用贷款，抵押贷款，质押贷款，担保贷款。但是相对而言，信用贷款是专营机构主要的贷款方式，可能是由于小微企业资产较少的原因，抵押和质押对于小微企业而言难度较大。同理，小微企业的高风险性，使小微企业无法找到担保人或担保公司，从而使小微企业申请担保贷款的难度有所增加。由于小微企业融资上存在着短、频、快的特点，商业银行推出的低额度的信用贷款是小微企业比较青睐的贷款产品，例如，宁波银行"金色池塘"贷易融产品。

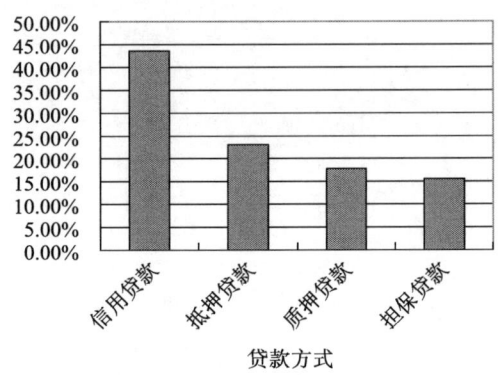

图3-8 专营机构面向小微企业的贷款方式

3.3.5 近半数小微企业专营机构认为小微企业贷款难的原因是信息不对称

对于商业银行小微企业金融服务专营机构的调查（见图3-9），近50%的商业银行小微企业金融服务专营机构认为小微企业的贷款难的一个重要原因是信息不对称，同时，21.1%的专营机构认为是违约风险高，16.3%的受访机构认为是银行的经营效率无法满足小微企业短、频、快的融资需求。17.3%的受访机构认为小微企业的融资成本高使得商业银行无法很好地满足小微企业的融资需求。

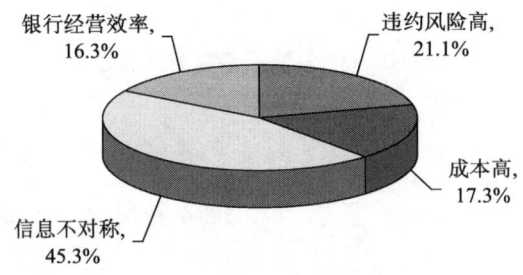

图3-9 小微企业贷款难的原因

3.3.6 小微企业的贷款风险状况有所改善

调查结果显示（见图3-10），宁波市商业银行小微企业金融服务专营机构对2013年小微企业贷款风险的评价较2012年有所提高，有75%的专营机构认为小微企业的贷款风险状况有所改善，只有3%的专营机构认为小微企业的风险状况有所降低。

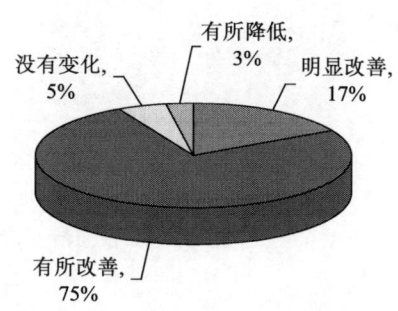

图3-10　商业银行对小微企业风险状况评价

3.3.7 小微企业金融服务市场竞争程度有所增加

对宁波市小微企业专营机构的调查（见图3-11），近90%的专营机构认为小微企业金融服务市场竞争程度是增加的，其中59.5%的受访者认为小微企业金融服务市场竞争程度是显著增加的，有33.1%的受访者认为小微企业金融服务的市场竞争程度是有所增加的。据统计，截至2013年，宁波市小微企业金融服务专营机构已经达到了366家，目前小微企业金融服务的专营机构已经实行批量化设立，所以，小微企业金融服务市场竞争程度会比较明显地增加。

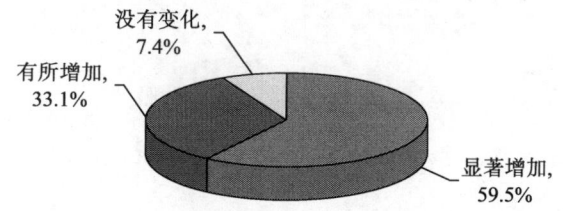

图3-11　小微企业专营机构市场竞争程度

3.3.8 小微企业金融服务产品创新活跃度有所增强

调查显示，61.2%的商业银行小微企业专营机构产品创新程度是有所增加的，20.2%的小微企业专营机构贷款产品创新程度是显著增加的，有16.7%的受访机构认为其小微企业贷款产品的创新程度是没有变化的，只有1.9%的受访专营机构认为小微企业贷款产品的创新有所降低（见图3-12）。

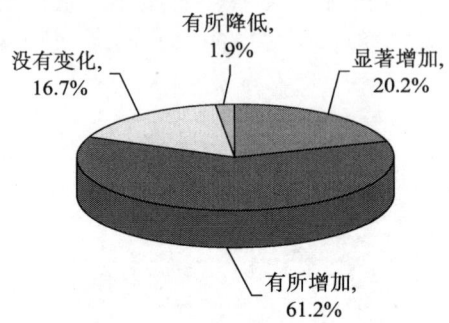

图3-12 小微企业金融服务产品创新活跃度的评价

3.3.9 专营机构为小微企业安排的贷款额度有所增加

对宁波市商业银行小微企业专营机构的调查显示（见图3-13），64.6%的专营机构为小微企业安排的贷款额度是有所增加，22.4%的受访专营机构认为小微企业安排的贷款额度是显著增加，只有13%的受访专营机构认为小微企业的贷款额度是没有变化或者是降低的。随着小微企业的发展，其贷款的需求量越来越大，商业银行适当地加大小微企业的贷款额度能够更好地满足小微企业的融资需求，也有利于小微企业的发展。对于商业银行而言，在风险可控的前提下加大小微企业贷款额度，有利于其业绩的提升。

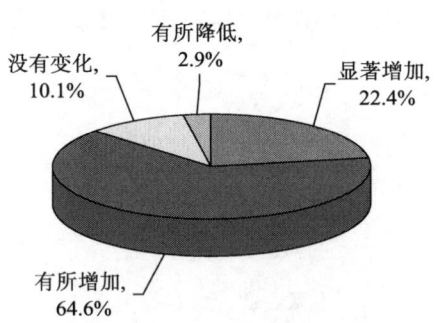

图3-13 商业银行为小微企业安排的贷款程度评价

4　微型金融机构布局的策略

4.1　构建正金字塔金融体系发展包容性金融

微型金融和普惠金融与金融业的创新发展方向一致。我国的商业银行体系已经建立，但是呈"倒三角形"结构，大量的资产集中于国有大型商业银行，而众多的小微型金融机构数量不多。未来要把这种"倒三角形"变成"正三角形"，即具有国际竞争力的大银行，中间是一般商业银行，而底端则是很多专业化微型金融机构或者普惠金融机构。宁波要以农信机构遍布城乡的物理网络、全天候服务的电子机具、进村入社区的人员网络为基础，关注民生、改善服务，主动承担社会责任，构建面向各个层次和群体的普惠金融服务体系，打通农村金融服务最后"一公里"，让城乡居民特别是农村居民在家门口就能方便快捷地享受到现代"零成本"的金融服务，及时将党和政府的政策温暖传递给百姓。积极开展"创业普惠"、"便捷普惠"、"阳光普惠"，推动金融服务均等化和透明化，让农村金融服务像阳光一样普惠农村百姓，让每一位诚实守信者都能享受到阳光下的金融服务；倡导"普惠文化"，将"普惠金融服务'三农'"上升到农村微型金融机构企业文化的一部分，成为全行员工持久的自觉行动。临海农商银行全面深化和提升普惠金融水平，在推进基础金融均等化发展，服务城乡一体化建设、实现普惠金融与现代金融协调发展，让农村居民享受与城市居民均等金融服务等方面积极有所作为。

4.2　发展移动金融

搭建移动金融公共服务平台，实现与中国人民银行国家级移动金融安全可信公共服务平台的对接，和中国人民银行总行平台与地方平台的互联互通。应借鉴互联网的低成本金融创新和应用，创新金融产品与技术促使传统金融组织不断采用新技术来改善服务渠道进行金融创新。支持互联网金融企业探索建立面向中小微型企业线上、线下的多层次投融资服务体系，在融资规模、周期、成本等方面提供更具针对性和灵活性的产品和服务。

大力开展移动银行的建设，兼顾便捷性与安全性，满足客户的金融需求和日常生活的需求。城市商业银行中宁波银行的手机银行业务有着自身的优势,早在2009年11月18日宁波银行手机银行的正式上线,标志着宁波银行成功搭建起包括网上银行、电话银行、自助银行、手机银行在内的全面电子银行服务架构,具有"快速通道版"、"个人专业版"以及"信用卡版"三个版本,可为不同需求的用户提供相应金融服务。要推广宁波银行把小微企业服务搬到手机上的成功经验,实现最全面最贴心的移动金融服务体系。经过近几年的发展,宁波银行手机银行囊括了包括账户管理、转账汇款、支付缴费、信用卡、储蓄业务、理财产品、汇率利率、基金投资、自助贷款、客户服务等在内的全方位功能。同时,宁波银行小微企业服务特长也充分投射到其手机银行业务中,其个人版移动银行可为小微企业主提供财富总揽、掌上理财、便捷转账、自助贷款、支付缴费、无卡取现和信用卡服务等多项功能。作为国内首屈一指的城市商业银行,宁波市要以宁波银行作为模板,大力发展移动金融。手机银行是移动银行的主要工具,即将手机号码与银行账户进行绑定,客户可以通过手机获得各种银行服务。手机作为新兴移动金融服务的终端,一部手机等同于一张银行卡、一个POS机终端、一个ATM机和一个网上银行终端。手机银行解决了农村银行网点少、金融服务不足等问题。此外,低成本可以使发展客户享有正式的金融服务,是真正普惠宁波市广大公民。

4.3 培育行业标杆式的互联网金融企业

宁波辖内实体经济聚集,众多企业带来的高产值以及品牌实力吸引了众多金融机构,要借鉴深圳、天津、北京海淀区等各地建立的"互联网金融中心"、"互联网金融产业园"、"互联网金融基地"经验,积极开拓创新,引领互联网金融产业的健康发展;支持互联网金融企业注册登记,以新产业带动新金融,以新金融促进新产业,助力实体经济发展和重大项目建设。

着力培育和发展一批行业地位居前、特色鲜明、竞争力强的互联网金融企业,加快构建互联网金融创新集聚区,形成传统金融与互联网金融良性互动、共生发展的新格局。发展互联网金融产业链联盟。支持互联网金融企业与金融机构、创业投资机构、产业投资基金深度合作,整合资源优势,结成互联网金融产业链联盟。支持互联网金融产业链联盟发起设立产业基金、并购基金和风险补偿基金,以满足互联网金融企业不同阶段、不同层次的资金需求。

并结合互联网金融发展普惠金融。在宁波市普惠金融建设中,可以借鉴阿里小贷的举措,进行互联网金融的发展,通过互联网金融对小微企业,农民提供金融服务。但需要指出的是互联网金融依附于网络，所以可能存在安全漏洞。用户的资金安全无法得到有效的保障，这是制约着互联网金融发展的重要因素。所以需要对互联网金融加强监管，规范互联网金融公司的规范运作。

4.4 推进微型金融的数字化、电子化、信息化、城镇化

数字化是引导变革的第二个趋势。现在几乎每家每户每人都有手机，即使一些最贫困的家庭也有，这就为金融服务提供了一个成本更低的平台。越来越多的监管机构开始出台支持普惠制金融的监管政策，包括针对手机平台以及同其他银行合作的形式，例如菲律宾和巴基斯坦都拥有创新的手机支付服务。技术和创新颠覆了普惠金融的发展，一方面是数据分析；另一方面是通过技术普及金融知识和技能培训，从而使金融服务接触到以前无法有效接触的更广泛人群。宁波市政府应增加财政投入支持发展在线供应链金融，政府相关部门应对在线供应链金融的技术、法规、商业模式、客户习惯等方面进行规范化和制度化，从主制造商、主物流商、主交易商、主流通商、主服务商、主金融商、主保理商等多个维度探讨在线供应链金融。支持第三方支付机构与金融机构共同搭建安全、高效的在线支付平台，开展在线支付、跨境支付、移动支付等业务。鼓励电商机构自建和完善线上金融服务体系，有效拓展电商供应链业务。以宁波出台的《关于加快推进甬易第三方支付平台建设和发展的若干意见》等一系列文件、政策为契机，发展海洋经济，打造大宗商品交易中心，布局"电商换市"战略，建立具有宁波特色的第三方支付平台。

2014 年 7 月以来，国务院常务会议已经多次提及"降低企业融资成本"的相关问题，缩短企业融资链条是缩短企业融资链条的有效举措。宁波正在以智慧产业基地为载体，加快智慧产业集聚，促进产业结构调整和产业转型升级。特别是杭州湾新区、梅山岛二大省级产业集聚区建设，新企业开办与重大项目是基本环节。如在梅山，一大批新项目、新企业正加速集聚。宁波梅山汽车物流中心一期工程重大项目开工，生态游艇港、蓝雪冷链物流、屹隆国际物流等在建项目加速推进，所以，在线供应链金融平台能够提高发展效率和满足快捷金融服务。

4.5 渐进式推进并扩大民营银行的数量与规模

"金融回归实体经济"的实质是重新理顺政府和市场的关系问题，发挥市场机制在配置金融资源方面的决定性作用，它是金融改革中要解决的基本问题。民

间资本参与金融机构重组改造，探索设立民间资本发起的民营银行，使金融服务实体经济，具有十分重要的作用。宁波是浙江省民间资本发达的典型地区，根据浙江省宁波市统计局数据，2012年宁波市部分年份主营业务收入2000万元及以上的规模私营企业3958家，销售产值为3139.42亿元，占宁波市规模企业总数6804家的58.17%。而据宁波市中小在线信息服务有限公司提供的数据，截至2013年6月，宁波市所有私营企业共约为27万家，其中，生产制造类企业约为143557家，贸易经营类企业约为262503家，对外贸易类企业约为18819家，信息技术类企业约为5164家，旅游类企业约为3066家。民营企业的发展对宁波经济起着很大的推进作用，由于小微企业轻资产和抵押品少的特点，导致了他们更容易受到金融危机所导致的人力成本过高、资金周转困难等问题的影响，这使得小微企业的融资难题越来越大，对资金需求也越来越迫切，所以，设立民营银行不仅满足了农户、小微型企业的小额贷款需求，也在一定程度上为各发起人下游产业的资金链衔接做出巨大贡献，更为大量的民间资本提供了合法的金融供给，给做文具的、搞建筑的、做针织的、开超市的宁波民营企业实现了产业资本转化为金融资本合法途径。

宁波市民营资本进入银行业可追溯到改革开放初期的"城市信用合作社"、"农村信用合作社"，被收编改造。如宁波东海银行73%的股份均由民营资本持有，宁波通商银行民营资本持股共计51%，而宁波银行的民营资本持股比例也达到了31%，在宁波市中资法人银行业金融机构中，民营资本参股达21家。民营银行入主金融业，能有效开辟新的金融市场、完善金融资源配置。民营资本诞生于市场，成长于民营企业，最了解民营企业的金融需求，因此，为小微企业"量身打造"的民营银行，将带领小微企业走出"融资难"的泥潭，是小微金融的创新。宁波市作为浙江省中小微企业较为活跃的地市，中小微民营企业是宁波经济持续快速发展重要力量，而中小微企业普遍存在资金缺口以及融资难的情况是普遍存在的。尤其是2011年以来，部分光伏、LED企业发生资金链危机，打击了部分企业主的投资信心，如何明确未来产业定位、保持和发扬竞争优势，将直接影响区域经济发展的水平和速度。小微金融作为建设普惠金融体系中重要组成部分，通过向中小微企业提供微型金融服务，从而在缓解中小微企业资金需求方面起着重要的作用，在支持中小微企业发展过程中扮演着不可或缺的角色。

4.6 统筹规划发展专营金融机构

鼓励和支持微型金融机构扩大服务范围的同时，应引导在更多地区新增的微型金融机构，鼓励微型金融机构在县级行政区域内进一步发展其分支机构，如设立社区支行、小微支行等。通过将微型金融机构的金融产品服务对象的具体化，逐渐促进微型金融机构对中小微金融市场定位的细分，最终有利于形成多层次的普惠金融服务体系。对于宁波微型金融机构存在市场定位的问题，应该不断引导微型金融机构根据其现有的资源和能力做出市场定位的细分，另外还可以从促进提升和扩大微型金融机构面向中小微企业金融产品的质量和类型方面着手，已达到通过金融产品的细分，来促进微型金融机构对市场定位的细分。

首先，需要规划小微企业专营机构的数量、发展步骤及总体布局。按照小微金融发展的总体规划和机构分布特点，确定小微专营机构的数量和发展步骤。在深入调研的基础上，围绕重点商圈、产业链、供应链、园区、集中市场等进行专营机构布局，新设离行式、持牌小微企业金融服务中心，或改造部分分支行为专门从事小微企业金融服务的专营分支行或特色分支行。按照小微企业的开发目标，积极进行市场和机构下沉，将小微专营机构向社区、县域、集镇等基层延伸。其次，加强对小微企业专营机构的支持。商业银行应该按照"四单原则"、"六项机制"的要求，为小微企业配备资源。另外，需要统筹考虑小微专营机构发展与商业银行原有发展思路之间的关系。一是统筹考虑小微专营机构与分支机构之间的关系，尽可能避免小微专营机构与分支机构抢业务的情况。二是统筹考虑小微企业专营机构布局与网点优化再造之间的关系。目前，商业银行小微企业专营机构建设有新设和原有机构改造两种方式，特别是涉及原有网点改造时，应与网点优化、转型的发展思路保持一致。三是统筹考虑小微企业专营机构与流程银行及社区银行打造的关系。

4.7 发展新型农村金融机构

拓展新型农村金融机构的资金来源，增强持续经营动力。资金来源是在世界各国小额信贷机构发展中普遍面临的问题。新型农村金融机构如要正常的运作，充足的资金供给至关重要。格莱珉银行在靠创办人的自有资金和国际上的资金捐赠建立一定基础后，通过吸收存款持续运行。印尼人民银行、玻利维亚阳光银行和印度的自助小组也是一样，内储一定资金以保障充足的资金供给。根据国内外的资金运作经验，认为新型农村金融机构为了维持后续的经营，在国家规定的融资范围内，努力地实现其资金来源的多元化，主要渠道有增资扩股、同业拆借、信托融资、接受委托资金、获取批发资金等，增资扩股是小额贷款公司增加后续资金比较普遍的和主要的做法之一。新型农村金融机构能够激活民间资本并得以金融深化，改善农村金融服务环境，促进农村经济的发展。并克服路径依赖，以新型农村金融机构为载体多渠道激活民间资本。

如慈溪市农村资金互助社成立以来，除了存贷款以外没有其他业务，可以在确保风险的情况下多尝试一下其他业务或者风险较小的一些业务。例如结算业务、买卖政府债券和金融债券、办理同业存放、办理代理业务、向其他银行业金融机构融入资金（符合审慎要求）、经银行业监督管理机构批准的其他业务，可以考虑购买合作银行的理财产品。要买一些贴合农村金融需求的产品，收益低点没关系，主要是要安全稳定，可以以组合的形式购买，将比较单一的金融产品组合成复合式的，将金融产品渗透到农资、种养、加工、仓储、运输、营销等现代农业产业链，例如，惠农一本通、自助循环贷款银行卡、农民工特色银行卡、银平台系列、农信银快汇等满足农民客户多种需求的组合产品，使农村金融产品呈现出多样化、个性化发展态势。农村资金互助社与正规金融机构业务对接，需要有国家政策的支持和政府有关部门协调。现在有两种模式可以完成这个对接，一种是政府对"三农"的资金支持通过互助社贷给农户，这种模式有利于政府对农村经济的扶持；另一种是正规商业性金融机构将小额贷款等适合农户使用的信贷产品批发给互助社，由互助社给社员发放贷款，这样避免了商业银行贷款信息不对称的难题，降低了交易成本，并获取规模效益。通过与正规金融机构的业务对接来扩大互助社的资金规模，是农村资金互助社短期内解决资金难题的有效途径。

所以，面向农户、个体经营者和中小企业发放小额贷款，客户贷款门槛低、贷款审批时限短，为中小企业拓宽了融资渠道，尤其是那些产业链条上龙头企业发起组建的小额贷款公司，在支持下游配套企业发展过程中，由于信息比较对称，增强了贷款风险的可控性。增强持续服务动力，需要中国人民银行以及财政的支持，增强新型农村金融机构的资金实力，将自身定位于农村经济组织和广大农户。推进保证和信用贷款，增加抵押物的种类以及贷款的方式。建立改善相关税收、补贴、贷款利率设置，制定相关激励政策和退出机制等。同时，在国家放宽农村地区银行业金融机构准入的条件下，克服了民间资本金融化的路径依赖，把民间资本引导至农村金融组织，不仅促进了农村金融市场的多元化，也对农村经济发展发挥着重要作用。

4.8　合理进行网点布局提高普惠金融覆盖率

我国农村金融改革始终无法取得理想效果的根源在于大型金融机构的供给方

式与农村金融需求特点错位，不能很好地满足农村金融市场多元化的需求。我国"小农经济"的形式仍然是农业生产的主要形式，这些数量多、规模小的分散型的农户类需求主体所需融资数额较小，频率较高。这使得它与现代市场经济关系的客户筛选机制不相适应，农村金融供需矛盾更趋明显。随着民营经济逐渐活跃，农村金融体系的相对薄弱，农村地区银行业金融机构网点覆盖率低、农村经济缺口，对农户和中小企业的金融服务供给不足等问题逐渐显现出来，这些问题的出现凸显出研究新型农村金融机构网点布局，改善优化其网点布局的重要性。

从宁波市农村金融机构选择布局的因素看来，网点多少和该地区经济呈正相关，业务也多为个体工商户和金融企业，业务明显"城市化"，而有悖于新型农村金融机构服务"三农"的初衷。网点的设立并非按农民、农村经济发展的需求量考虑，在实际金融市场中，服务定位不够明确。所以，在农村金融网点机构布局方面应更多考虑到农民，考虑到农民办业务的地理便捷性，在农村再多建立一些金融网点机构，这样更方便实现"三农"服务。另外，在关于农村金融有关税收政策方面，可以加大补贴范围，针对新型金融机构的涉农贷款业务，建议实施单项补贴计划，加大对新型金融机构的补贴力度，积极争取地方监管部门也纳入国家财政补贴范围，降低监管成本。

4.9 完善信用担保体系和小微金融创新监管机制

完善信用担保体系。从 2002 年全国金融工作会议到党的十六大明确提出加快社会信用体系建设以来，特别是中共中央国务院自 2004 年以来，连续颁发的三个"一号文件"中都对建立农村信用担保机构和实行多种抵押担保形式问题作了精辟的阐述。为全面贯彻和落实党中央、国务院关于进一步扩大内需，促进经济增长，宁波市不断深化农村金融体制改革，创新农村金融服务机制，完善农村信用担保组织服务体系。为完善宁波市农村信用担保建设，政府努力创造有利条件，争取为金融部门提供一个良好的环境，2002 年起宁波市政府出台《关于鼓励金融机构加大信贷投入促进地方经济发展的若干意见》等一系列文件切实改善社会信用环境，着力提高区域经济运行质量，积极为金融机构增加信用担保投入创造条件。

近年来，宁波市积极探索农业信用担保方式，具有县级农业信用担保机构、贷款风险补助基金、农村信用担保公司、三位一体和授信担保等形式，以各类信用合作社为主的宁波农村金融机构为支持"三农"服务提供了各种各样的担保服务，农村各类合作经济组织的蓬勃发展，有力促进了农业增效、农民增收和农村经济的发展。农村信用担保工作的健康发展，有效缓解了农业贷款担保难的问题，促进了一批种养大户、科技示范户和营销大户快速、稳健地发展，推动了一批龙头企业做大做强，对促进农民增收，发展现代农业起到了重要作用。宁波市农村信用担保建设的实施类型大致可分为县级农业信用担保机构、贷款风险补助基金、农村信用担保公司、三位一体和授信担保等（见图3-14）。

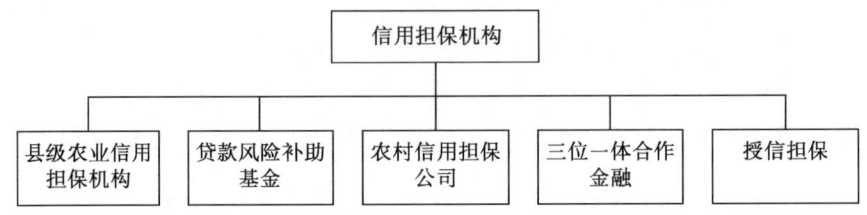

图3-14 宁波市农村信用担保机构组成

资料来源：宁波市农业局。

发展以政策性担保为主体，商业担保和互助担保为辅，组建政府与企业联合的综合性多层次小微企业融资担保机构，通过多种方式促进融资担保机构对小微企业的融资担保能力的提高。如设立政府出资的担保机构，建议政府资金进一步加大对担保机构的投入，增强实力，扩大覆盖面。强化企业之间的互保模式，如，降低担保费率、税前扣除代偿损失、提取准备金、免征具备相应条件的小微企业的营业税等政策，提升小微企业自身的能力，充分利用小微企业间的互助来解决其自身的融资问题。进一步扩大抵押物范围，对发展前景好、信用观念的企业，探索创新法律允许或不禁止的其他有价资产抵押形式，开展采取林权和土地承包权、采矿权、知识产权、股权、存货、应收账款、退税质押等作为抵质押物的融资方式，并在资产评估费、抵押登记费、公证费、担保费等方面给予优惠。

探索建立差别化的小微金融创新监管机制。发展以政策性担保为主体，商业担保和互助担保为辅，组建政府与企业联合的综合性多层次小微企业融资担保机构，通过多种方式促进融资担保机构对小微企业的融资担保能力的提高。如设立政府出资的担保机构，建议政府资金进一步加大对担保机构的投入，增强实力，扩大覆盖面。强化企业之间的互保模式，如降低担保费率、税前扣除代偿损失、提取准备金、免征具备相应条件的小微企业的营业税等政策，提升小微企业自身的能力，充分利用小微企业间的互助来解决其自身的融资问题。进一步扩大抵押物范围，对发展前景好、信用观念的企业，探索创新法律允许或不禁止的其他有价资产抵押形式，开展采取林权和土地承包权、采矿权、知识产权、股权、存货、应收账款、退税质押等作为抵质押物的融资方式，并在资产评估费、抵押登记费、公证费、担保费等方面给予优惠。

附件

宁波市微型金融机构现状及其发展对策调查问卷

您好，应中国人民银行宁波中心支行的要求，对主持"宁波市普惠金融体系建设的调研"进行研究。本次调查问卷的调查对象是宁波市的微型金融机构包括村镇银行、小额贷款公司、担保机构等，调查目的是了解宁波市微型金融机构的发展现状。本次问卷所收集的数据及资料仅仅用于学术研究，相关数据和资料将会严格保密。因此，我们非常希望能够得到您的大力支持。在此感谢您的参与！

1. 贵行（公司）的成立时间：_____年。
2. 贵行（公司）从业人员人数：_____人。
3. 贵行（公司）的注册资本：_____万元。
4. 贵行（公司）注册资本的资金来源：（_____）。
    A. 所有者权益； D. 政府机构；
    B. 捐赠资金； E. 民间资本；
    C. 金融机构； F. 其他：_____
5. 贵行（公司）后续资金的来源：（_____）。
    A. 政府机构 B. 捐赠资金
    C. 金融机构 D. 民间资本
    E. 其他：_____
6. 贵行（公司）的性质：（_____）。
    A. 村镇银行 B. 小额贷款公司
    C. 担保机构 D. 其他：_____
7. 贵行（公司）主发起机构的性质：（_____）。
    A. 政策性银行； D. 异地城商行；
    B. 国有大型银行； E. 农村合作金融机构；
    C. 股份制商业银行； F. 其他：_____
8. 贵行（公司）拓展网点的方式有：
_____
_____

9. 贵行（公司）已经开办的业务（可多选）：（　　　　）。
   A. 吸收公众存款；
   B. 发放短期贷款；
   C. 发放中期贷款；
   D. 发放长期贷款；
   E. 办理国内结算；
   F. 办理票据承兑与贴现；
   G. 从事银行卡业务；
   H. 代理保险业务；
   I. 代理发行、兑付、承销政府债券；
   J. 其他：＿＿＿＿＿＿＿＿＿＿

10. 贵行（公司）发放贷款的主要方式：（　　　　）。
    A. 质押贷款
    B. 抵押贷款
    C. 保证贷款
    D. 信用贷款

11. 贵行（公司）主要的贷款投向：（　　　　）。
    A. 大型企业
    B. 中型企业
    C. 小型企业
    D. 微型企业
    E. 个体工商户
    F. 个人

12. 贵行（公司）发放贷款的单笔最低额度是：＿＿＿＿＿＿＿＿

13. 贵行（公司）发放贷款的单笔最高额度是：＿＿＿＿＿＿＿＿

14. 贵行（公司）发放贷款的贷款期限通常为（可多选）：（　　　　）。
    A. 1至3个月
    B. 4至6个月
    C. 7至10个月
    D. 1至3年
    E. 4至6年
    F. 其他：＿＿＿＿＿＿＿＿

15. 贵行（公司）拒绝对企业发放贷款的主要原因是（可多选）：（　　　　）。
    A. 企业经营管理的总体水平欠佳；
    B. 贷款申请企业信用状况差；
    C. 企业的财务状况欠佳；
    D. 申请贷款项目的风险较大；
    E. 企业担保、抵押不能落实；
    F. 企业规模；
    G. 企业的所有制性质；
    H. 贵行（公司）内部资金紧张；
    I. 贵行（公司）内部贷款管理权限有限；
    J. 利率水平不能覆盖贷款损失；
    K. 缺乏对信贷人员激励与约束机制；
    L. 贷款紧缩；
    M. 其他：＿＿＿＿＿＿＿＿

16. 贵行（公司）的对不同贷款对象授信额度为：
    A. 大型企业：＿＿＿＿＿＿＿＿＿＿＿＿＿＿
    B. 中型企业：＿＿＿＿＿＿＿＿＿＿＿＿＿＿
    C. 小型企业：＿＿＿＿＿＿＿＿＿＿＿＿＿＿
    D. 微型企业：＿＿＿＿＿＿＿＿＿＿＿＿＿＿
    E. 个体工商户：＿＿＿＿＿＿＿＿＿＿＿＿＿＿

17. 贵行(公司)的授信方式是:
_____
_____
_____
_____
_____
_____

18. 贵行(公司)的制定贷款利率的方式是怎样的?是否存在固定的模式。
_____
_____
_____
_____
_____
_____

19. 贵行(公司)对控制贷款风险的方式是怎样的?是否存在固定的模式。
_____
_____
_____
_____
_____
_____

20. 贵行(公司)在支持小微企业金融服务的渠道和金融产品方面有哪些创新(如贷款自动续贷,借助网络银行渠道等)?
_____
_____
_____
_____
_____
_____

非常感谢贵行(公司)抽出宝贵时间参与本次问卷调研!

参考文献

[1] H. Dilara Keskin, Zehra Abdioglu. Factors Affecting the Geographical Distribution of Bank Branches in Turkey. *European Journal of Social Sciences*, 2011, 19 (4): 573 – 587.

[2] Beck T, Augusto de la Torre. The Basic Analytics of Access to Financial Services. *Financial Markets Institutions &Instruments*, 2006, 16 (2): 79 – 117.

[3] Arsuyuki Okabe, Kei – ichi Okunuki. A Computational Method for Estimating the Demond of Retail Stores on a Street Network and its Implementation in GIS. *Transactions in GIS*, 2001, 5 (3): 209 – 220.

[4] Hultman C W, McGee L R. Factors Affecting the Foreign Banking Presence in the U. S.. *Journal of Banking Finance*, 1989, 13 (3): 383 – 396.

[5] Nobuyoshi Y. A Note on the Location Choice of Multinational Banks: The Case of Japanese Financial Institutions. *Journal of Banking&amp*, 1998, 22 (1): 109 – 120.

[6] William Keeton. The Role of Community Banks in the U. S. Economy. *Federal Reserve Bank of Kansas City*, 2003, 88 (2): 15 – 43.

[7] Allen N. Berger and Gregory F. Udell. Relation ship Lending and Lines of Greditin Small Fim Finance. *Joumal of Business*, 1995, 68 (3): 351 – 381.

[8] Jeffrey Poyo, Robin Young. Commercialization of Microfinance: A Framework for Latin Ameriea. *World Bank Press*, 1999: 56 – 90.

[9] 徐峰:"银行网点选址因素的实证研究——以杭州市为例",浙江工业大学图书馆, 2008 年。

[10] 田杰、刘勇、陶建平等:"社会经济特征、竞争优势与农村金融机构网点布局——来自我国 278 家村镇银行的经验证据",《西北农林科技大学学报 (社会科学版)》2012 年第 12 期。

[11] 杨香花:"GIS 辅助下的金融网点选址研究——以广州市农业银行网点布局调整为例",东北师范大学图书馆, 2003 年。

[12] 柳宗伟、毛蕴诗:"基于 GIS 与神经网络的商业银行网点选址方法研究",《商业经济与管理》2004 年第 9 期。

[13] 甄茂成、张景秋、杨广林等:"北京城市银行网点空间格局及其优化策略研究",《北京联合大学学报 (自然科学版)》2013 年第 27 期。

[14] 刘锡良:《中国转型期农村金融体系研究》第一版, 中国金融出版社

2006年版。

[15] 李勇："我国新型农村金融机构发展研究"，首都经济贸易大学图书馆，2011年。

[16] 赵雅雯："村镇银行竞争力问题研究"，河北经贸大学图书馆，2013年。

[17] 孙健："金融支持、新型农村金融机构创新与三农发展"，山东大学图书馆，2012年。

[18] 程勇峰："农村资金互助社研究——基于制度经济学的角度"，贵州财经大学图书馆，2012年。

[19] 陶江："中国商业银行网点布局研究"，湖南大学图书馆，2012年。

[20] 张立新、丁建新："商业银行网点布局实证研究——以衡水市为例"，《经济与管理》2012年第26期。

[21] 刘晓："对我国新型农村金融机构设立情况的思考"，《云南财经大学学报》2011年第6期。

[22] 梁一鹏："商业银行营业网点布局问题探讨"，《时代金融（下旬）》2011年第1期。

[23] 沈杰、马九杰："我国新型农村金融机构发展状况调查"，《经济纵横》2010年第6期。

[24] 李国秀："诸城市农村金融运行状况分析与评价"，中国海洋大学图书馆，2010年。

[25] 张初础：《农村合作金融机构内部控制》第一版，立信会计出版社2010年版。

[26] 曾省晖："农村金融机构网点空间布局的经济学分析——以赣州为例"，《武汉金融》2009年第8期。

[27] 张德元："关于农民资金互助组织的思考与分析"，《经济学家》2008年第1期。

[28] 唐旭：《中国金融机构改革：理论、路径与构想》，中国金融出版社2008年版。

[29] 李金勇、张晓莲："我国商业银行的机构布局及其改革构想"，《金融论坛》2001年第6期。

第4章

微型金融机构与民营中小银行

1 民间资本设立中小银行的必要性

1.1 民营中小银行是微型金融机构的表现形式

国内外实践表明：微型金融体现着金融的包容性，支持与推动普惠金融的发展。民营中小银行是微型金融机构发展的主体。党的十八大报告明确鼓励、支持、引导非公有制经济的发展，公平参与市场竞争；国务院办公厅发布的"金融国十条"[①]的第九条为"扩大民间资本进入金融业"；上海自由贸易试验区[②]也支持民间资本进入区内银行业；特别是党的十八届三中全会提出了要完善金融市场体系的金融改革思路，以解决中国经济发展过程中的结构性矛盾，特别是要在加强监管的前提下民间资本有序发起设立中小型银行等金融机构。从 1897 年中国通商银行产生到 1996 年新中国第一家以民营资本作为投资主体的中国民生银行出现，中国的民营银行经历了一百年的发展历程，特别是民生银行成立以来，民营资本进入银行业问题是我国必然的发展趋势，尤其是在浙江省民营经济较发达地区，必须给予正确疏导民营资本正常投资以及开放投资。所以，在允许民间资

[①] 2013 年 7 月 5 日，国务院办公厅发布了《关于金融支持经济结构调整和转型升级的指导意见》（国办发〔2013〕67 号）。
[②] 2013 年国务院关于"印发中国（上海）自由贸易试验区总体方案的通知"〔国发〔2013〕38 号〕

本进入金融领域、鼓励和支持民营金融机构发展的背景下，民营银行理应是金融体系的重要组成部分，具有巨大的发展潜力。

村镇银行是民营中小银行的具体表现形式之一。从2007年3月全国第一家村镇银行在四川仪陇正式挂牌成立至今，中国银监会数据显示，截至2016年末，全国已组建村镇银行家数达到1519家。在2012年5月，中国银监会印发《关于鼓励和引导民间资本进入银行业的实施意见》（银监发〔2012〕27号），将村镇银行主发起行最低持股比例由20%降低到15%。在2014年12月，中国银监会又印发了《关于进一步促进村镇银行健康发展的指导意见》（银监发〔2014〕46号），在文件中提出在坚持主发起行最低持股比例的前提下，可按照三个有利于原则调整主发起行和其他股东的持股比例，即有利于拓展特色金融服务、有利于防范金融风险、有利于完善公司治理。截至2016年底，村镇银行实收资本1135亿元，其中引进民间资本达到815亿元，已经占资本总额的72%。

1.2　发展中国家的金融深化给予民间资本准入银行业的机会

自美国经济学家R.I麦金农（R.I. Mckinnon）和E.S.肖（E.S. Shaw）提出"金融自由化"理论以来①，发展中国家的政府改变了在金融领域的干预与指导，特别是约翰·威廉姆森和莫利·马哈（John Williamson and Molly Mahar）② 将金融自由化表现为利率汇率自由化、混业经营、金融市场自由化、资本流动自由化消除贷款控制，金融服务业的自由进入，金融市场自由化就是要放松各类金融机构进入金融市场的限制，消除传统经济体制中的金融抑制。20世纪70年代以来，拉美和亚洲的发展中国家进行了以金融自由化为核心宏观经济调整和金融体制改革。我国从改革开放到党的十八大，越来越重视民营经济在整个经济发展中的地位。我国金融自由化的进程始于1992年，1982年新宪法、1988年的宪法修正案都明确了私营经济的合法地位；党的十六大决议对电信、金融等领域要逐步放开

---

① 1973年，McKinnon, Ronald I. 的《经济发展中的货币与资本》和Shaw, Edward S. 的《经济发展中的金融深化》两本书的出版，标志着以发展中国家或地区为研究对象的金融发展理论的真正产生。罗纳德·麦金农和E.S.肖对金融和经济发展之间的相互关系及发展中国家或地区的金融发展提出了精辟的见解，他们提出的"金融抑制"和"金融深化"理论在经济学界引起了强烈反响。

② John Williamson and Molly Mahar. A Survey of Financial Liberalization. *Essays in International Finance*, 1998, 11: 74.

对民间资本的准入；特别是"非公经济36条"①及"新36条"②引导和支持民间资本进入银行业。2003年10月渤海银行经国务院批准筹建，和2004年6月30日浙江商业银行的重组获批，标志着民间资本进入银行业成为可能。为实现民营金融的良性发展，需要解除对民营金融的压制，为其创造一种适宜的制度环境（史晋川、严谷军，2001）。从金融深化理论角度看，民营中小银行的设立可以视为金融深化的行为。综合世界各国民营银行的发展历程，可以看出：多是民间资本为主导的股份制银行，并面向当地，经营区域相对独立，这样就明确了市场定位，专做小额、零星的贷款中小企业短期融资等业务，与大银行实现了差异化竞争。如大部分美国的社区银行就是分散在各个州，成立于1962年的国泰银行（Cathay Bank）是典型一例。所以，设立民营银行的结果是形成了国有与民营，大型与中小型等金融机构共存的竞争格局，是金融深化的重要表现。

1.3 民间资本投资意愿强烈，民间资本金融化倾向显著

民间资本虽然在表现上并不活跃，从来没有停止过其金融化的努力。因为其投资渠道有限，政策上有许多限制的特点，导致民间资本在金融化过程中形式复杂多变。随着改革开放和市场经济的发展，民间资本作为经济增长的主要因素，发挥着极其重要以及无可替代的积极作用，具有强烈的金融化倾向，且具有自发性的金融化努力。我国经济的高速发展，及其人们长期养成的储蓄习惯，使我国民间积累了大量的闲置资本。民间资本主要来源有企业存款、居民储蓄存款、手持现金、外汇存款以及证券保证金。经济发达地区如浙江省已经积累了数额相当可观、规模巨大的民间资本，民间资本具有民间借贷、非法集资、地下钱庄、担保公司、典当行、寄售行、投资公司等方面的金融努力。民间借贷指是社会上自发的，是民间资本金融化的最基本方式，借其期限灵活、手续简便、相互信任、还款及时等特点，在社会中分布比较广。非法集资之所以被人们接受，首先，非法集资带给人们的高额回报，贪财和盲目的从众心理被无限放大，一旦有人参与非法集资，大家之间就会开始相互模仿，逐渐失去理智。近年来，非法集资在民间资本充裕的情形下愈演愈烈，以2009年浙江省金华"吴英案"最为典型。地

---

① 国务院于2005年2月25日发布的国发〔2005〕3号，即《关于鼓励支持和引导个体私营等非公有制经济发展的若干意见》，被称为"非公经济36条"。

② 2010年5月7日，国务院又出台《关于鼓励和引导民间投资健康发展的若干意见》（国发〔2010〕13号）"新36条"。"新36条"主要针对民间投资，在扩大市场准入、推动转型升级、参与国际竞争、创造良好环境、加强服务指导和规范管理等方面，系统地提出了政策措施。

下钱庄是指以非法营利为目的，未经国家主管机关批准，而擅自设立的，从事地下非法金融业务的一类组织，是地下民间金融的一种表现形式，地下钱庄的存在，为非法资金的体外循环提供了通道，助长了非法集资、偷逃税款等经济金融违法犯罪活动的发展态势，影响了从紧货币政策对资金流动性过剩的调控效果。此外，地下钱庄的发展使大量资金脱离了金融管理部门的监管，从而为违法收入、贪污等"黑钱"开辟了洗钱途径，最终可能对国民经济产生巨大危害。另外，还存在担保公司、典当行、寄售行、投资公司等形式。

1.4 设立民营中小银行，能够引导民间金融阳光化

我国有关民营银行的学术研究始于20世纪末。自1993年樊纲教授提出应该发展民营金融机构以来，素有"中国民营银行积极倡导者"之称的著名经济学家徐滇庆积极开展民营银行试点，并于2003年参与了沈阳瑞丰银行、西安长城银行、江阴商业银行、佛山南华银行和深圳民华银等行的试点方案。全世界的银行基本都是民营银行，在中国，根据国际上的定义，国家控股不到50%就是民营银行，据此，民生银行、浙商银行等都是民营银行。如果将2014年5家首批民营银行获批看作是民营银行"元年"（注：国内第一获批开业的民营银行5家民营银行分别是浙江网商银行、前海微众银行、上海华瑞银行、天津金城银行和温州民商银行），那么2016年则是民营银行的"井喷年"，获批数量增至17家。据中国银监会数据显示，截至2016年年底，8家已经开业的民营银行总资产约为1800多亿元，贷款余额800多亿元。

但是，中国金融市场金融抑制严重，我国学者饶余庆曾就1967—1973年67个国家经济增长与金融深化的关系作了横断面与时间序列的综合计量研究[①]。其他学者如周业安、谈儒勇、李焰、于良春、鞠源都分别做了相关研究。要解除金融抑制，就必须利用金融市场调动人们储蓄与投资的积极性，实现金融深化，促进金融和经济发展之间的良性循环（曹协和，2007）。我国严重的金融抑制给民间金融及地下金融活动提供了生存空间，使我国的金融呈现出三元结构特征。设立民营银行实质上是以一种合法的形式将民间资本引导至正常渠道，对规范和引导民间借贷具有极大的推动作用，对于草根金融来说，从一定程度上整合了民间资本的力量，从而使地下钱庄失去了扎根的土壤，让民间金融进入阳光地带。

温州作为我国改革开放的先行区，创造了民营经济的"温州模式"，但是21

---

① 饶余庆：《现代货币银行学》第一版，中国社会科学出版社1983年版，第156—238页。

世纪以来各地民营经济的迅速发展，使温州特有的优势受到挑战，如 2011 年温州爆发的民间借贷危机、"跑路"事件等，经济发展增速下滑。所以，切实解决民间借贷过程中存在的突出问题，引导民间金融规范发展，使金融真正服务于实体经济。对于"草根"金融来说，中小民营银行能够从一定程度上整合了民间资本的力量，从而使地下钱庄失去了扎根的土壤，让民间金融进入阳光地带。而民间金融具有动员民间资金的天然优势，因而，引导地下钱庄、合会等民间金融逐渐向民营中小银行转变，有利于民间资本的金融准入。

2 民间资本设立中小银行的可行性

2.1 制度变迁化解民间资本金融化的路径依赖

路径依赖（Path‐Dependence），又译为路径依赖性，它的特定含义是指人类社会中的技术演进或制度变迁均有可能对某一种路径产生依赖。路径依赖来自于自然科学领域中的生物学，类似于物理学中的"惯性"，一旦进入某一路径就可能对这种路径产生依赖，我国传统的国有、集体、民营的资本划分根深蒂固，是路径依赖产生的重要原因，制约着民间资本金融化。而非正规金融是一个世界性的普遍现象。大量的资料表明，在发展中国家和地区，金融发展对经济增长的作用是靠正规金融与非正规金融同时驱动。凯利（Kellee，2002）对 26 个发展中国家的非正规金融规模作了大致的估算发现，在被调查期内大部分国家的非正规信贷占正规信贷的比重超过 50%。在制度变迁过程中草根金融会部分转化为正规金融，但高利诱惑和民间固有的熟人信用圈，使非正规金融仍然会滋生繁衍。DiagneA.（1999）研究得出，正规信贷一定程度上能够减少非正规信贷，但不能将其完全驱逐。汉斯·迪特·西贝尔（Hans Dieter Seibel，2000）认为，应将正规金融与草根金融相互连接并促进合作。在金融业超额盈利的诱惑下，民间资本对银行业的觊觎由来已久，但国家作为经济体系制度变迁的主导者，对于民间资本一直抱有谨慎的心理。随着经济体系中民营部门比重的逐渐加大，经济增长的主导力量逐步由国有企业转向民营企业，设立中小民营银行就是政府试图以此来动员民间资本，促使民间资本和民间金融阳光化。

所以，根据党的十八届三中全会的《中共中央关于全面深化改革若干重大问题的决定》，中国银监会将推动民间资本有序进入银行业，为民间资本设立中小银行进行了制度安排，鼓励民间资本投资入股银行业，参与金融机构重组改造，并探索设立自担风险的民营银行，化解民间资本进入银行业的障碍。

2.2 民间资本是亟待加大力度挖掘的金融资源

根据金融资源观理论，任何一位社会成员、一个社会集团、一个国家，只要他拥有了金融资源开发配置权，就获得了支配相同比例的社会财富的权力。现代经济社会中亟待发掘的金融资源——民间资本就是现代经济社会中社会财富流动的基本载体和动力。民间资本金融深化是经济发展的重要影响因素，因为民营中小银行的直接服务对象主要就是中小企业，民间资本的融资支持对中小企业的生产经营活动具有十分重要的影响，进而对经济发展有着不可替代的作用。通过中小银行的媒介吸引更多的民间资本得以金融深化，将有利于改善金融服务环境，有效调动国内自身的金融资源促进经济发展。

民间资本金融深化，具体来讲就是民间资本进入金融业，特别是私人资本的金融创新，是金融深化的核心。特别是将内生增长理论和内生金融中介并入金融深化理论，研究的领域逐步从发展中国家扩展到所有国家。以民有、民营、民受益为主体的民营金融的产生和发展是地方经济的市场深化所引致的结果，已成长为区域金融发展的一支重要组成力量，并对金融深化起到积极的促进作用。中国有丰富的民间金融资源，而我国民间投资者也强烈地提出了进入中国金融业的要求，但民间资本与生俱来的生存风险、道德风险、产业风险、与农信社等其他金融机构的竞争风险、草根性回归的风险、信贷产品设计与创新的业务风险、外来金融危机冲击等金融市场系统外风险、制度上的缺陷和寻找市场定位信息不对称等。

2.3 民营银行具有创新发展小微金融服务的自发性

民营银行拥有天生的信息和成本优势，能够更好地为民营中小企业提供金融服务，能够形成以民营经济为主导、小微企业为主体的实体经济相契合的金融服务体系。泰隆商业银行就是小微金融的典型[①]。而像泰隆银行之类的民营中小银行，在一定区域内筹集民间的闲散资金或者以固定的自然人为对象筹集资金，然

---

① 泰隆银行，500万元以下贷款客户数占比达到99.50%，500万元以下贷款余额占比达到86.04%，100万元以下贷款客户数占比达到92.17%，100万元以下贷款余额占比为52.55%。

后向小企业放款，是一个金融创新。我国产业进入了战略性转型的关键时期，产业布局结构、行业结构、企业组织结构、市场结构、产品结构等都亟需调整，金融支持也必须推进改革、创新，做出相应的升级转型。但对推动产业转型和经济增长可持续性较强的民间资本尚未被拉动起来，完善民间投资的金融服务体系已非常必要。民营银行的贷款对象主要为个体工商户和中小微企业，意在解决中小企业的融资问题，强烈地支持了中小企业的生产与经营。所以，培养草根性的民营银行，让和民营企业在一起生长出来的民营金融家来参与组建民营银行，建立多层次、多元化的小微企业融资机制，是非常有必要的。

民营资本进入银行业可追溯到改革开放初期的"城市信用合作社"、"农村信用合作社"，被收编改造，如宁波东海银行[①]73%的股份均由民营资本持有，宁波通商银行[②]民营资本持股共计51%，而宁波银行的民营资本持股比例也达到了31%，在宁波市中资法人银行业金融机构中，民营资本参股达21家。民营银行入主金融业，能有效开辟新的金融市场、完善金融资源配置。民营资本诞生于市场，成长于民营企业，最了解民营企业的金融需求，因此，为小微企业"量身打造"的民营银行，将带领小微企业走出"融资难"的困境，特别是，小微金融是普惠金融体系的重要组成部分，中小微企业提供金融服务，是一种金融创新。

3 民营中小银行案例：温州民商银行服务小微企业

3.1 温州民商银行释放民间资金活力

3.1.1 温州民商银行普惠小微企业

温州民商银行是首批五家获准试点的民营银行之一，是第三家获批开业的民

[①] 宁波东海银行是中国浙江省东部的一所城市商业银行，总部位于宁波市。其前身为1988年成立于象山县的绿叶城市信用合作社。2012年3月29日，宁波市银监局正式批准该社改制为宁波东海银行，为中国最后一家改制的城市信用社。2012年7月16日正式开业。

[②] 宁波通商银行是中国宁波市一所城市商业银行，其前身为1993年由印尼金光集团控股的宁波国际银行，为浙江省第一所外资银行。2009年起，由宁波港集团受让印尼国际银行（BII）20%股份，并与其与12个股东重组为宁波通商银行，并于2012年4月正式成立。银行名称来源于近代宁波商帮参与创办的"中国通商银行"。

营银行（继深圳前海微众银行、上海华瑞银行获批开业之后的第三家民营银行。第一家民营银行是深圳前海微众银行，于2014年7月25日被正式批准筹建，同年12月获监管部门批准开业），在2015年3月26日开始先进行试营业。温州民商银行要做精致的真正服务小微企业的民营银行，立足点于温州地区的中小微企业，即"唯新维生，唯实维事"，弥补大银行对小微企业的服务缺位，尽可能的释放民间资金的活力，打破银行竞争的老旧思维，解决小微企业融资难，这些都是温州民商银行在成立后要为之推波助澜的。温州民商银行成立一年多以来，共发放贷款1083笔，其中有将近40%是10万元以下的小额贷。截至2016年3月23日，温州民商银行实现净利润1018万元，各项存款余额12.96亿元，各项贷款余额12.65亿元，累计发放贷款1084笔，其中，205笔发放给小微企业，879笔发放给个体工商户及个人。

3.1.2 温州民商银行股东由民营骨干企业组成

温州民商银行注册资本20亿元，有13家股东（见表4-1），主发起人是正泰集团股份有限公司（简称正泰集团）和浙江华峰氨纶股份有限公司（简称华峰氨纶），正泰集团持股29%，华峰氨纶持股20%。另11家企业股东中，浙江奥康鞋业公司持股9.9%、森马服装公司持股9.9%、浙江力天房开公司持股9.9%、浙江富通科技公司持股9.9%、浙江电器开关公司持股3.2%，温州宏丰电工公司持股2.5%，其他发起人常安集团有限公司、浙江东华电器股份有限公司、浙江长城减速机有限公司、温州市三和机械有限公司以及浙江中安金属件制造有限公司共同组合持股5.7%。温州民商银行的股东在产业方面涉及氨纶、鞋服、复合材料、电器、光纤、机械等，股东们都对本地市场十分熟悉，并且对目标客户的资信状况与经营近况十分了解，中小微企业客户群和民商银行建立稳定的合作关系。

同时，温州民商银行不少股东是上市公司，是温州骨干民营企业，其中，华峰氨纶、奥康鞋业、温州宏丰为上市企业，正泰集团及森马集团旗下的公司是上市企业。

表1　　　　　　　　　　温州民商银行股权分布

股东类型	股东名称	出资金额（万元）	占比（%）
企业法人	正泰集团股份有限公司	58000	29
企业法人	浙江华峰氨纶股份有限公司	40000	20
企业法人	森马集团有限公司	19800	9.9

续表

股东类型	股东名称	出资金额（万元）	占比（%）
企业法人	浙江奥康鞋业股份有限公司	19800	9.9
企业法人	力天集团有限公司	19800	9.9
企业法人	浙江富通科技集团有限公司	19800	9.9
企业法人	浙江电器开关有限公司	6400	3.2
企业法人	温州宏丰电工合金股份有限公司	5000	2.5
企业法人	常安集团有限公司	11400	5.7
企业法人	温州市三和机械有限公司		
企业法人	浙江东华电器股份有限公司		

资料来源：温州民商银行。

3.1.3 温州民商银行实现了民间资本进入金融业

公开资料显示，1984年新中国第一家私人钱庄——"方兴钱庄"在温州市苍南县钱库镇创办，其创始人方培林"一直在成为银行家路上奔走"。浙江省不但是民营经济大省，而且民营银行的发展也走在国内前列。1996年年初，全省有城市信用社159家，其中戴"红帽子"的民营机构有近40家。此后，虽几经变迁，仍有5家作为个案，保留了民营性质并且"升格"为城市商业银行

温州民商银行是温州金融改革的突破性成果，正式宣告已经打开了阻碍民间资本办银行的"玻璃门"。自2008年全球性金融危机蔓延，特别是温州民间金融危机勃发以来，温州金融正处于艰难时期，由于2011年"温州民间借贷危机"的后续效应以及国民经济处于下行期，温州市银行业很不景气，不良贷款率持续上攀，高居浙江省榜首，存贷款增长速度则不到全省的一半，名列末尾。小微企业，尤其是其中缺乏有效抵押物者，贷款十分困难，温州民商银行有助于缓解小微企业贷款难，有助于促进温州银行业的复苏。

3.2 温州民商银行的草根性有效支持小微企业融资

3.2.1 地缘优势

温州民商银行的主发起人及其他股东都是土生土长的当地人，十分了解本土情况，很适合"贷小"。特别是截至2015年2月，温州市已经建了小微企业创业园61个，涉地面积6100亩、建筑面积820万平方米，其中有30个示范小微企

业园，面积有 538 万平方米，亟需与之相应的微型金融机构，这对民商银行来说是很好的资源与机会。众所周知，温州市有 30 多万的商户，然而本地所有银行加起来可能只能覆盖 3 万—5 万商户，也就是说拿不到银行资金的中、小微企业有 60% 到 70%。温州民商银行改进传统的营销方式，通过与园区开发商、市场管理方、龙头企业等核心企业开展紧密合作，为园区内、商圈内、供应链上的小微企业群体提供批量化金融服务，通过核心企业提供的各种信息和数据对小微企业存在风险进行"可视化"判断，建立具有自身特色的"一带一群、一带一圈、一带一链"三带批量服务模式（见图 4-1）。

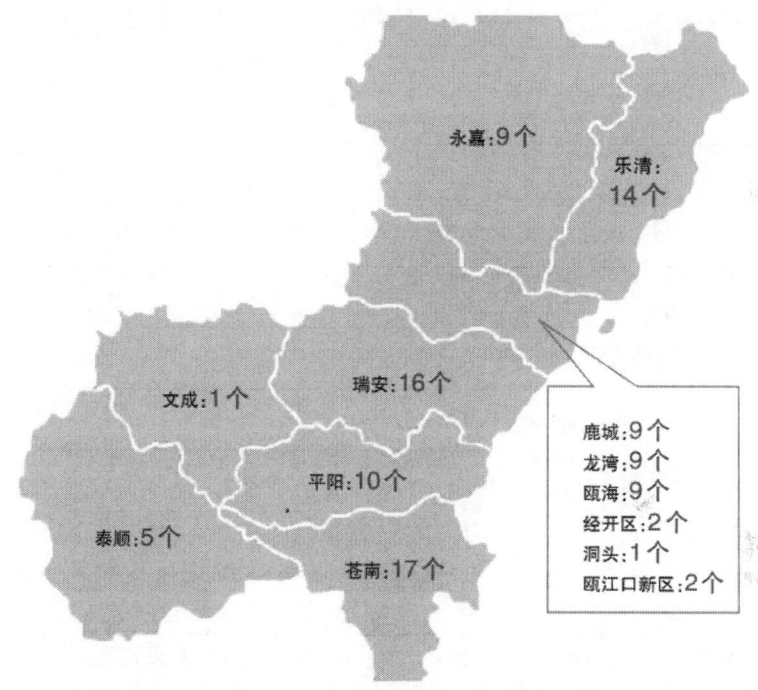

图 4-1 温州小微企业创业园区规划布局

资料来源：浙江园区招商网 http://zj.cnipai.com/《温州设立小微企业创业园产业基金》等资料整理而成。

与之形成了明显的对比是，温州地区民间存款余额已然达到 7000 亿元到 8000 亿元的惊人规模，可以说民间资金那是相当的丰富，可是投资渠道就是十分有限。温州民商银行具备极强的地域性，它设立的初衷就是为本地居民，中小企业提供多方位多层次的服务，民商银行的存款利率达到了基准利率的 1.3 倍，三年定期存款利率更是位居第一，从而吸收更多民间资金，再将资金充分发挥到各个产业链当中,实现资金的优化配置。

3.2.2 信息成本优势

民营银行要突出有别于传统银行的发展特色,要求民营银行结合区域经济特点和股东资源优势,提出明确的市场定位和特定战略,与现有银行实现错位竞争,完善现代商业银行体系。作为温州本土银行,股东全是本土龙头企业如正泰集团和华峰氨纶,对当地的中小企业的资信状况以及业务发展都有一定的了解,反过来说,温州本地商户企业对民商银行的股东组成也都有了解,可以说都具有良好的民众基础,利用这个优势积极发展业务,扩大资金来源渠道,灵活地根据市场环境做出调整。在同一个金融环境之下和温州民商银行有业务往来的中小企业以及其他潜在的客户群体处于同一地区,因此信息收集的时间和空间上都占优势,另外因为处在同一个地区,民商银行的信贷员和客户的利益相关者也极有可能有着密切关系,又或者是存在另外的关系链。民商银行经由正常途径得到企业经营信息外,也可以从企业获取更有价值的"软信息"通过信贷员的人际关系,从而为中小银行的信贷决策提供强有力的依据。温州民商银行的组织结构比较简单,在收集到企业信贷信息之后能够及时、快速地上传到民商银行放贷的部门,从而大大地降低信息在传递过程中失真、失效的几率。

3.2.3 开展信用贷款服务小微企业

借款人不需要提供担保仅凭其信誉就可受到贷款,信用贷款的特点就是债务人不需要拿出抵押品或者是第三方担保只要自己的信誉就能获得贷款,同时凭借款人的信用程度作为还款保证的,经工商行政管理机关核准登记的企业事业法人、其他经济组织、个体工商户绝大部分都适用,并且也符合《贷款通则》和银行规定的要求。在2015年3月份温州民商银行的开业仪式上,民商银行办理和发放了第一笔贷款,温州江达电器有限公司有幸得到了来自温州民商银行的第一批小微企业的"旺商贷"纯信用贷款30万元,主要用于原材料的采购。温州民商银行推行客户不费时、费用不收取、审批不等待"三不"金融服务理念,以家庭稳固、经营稳定、投资稳健的三稳实现风险控制,通过问人品、问流量、问用途的"三问"构筑风险防范屏障,保持着不良贷款为零。

温州民商银行针对温州当地特色,根据不同客户群体的需求,开发了以小微企业、个体工商户为服务对象的"旺商贷"、"商人贷"、"益商贷"、"旺业贷"等产品。其中"旺商贷"、"商人贷"针对温州小微企业"无物可押、无人愿保"的实际情况,充分利用企业现金流量跟踪、企业信用行为轨迹、贷款用途控制等多种创新方式突破担保瓶颈，为其发放以信用为主的组合担保贷款，解决小微企业融资难问题。截至2016年11月，温州民商银行已累计发放信用贷款335笔，共计2.87亿元。

3.2.4 推动小微企业融资利率市场化

银行业是一个资本收益率相对颇高的产业，民间资本可以进入且赢得资本投资报酬，依据上市公司的年报，在所有行业之中银行业算得上是利润率较高的行业了，2013年全部上市公司总利润的一半以上是上市银行利润占据的。银行业进入壁垒逐渐放开后，银行业平均利润率或许会出现一些下滑，然而在未来的一段时间之内依旧可以稳住一定的利润率水平。民商银行的成立对推动利率市场化有一定的帮助，在流动性紧平衡的背景下利率市场化有可能推高市场利率。此外，由监管当局的直接表态来看，因为民营银行与大型商业银行相比，有成立时间不长、信誉积累不多等劣势，因此监管当局允许民营银行对存款利率做一定的上浮，民间资本也因为更高的存款利率而赢得更高的回报率。

3.3 温州民商银行发展中可能的障碍

3.3.1 在金融行业认可度低可能会受到社会的歧义

温州民商银行由于主发起人是工商企业主，长期从事工商企业经营，因而在经营理念上，往往会与银行经营所要求的严格的"稳健"、"合规"有点距离；同时，也比较容易发生关联交易与大股东争斗。同时，虽然不少的媒体对民商银行的发展进行了大力的报道，国家也通过多种渠道进行宣传，但由于我国传统银行业在大家心中的现象根深蒂固，民营银行作为一个新兴的金融机构，在温州地区还没有得到广泛接受和认可，大部分居民和企业还是依赖传统的国有银行和股份制银行，有人认为民营银行是私人银行，未来发展存在巨大的风险，所以不敢将资金存入民营银行，同时，许多企业和资金需求量大的个体户认为民营银行规模过小，因而影响到温州民商银行。

3.3.2 产品创新难度大

中国银监会印发《关于民营银行监管的指导意见》鼓励民营银行差异化特色化经营，所以温州民商银行必须明确自己的市场定位，全面支持"小微企业"的发展，不断支持区域经济发展，履行自身重任，尤其是要给广大个体商户以及小微企业提供小额信贷等各种服务，稳定自身在小微企业市场的主导地位和客户基础。随着我国市场经济的发展速度加快，小微企业对于资金的需求程度越来越高。由于我国民营银行起步晚，各项管理制度和业务发展模式还很不健全，可以说几乎没有任何经验可以借鉴。另外，民商银行和其他商业银行提供类似的金融服务，在业务方面存在一致性，这就需要民商银行进行创新，但是在发展的初期阶段，各方面都不成熟，金融产品的创新容易受到制约，民商银行很难在差异化的服务方面取得优势。

3.3.3 零售业务方面存在短板。

温州民商银行实质都是以零售业务（小微企业和个人）作为主要发展方向，定位为"个存小贷"、"小存小贷"，和"特定区域"，要发展零售业务，更多还需要依赖于传统的"网点＋客户经理"的"重资产模式"。而监管部门目前对民营银行设立分支机构的政策是"一行一店"，即一家银行只能设立一个网点，这基本就限制住了其零售业务的发展空间。

3.3.4 财务指标存在不合理

与其他类型银行相比，非信贷类资产占比偏高；负债结构中批发性融资占比（同业负债依存度）相对偏高，一般性存款特别是零售存款占比偏低，这给银行的流动性管理带来了较大压力。由于开业时间尚短，以及业务资质方面的原因，民营银行总体的中间业务收入占比偏低，收入多元化程度有待提高。

4 民间资本设立中小民营银行的对策

4.1 将基于互惠准则的民间金融活动转化为民营银行的经营创新

"互惠性"是一个与"自利性"相对应的词，它是行为经济学的基础性假设，是对传统经济学中强调"自利偏好"的超越。与"互惠性"相关的理论有多种多样，其中有代表性的是经济学的角度和社会学的角度。马修·拉宾（Rabin Matthew，1993）认为，互惠动机就是人们愿意牺牲自己的福利来帮助那些对自己友好的人、来惩罚那些对自己不友好的人，所以互惠不是单方奉献，需要得到回报。互惠理论要求理性个体的自身利益必须受到他人利益的制约，个人利益与他人利益、群体利益才能实现和谐。拉宾（Rabin）将对"公平"用于小额信贷与农户之间的交易行为，即"互惠性"理论。认为金融机构以高风险、高成本将款贷给农户，但出资人完全可以将资金投入利润更多的行业中，这是建立在损害自身利益的前提下金融机构对农户的友善行为。而农户基于"公平性"规则对其表现出友善，农户会更加努力工作、按时还款、积极参加金融机构开展的活动等。如小额信贷机构虽然承担了一定程度的风险，但在还款率方面得到改善，其总收益增加并实现可持续发展。

民间的金融活动就始终都会存在，特别是近些年民间资本充裕，而同时又存在很多像小微企业这样急需融资的但通过正规渠道不可得的活动主体，民间资本的金融化变得更为普遍，也走得更远。国家若是尊重民间金融活动的各参与方的互惠行动，将它们纳入合法的范围，并出台一系列的制度规则来加以规范，那么这不仅可以将民间金融拉入合法化的轨道，维护我国的金融安全，还能通过这种金融创新提高民间闲散资金的利用效率和缓解小微企业等小额融资主体的融资难题。基于互惠准则的民间金融活动拉入合法轨道的金融创新是我国金融改革的一个重要方向，因为这种金融创新在有闲散资金的自然人或法人和有融资需求的自然人或法人之间架设了更多的桥梁，使他们可以绕过大型的金融机构，它将改变我国现在少而集中的金融模式，开创小而分散广泛的民营银行，它不仅可以规范民间的金融行为，还能够以一种创造性的做法来为我国的小额融资主体提供更易接近和更具获得性的融资渠道。

4.2 借助上海自贸区的辐射效应稳妥有序地设立民营银行

研究、建立、并且通过试点完善这些竞争规则就是金融体制创新的过程。我国股份制银行和城商行民间资本占比已由 2002 年的 11% 和 19% 分别提高到 42% 和 54%，但相比美国整体 80% 的水平，我国民间资本在银行业的占比依然较小。由于开放民营银行存在着相当高的风险，因此在开放过程中必然是通过试点，循序渐进，首先开放十家、二十家试点，在取得经验、完善竞争规则之后，再逐渐推广。在民营经济发达地浙江，民营银行的发展已经成为金融行业的新兴力量。自 2002 年 3 月台州市商业银行改组成立以来，浙江省内的 8 家城市商业银行[①]对民营企业开放并入股。2004 年 8 月国内第 12 家股份制商业银行——浙商银行在

---

① 杭州市商业银行、宁波市商业银行、温州市商业银行、绍兴市商业银行、嘉兴市商业银行、湖州市商业银行、金华市商业银行、台州市商业银行。

杭州设立，民营股东占85.71%，成为国内民营资本比例最大的股份制商业银行。后相继成立的浙江泰隆商业银行、浙江稠州商业银行和温州银行，浙江省的民营银行相对具有典型性。随着2013年7月5日国务院公布《关于金融支持经济结构调整和转型升级的指导意见》，自担风险的民营银行改革破冰，浙江省已经获得首批民营银行的2个名额。作为民营经济发达的浙江省，通过引入民间资本缓解中小微企业融资难，特别是通过民营上市公司入股浙江省已经获批或待批的民营银行，使得银行业金融机构和民营资本实现了共赢共发展。

上海自贸区重要的金融创新是中国银监会支持民间资本进入自贸区内银行业。浙江省宁波市作为一个外贸依存度极高的城市，上海自贸区将不可避免地对宁波带来深远影响，要引导广大中小企业将借上海自贸区的金融创新政策使得民间资本实现金融化，广大中小企业将借上海自贸区的金融创新政策使得民间资本实现金融化，发展民营金融机构，带动宁波区域金融创新。宁波市是浙江省经济发达地区，民营经济发达，民间资本充沛。据中国人民银行宁波分行的统计数据，从2011年末宁波约10676亿元的贷款余额来计算，宁波的民间资本总规模约有2135亿元。广大中小企业将借上海自贸区的金融创新政策使得民间资本实现金融化，发展民营金融机构，带动宁波区域金融创新。随着"老36条"、"新36条"的出台，浙江省早已紧紧抓住这些政策机会，大胆鼓励民间资本涉足金融机构，特别是各类民间资本参与新型农村金融机构。上海自贸区外滩金融创新试验区重点是发展互联网金融、民营金融宁波市将进一步借机实现金融创新，克服民间资本金融化过程的弊端，吸引更多的民间资本进入金融机构，实现民间资本的规范运作，辐射并带动整个浙江省金融创新。

4.3 以科技银行为突破口设立中小民营银行

自从1978年改革开放以来，中国先后打破农业、服务业、轻工、制造业及通信业等行业的垄断，唯独金融领域里国有垄断的局面保留至今。因此，对内开放金融，既是打破金融垄断、实现资金资源有效配置的需要，也是适应经济体制改革的现实选择。在亚洲金融危机突袭20世纪90年代，民营企业风控能力普遍较差，中小企业更是生存艰难，而高科技企业则属于初生阶段。科技型中小企业研发活动的不确定性和技术本身信息不对称性的特点，使传统的商业银行业务模式很难向科技型中小企业提供融资服务，这就需要专门为科技型企业服务的科技银行的存在。科技银行是专门为科技型企业提供贷款的商业银行，在国外称为"风险银行"。美国"硅谷银行"自1983年成立以来，就是一家主要为高科技初创公司提供金融服务的商业银行，为创新和冒险提供金融服务。针对中小科技型企业"轻资产，高成长"的特点先在宁波高新区成立民营性质的科技银行，推出创新的金融产品，例如基金宝业务，抵押百分百业务，应收账款质押业务，知识产权质押贷款，合同能源管理贷款，期权贷款，跟进保证贷款，租金贷等，也能推动科技金融的发展。2011 年和 2012 年中国银行宁波市科技支行和杭州银行宁波科技支行相继成立，浙江省应尽快建立起一套针对科技企业的项目贷款评审、业绩考核、收益考核、利益分享的独特管理体系。同时也可以通过政府政策引导，吸引更多的商业银行开展科技银行业务，并设立独立的中小民营银行。

4.4 引导民间资本进入银行业，并进行合法的金融经营

民间资本参与金融机构重组改造，探索设立民间资本发起的民营银行，使金融服务实体经济。如宁波是浙江省民间资本发达的典型地区，根据浙江省宁波市统计局数据，2012 年宁波市部分年份主营业务收入 2000 万元及以上的规模私营企业 3958 家，销售产值为 3139.42 亿元，占宁波市规模企业总数 6804 家的 58.17%。而据宁波市中小在线信息服务有限公司提供的数据，截至 2013 年 6 月，宁波市所有私营企业共约为 27 万家，其中，生产制造类企业约为 143557 家，贸易经营类企业约为 262503 家，对外贸易类企业约为 18819 家，信息技术类企业约为 5164 家，旅游类企业约为 3066 家。由此可见，民营企业的发展对宁波经济起着很大的推进作用，由于小微企业轻资产和抵押品少的特点，导致了他们更容易受到金融危机所导致的人力成本过高、资金周转困难等问题的影响，这使得小微企业的融资难题越来越大，对资金需求也越来越迫切，所以，设立民营银行不仅满足了农户、小微型企业的小额贷款需求，也在一定程度上为各发起人下游产业的资金链衔接做出巨大贡献，更为大量的民间资本提供了合法的金融供给，给宁波民营企业实现了产业资本转化为金融资本合法途径。

民营银行设立的原则除"发起人全部为民营资本"之外，注册资本的规定性，还有自主自愿承担银行经营的一切风险，股东将接受相关监管部门的监管等限制，应引导民营上市公司参股到小额贷款公司中，这无疑是对民营银行发展的一大有力保障。浙江省应出台一系列的措施和实施意见，促进民营银行的有效发展，借助浙江板块资源，整合民营上市公司通过公开募集资金，成了民营银行的大股东，让民营银行的资金来源在某种程度上有了保障运作。发展与上海国际金融中心建设相配套的区域金融市场体系建设，积极致力于金融安全和诚信环境建设，整顿和规范市场秩序，为金融业的发展营造更好的社会和人文环境。同时，

在一般的民间融资活动中，以信用为本，形成了诚信借贷的理念和良好的信用氛围，金融市场环境和信用环境优越。所以，应继续对接和融入上海国际金融中心建设，加快完善民间资本进入银行业的区域性金融市场体系，推进民生金融进程，进一步提升金融核心竞争力和区域辐射力。

4.5 制定设立民营中小银行准入、监管和退出的法规

在民营银行创办初期，制度创新的意义远远大于对金融市场竞争环境的冲击。民营银行新就要新在运行机制上。通过制度创新使得它们具有较强的市场竞争能力，从而给国有银行改革提供一个对立面。开放民营银行本身就是金融制度创新。民营银行的市场准入机制应包括银行治理结构、银行最低资本金限制、银行管理人员业务素质和银行经营范围及产品品种。根据银监发〔2016〕57号，中国银监会明确要求每家试点民营银行至少要有两个主发起人，且单一股东持股比例上限为30%。而且在后续的监管过程中，关联交易、大额风险暴露等一直是中国银监会关注的重点。中国银监会要求民营银行明确差异化发展战略，坚持特色经营，为实体经济特别是中小微企业、"三农"和社区，以及大众创业、万众创新提供更有针对性、更加便利的金融服务，提高普惠金融服务水平。与此同时，应建立引导民营资本入股银行业机构地方法规，支持民营资本积极参与银行业机构增资扩股，并督促民营资本入股银行业机构"回哺"民营企业，并实行相应的退出机制。

附件：民营银行的相关政策文件

国务院及银监会等部门关于民营银行的文件

［1］国发〔2010〕13号：2010年5月7日国务院以印发《关于鼓励和引导民间投资健康发展的若干意见》。简称"新36条"，要求进一步拓宽民间投资的领域和范围，鼓励和引导民间资本进入基础产业和基础设施领域，鼓励和引导民间资本进入市政公用事业和政策性住房建设领域，鼓励和引导民间资本进入社会事业领域，鼓励和引导民间资本进入金融服务领域，鼓励和引导民间资本进入商贸流通领域，鼓励和引导民间资本进入国防科技工业领域，鼓励和引导民间资本重组联合和参与国有企业改革，推动民营企业加强自主创新和转型升级等12部分36条。

［2］银监发〔2012〕27号：2012年5月26日，中国银监会以印发《关于

鼓励和引导民间资本进入银行业的实施意见》，支持民间资本与其他资本按同等条件进入银行业、为民间资本进入银行业创造良好环境、促进民间资本投资的银行业金融机构稳健经营、加大对民间投资的融资支持力度等 4 部分 26 条。

〔3〕国办发〔2013〕67 号：2013 年 7 月 5 日，国务院办公厅发布《关于金融支持经济结构调整和转型升级的指导意见》，即金融"国十条"，从多个角度阐释了如何"盘活存量、用好增量"，旨在加强引导金融对经济结构调整和转型升级的支持作用，更加尊重和顺应产业规律和经济规律，高度重视推进金融领域的市场化改革，加快淘汰过剩产能有望释放出新的投资机会，从而为经济回暖和转型增长积蓄新动能。

〔4〕国办发〔2015〕49 号：2015 年 06 月 26 日国务院办公厅发布《关于促进民营银行发展的指导意见》，民营银行应当确立科学发展方向，明确差异化发展战略，制定切实可行的经营方针，发挥比较优势，坚持特色经营，与现有商业银行实现互补发展，错位竞争；监管部门鼓励民营银行着力开展存、贷、汇等基本业务，为实体经济特别是中小微企业、"三农"和社区，以及大众创业、万众创新提供更有针对性、更加便利的金融服务。

〔5〕银监发〔2016〕57 号：2016 年 12 月 30 日中国银监会正式颁布《关于民营银行监管的指导意见》，明确民营银行发展战略，鼓励民营银行探索创新"大存小贷"、"个存小贷"等差异化、特色化经营模式，提高与细分市场金融需求的匹配度，同时支持民营银行利用大数据、云计算、移动互联等新一代信息技术，开展产品、服务、管理和技术创新，提供普惠金融服务，为银行业持续发展、创新发展注入新动力。

参考文献

[1] McKinnon, Ronald I. Money and Capital in Economic Development. *The Brookings Institution. Washington. D. C.*, 1973.

[2] Shaw, Edward S. Financial Deepening in Economic Development. *Oxford University Press*, 1973.

[3] John Williamson and Molly Mahar. A Survey of Financial Liberalization. *Princeton Essays in International Finance*, 1998, 211 (4): 661 – 667.

[4] Kellee S. Tsai. Back – Alley Banking: Private Entrepreneurs in China. Ithaca, N. Y.: *Cornell University Press*, 2002.

[5] Hans Dieter Seibel. Informal Finance Origions, Evolutionary Trends, and Donor Options. *IFAD Rural Finance Working Paper Series*, No. A3. 1999 (Revised

February 2000).

［6］Robert J. Gaston. Small business access to equity capital. *Washington, D. C.*：*U. S. Small Business Administration*，1993.

［7］Allen N. Berger，Gregory F. Udell. The Economics of Small Business Finance：The Role of Private Equity and Debt Market in the Financial Growth Cycle. *Journal of Banking & Finance*，1998，22（6 – 8）：613 – 617.

［8］Stiglitz Joseph E. and Weiss Andrew. Credit Rationing in Markets with Imperfect Information. *American Economic Review*，1981，71（3）：393 – 410.

［9］T Besley，AR Levenson. The Role of Informal Finance in Household Captial Accumulation：Evidence from Taiwan. *The Economic Journal*，1993，106（434）：39 – 59.

［10］卢峰、姚洋："金融压抑下的法治、金融发展和经济增长",《中国社会科学》2004 年第 1 期。

［11］史晋川、严谷军："经济发展中的金融深化——以浙江民营金融发展为例",《浙江大学学报（人文社会科学版）》2001 年第 6 期。

［12］张军、金煜："中国的金融深化和生产率关系的再检测：1987——2001",《经济研究》2005 年第 11 期。

［13］连平："民营银行的发展方向",《中国金融》2016 年 10 期。

［14］王刚、吴飞："我国首批试点民营银行经营状况调查与政策建议",《经济纵横》2016 年 第 12 期。

［15］王立平："新形势下民营银行转型发展研究——以浙江台州民营城商行为例",《浙江金融》2016 年 第 4 期。

［16］周孟亮、李明贤："民营银行金融创新研究—基于普惠金融发展的视角",《社会科学》2016 年第 5 期。

第 5 章

普惠金融支点与助农金融服务点

1 助农金融服务点建设的背景与意义

1.1 助农金融服务点的基本含义

1.1.1 什么是助农金融服务点?

根据《推进基础金融服务"村村通"的指导意见》(银监办发〔2014〕222号),助农金融服务点主要是设立简易金融服务网点,按照"业务简易、组织简化、成本可控"原则,在行政村内设立简易的金融便民服务网点,依托行政村"村两委"(注:村"两委"就是村中国共产党员支部委员会和村民自治委员会的简称,习惯上前者简称为村支部,后者简称村委会)所在地、特约商户、农村社区超市、供销社系统经营网点以及农民合作社等具有安全条件的场所,灵活安排和设定营业时间;布设 ATM、POS、EPOS 和其他金融自助服务终端等多种电子机具。助农金融服务点旨在着力推动基础金融服务向行政村延伸,打通农村基础金融服务"最后一公里",夯实基础金融服务"村村通"的渠道基础,提高农村金融服务的普惠度。

早在中国银监会办公厅关于《农村中小金融机构实施金融服务进村入社区工程的指导意见》(银监办发〔2012〕190号)的文件就提出,对农村金融需求旺盛的行政村、自然村和中心社区优先增设机构网点,广泛布设金融电子机具,如安装 ATM 机、POS 机方式，丰富金融自助服务终端服务功能，解决小额现金存取、转账、查询、汇款等多种金融服务需求。同时，根据《中国银监会办公厅关于做好 2015 年农村金融服务工作的通知》（银监办发〔2015〕30 号）的要求，在具备条件的行政村，扎实推进基础金融服务"村村通"，采取定时定点服务，广泛布设 ATM、POS 机、转账电话和自助服务终端等金融电子机具，方便村民利用电脑、电话、手机等网络通信终端在线自助办理金融服务，大幅提高电子业务替代率，推进基础金融服务向村一级加快延伸。

而助农金融服务终端是商业银行布放在镇、乡、村、商户的便民终端。客户通过该终端可办理账户查询、转账汇款、密码修改、便民卡业务、社保业务、缴费业务、存折补登、现金存取等业务。助农金融终端服务终端的投入使用，填补了助农 POS 机无法办理活期存折代理存取款业务的空白，进一步满足了农村客户爱用存折办理业务的习惯，同时也搭建起集政府各项代缴费、惠农补贴、医保、养老金等各类支付结算于一体的多功能自助服务平台，进一步丰富农村、遍布农村、贴近农民的农村支付结算网络。

1.1.2 助农金融服务点开展银行卡助农取款服务

银行卡助农取款服务能够使用固定 POS 机或者带有硬件加密功能的电话支付终端作为助农取款服务的受理终端，在固定线路通信网络缺乏或者是极其不稳定的情况下，经过当地中国人民银行分支机构的批准，收单机构能够布放屏蔽 SIM 卡漫游功能的移动 POS 机和带硬件加密功能的无线电话支付终端（见图 5 - 1）。经营规范并且运营稳定的商户，比如说供销社、百货公司、农资连锁店、饲料批发店或是农副产品批发的小店等等是助农取款服务点重点考虑的类型；移动、电信网络运营商的网点，邮政储蓄网点，有固定的经营场所和良好信誉的小便利店、超市等。

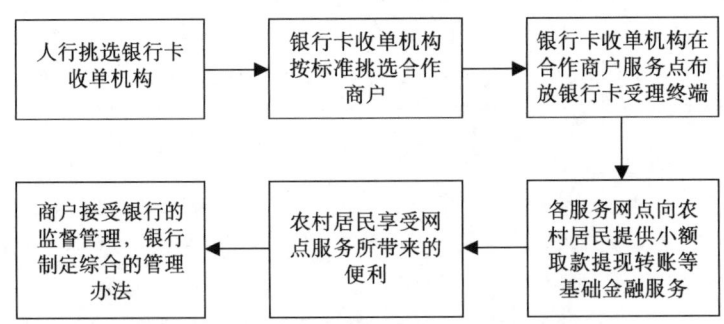

图 5 - 1 银行卡助农取款服务实施流程图

资料来源：《中国人民银行关于推广银行卡助农取款服务的通知》（银发〔2011〕177 号）和其他相关材料提炼而成。

随着助农金融服务点广泛推进，助农金融服务点具备助农取款、汇款、转账、代理缴费、余额查询等服务功能，填补老少边穷行政村金融空白，推动新农村建设。对农民粮食直补、低保、农保、医保等政策性补贴的发放，涉及农民的粮食直补、低保、农保、医保等政策性补贴，通过发放在"一卡通"，即由原来的存折结算改为银行卡结算，而"一卡通"所使用的银行卡可由开办此项服务的金融机构（即收单机构）提供，农村居民可凭"一卡通"在助农取款服务终端上进行取款、转账和查询。截至 2015 年 6 月底，宁波市助农金融服务点累计办理查询业务 130.26 万笔、助农取款业务 135.79 万笔；现金汇款和转账汇款业务均超过 41 万笔，金额累计达 30.95 亿元；办理代理缴费业务 223.94 万笔，金额约 1.73 亿元。

1.1.3　助农金融服务点实现公共金融服务功能

助农金融服务点主要提供审批代办服务、基本公共服务、信息咨询服务和民事调解服务等四类公共服务项目，村民的满意度相对较高。助农服务点的布设从便民出发，一般设置在村委会、村邮站、乡村的超市等，老人每月领土保金，年轻人应急取钱、交水电费，家门口就能办理，大家都觉得方便。所以，宁波市牢固树立城乡公共服务均衡发展理念，着力堆进公共服务向、农村基层延伸，使农村居民和城市居民享受均等的政府服务。

除这些公共项目外，还有一些助农金融服务点具有电费、燃气费、手机充值、社保缴纳、机票火车票购买等业务。在具体的金融功能设计上，按照"小平台大服务"思路和"能进则进"原则，把党建、民政、卫生、计生、文化、养老、外来人口管理、农业服务等与群众生产生活紧密相关金融服务事项，全部纳入助农金融服务点办理或代办范围，为村民提供"菜单式"金融服务，使之成为真正的基层"金融超市"，村民不出村就能享受优质、便捷、高效的公共金融服务。

1.2　助农金融服务点建设的背景

1.2.1　一系列政府行动与相关政策推动助农金融服务点建设

时任中国人民银行副行长刘士余在由中国支付清算协会主办的"2013 农村移动支付论坛"上说，我国平均每个乡镇只有 2.13 个金融网点，平均 1 个营业网点要服务近 2 万人，农村支付结算的需求矛盾较为突出。特别是近年来国家陆续出台了各类支农补贴、新型农村社会养老保险、医疗保险等惠农政策，并依托银行卡进行资金发放，但由于银行网点和 ATM 匮乏，造成银行卡资金支取极不方便，农民不得不频繁往返县城金融网点，既费时费力，又要承担交通费用，成本较高，便利支取各种涉农补贴等小额资金已成为农村最广泛、最迫切的一项基本金融服务需求。鉴于上述情况，中国人民银行总行借鉴农民工银行卡特色服务的经验，充分发挥央行组织协调作用，从 2010 年 3 月起先后组织重庆、山东、浙江、湖南和陕西在辖区内选择 2—4 个金融服务空白乡镇试点开展助农取款，通过布设价格相对低廉的 POS 机或电话支付终端，延伸商业银行金融服务触角，解决持卡人的取款、查询等基础金融服务需求，取得良好效果。中国人民银行总行对试点经验进行了认真总结，并经进一步调研、论证的基础上颁布了《中国人民银行关于推广银行卡助农取款服务的通知》（银发〔2011〕177 号），明确在 2013 年年底前实现助农取款在全国农村乡镇、行政村的基本覆盖，满足偏远农村地区各项支农补贴资金、日常小额取现、余额查询等基本金融需求，构建起支农、惠农、便农的"支付绿色通道"，进一步改善农村地区支付服务环境。

近年来，国务院、各省政府、市政府高度重视农村金融发展，先后出台了不少政策措施予以支持，如 2014 年 4 月国务院发布了《关于金融服务"三农"发展的若干意见》（国办发〔2014〕17 号），提出要推动农村基础金融服务全覆盖，以支持助农金融服务点的发展（本章附件 1）。

1.2.2 丽水农村金融改革的试点带动了浙江省辖区内的助农金融服务点建设

经中国人民银行总行批准试点，2010 年 7 月中国人民银行丽水中心支行在浙江全省率先开展了"银行卡助农取款服务"工作，而中国邮政储蓄银行浙江省分行成了中国人民银行在浙江丽水农村开展"银行卡助农取款服务"[①] 全国试点单位。通过建设"村邮站"、"信息化村邮站"，浙江邮政企业和邮政储蓄银行携手将"银行卡助农取款服务"植入"村邮站"。截至 2011 年 7 月，丽水全市就已经在 2114 个行政村设立了助农取款服务点，在全国率先实现了"银行卡助农取款服务"农村全覆盖。2012 年 3 月 30 日中国人民银行和浙江省政府联合批准在丽水市进行农村金融改革试点，丽水成为全国首个经央行批准的农村金融改革

---

① 中国邮政储蓄银行"银行卡助农取款服务"是一种新型农村支付结算方式，可概括为"一张卡、一部机具、一个商户、一本账"，具体指在乡镇及以下农村选择具有一定经济实力、信誉良好的商户，安装"商易通"设备，借助"商易通"的刷卡实时转账功能，以商户先垫付现金的方式为借记卡持卡人提供银行卡助农取款服务。

试点地区。2012年5月17日浙江丽水召开农村金融改革试点动员大会，农村金融改革试点正式启动，带动了浙江省农村金融改革的进程。

1.2.3 浙江农信普惠金融工程提升了助农金融服务点的行动计划

浙江省农信社全面拓宽农村金融服务渠道，分别于2010年、2011年实施了"金融机构空白乡镇全覆盖"及"银行卡助农取款"工程。数据显示，截至2012年末，浙江省农信社农信金融服务点进驻村级便民服务中心24599家，占比99.44%，设立助农取款服务点超1万个，截至2013年4月底，累计交易笔数769589笔，累计交易金额达13589万元。

2013年7月浙江省政府办公厅浙政办〔2013〕99号文件转发了浙江农信制定的《浙江农信普惠金融工程三年（2013—2015年）行动计划》（浙政办发〔2013〕99号），浙江农信计划用3年时间，稳步开展普惠金融工程建设。2013年3月8日，莲都农村合作银行在莲都区大港头镇北埠村设立的多功能农村金融服务站正式投入运营，这是全省首家投入运营的多功能农村金融服务站。该服务站集小额取现、金融知识宣传、人民币反假、代理转账、农户基本信用信息采集、理财咨询、小面额及残损币兑换、协办证券保险以及农户贷款等各类金融服务于一体。

1.2.4 农业银行的"金穗惠农通"工程布局"惠农通助农取款点"

金穗"惠农通"工程是农业银行在县域农村地区，以惠农卡为载体，以服务点为依托，以电子渠道为平台，以流动服务为补充，以提高农村基础金融服务覆盖面为目标，全面推进农村金融服务能力建设，为惠农卡持卡客户提供足不出村、方便快捷的金融服务。近年来，中国农业银行充分发挥产品、科技、网络优势，着力破解农村金融服务尤其是基础金融服务缺失问题，通过在农村地区"万村千乡市场工程"农家店、小超市等便民场所设立服务点，利用智付通、POS等现代电子机具，为农民就近提供小额取现、转账、缴费等基础金融服务，从2012年起全面启动的"金穗惠农通"工程，并于同年4月制定了《中国农业银行金穗"惠农通"工程规划》。截至2012年12月25日，农行浙江省分行营业部已发放惠农卡44.6万张，发放农户贷款6.9亿元。在县域以下农村地区布放安装金益农自助通50台，预订惠农通机具906台，覆盖全市1022个行政村和89个乡镇，对行政村的覆盖率达49%，对乡镇覆盖率达59%，惠及农户近45万户（人）。如，在余杭塘埠村的超市，日用百货、各类食品琳琅满目，柜台上摆放着一部转账电话机、一台电脑和一台验钞机，远远就能看见"惠农通助农取款点"和"志刚副食批发超市"两块牌子,而超市老板曾志刚就是农行惠农通助农取款点的协管员。

1.2.5 宁波普惠金融综合示范区全面建设助农金融服务点

《推进普惠金融发展规划(2016—2020年)》(国发〔2015〕74号),根据《中国人民银行办公厅关于开展普惠金融综合示范区试点的批复》(银办函〔2015〕405号),率先全国试点建设普惠金融综合示范区,宁波市就是率先试点建设普惠金融综合示范区的地区。2016年3月17日宁波市政府出台《关于建设普惠金融综合示范区的实施意见》(甬政发〔2016〕30号),通过设立助农金融服务点等方式,将基础金融服务覆盖全辖所有行政村,其中,叠加村级电子商务功能到2018年年底达到50%,到2016年年底达到30%,而且全面提升现金服务功能,实现"乡乡有机构,村村有服务",鼓励"户户有账户",并完善金融服务功能,实现普惠金融工程。

1.3 助农金融服务点建设的意义

1.3.1 助农金融服务点是国家普惠金融战略的重要组成部分

党的十八届三中全会(2013年11月9日至12日)明确提出"发展普惠金融",将普惠金融的重要性提升到新的高度。2014年"中央一号文件"《关于金融服务"三农"发展的若干意见》提出大力发展农村普惠金融,开展金融服务"村村通"工程。2015年的"中央一号文件"提出强化农村普惠金融,为我国农村普惠金融的发展提供了政策支持。国发〔2015〕74号首次从国家层面确立普惠金融的实施战略,将"创新金融产品和服务手段"以及"加快推进金融基础设施建设"作为重要内容,而"加快推进金融基础设施建设"的重点是助农金融服务点的建设。

助农金融服务点是指金融机构与农村地区符合一定条件的连锁超市、便利店等商户和村邮站、村级便民服务中心等合作,银行提供机具设备和技术支持、上述主体提供场所的一种服务模式,主要针对偏远地区农村金融服务缺位的情况。以便利商店和超市作为助农取款服务的网点,为农村提供账户余额查询和小额取现服务,为农村居民改变取款难问题,实现农村居民小额提现的惠民工程。

1.3.2 助农金融服务点能够满足涉农小额资金的金融服务需求

随着国家不断加大扶农惠农政策,各种涉农补贴不断增加,但农村金融网点少,金融基础设施薄弱,服务辐射面狭窄,无法满足各类涉农补贴等小额资金的提现需求,便利支取涉农补贴资金是当前农村的一项基本金融服务需求。由于宁波农村地区,传统银行的支点或者 ATM 取款机的匮乏。有的地区农民存钱、取钱、汇款要跑数十里路到县城,这极大地阻碍了农村经济的发展。构建起支农、惠农、便农的"支付绿色通道",切实把安全、经济、便捷的现代化支付服务延伸到万村千乡,将政府部门有关惠民利民政策的温暖送到老百姓身边,进一步改善农村地区支付服务环境,提升农村金融服务水平,更加注重提高金融服务的质量,让普惠金融服务切实惠及民生,服务于新常态下经济结构转型需要,使普惠金融成为建设更高水平小康社会的重要推动力量。

1.3.3 助农金融服务点打通最后一公里,实现金融服务全覆盖

便民金融服务点通过在交通不便、经济欠发达的偏远乡村、城镇社区和工矿厂区布放助农金融自助服务终端,提供小额现金存取、转账、查询、密码修改、口头挂失、存折补登及惠农补贴、水电费、通讯费、新农合、新农保、小额贷款等各类支付结算服务,实现农民"足不出村、尽享金融服务",打通金融服务"三农"最后一公里。2013 年起中国人民银行宁波市中心支行下发了一系列意见、办法,要求金融机构从服务民生的角度出发,积极承办助农金融服务点。截至 2015 年上半年,县域地区 1940 个行政村共设立了助农金融服务点 2768 个,具备助农取款、汇款、转账、代理缴费、余额查询等服务功能的助农金融服务点,逐渐填补老少边穷行政村金融空白。

助农金融服务点可以提供涵盖农村居民日常生活的各种金融支付需求,通过"一站式"基础金融服务,极大地节省农村百姓办理支付业务的资金成本和时间成本,取得良好的民生效应。按照 1 笔业务帮助农村居民节省时间 0.5 小时、路费 2 元计算,截至 2016 年年底仅现金取款和缴费两项业务,助农金融服务点就帮助农民节省了 179.87 万个小时和 719.46 万元左右路费。统计显示,从偏远海岛的象山高塘岛乡,到革命老区的余姚四明山镇,宁波市全辖内所有的金融服务空白村已然形成了"基础支付服务不出村、综合金融服务不出镇"的金融服务体系,而在助农金融服务点叠加电子商务功能,延伸开通网上支付、移动支付等电子支付方式,更为大量农产品走出农村、开拓市场提供了有力支撑。

2 助农金融服务点的普惠金融功能

2.1 顺应农村金融供给侧结构改革实现农村普惠金融体系

供给学派认为，供给和需求关系的重点在于供给。萨伊定律（Say's Law，1830）指出，"供应创造自己的需求"。阿瑟·拉弗（Arthur Betz Laffer）的拉弗曲线显示减税能刺激生产，这些都成为20世纪70年代里根经济学（Reaganomics）和70—80年代"撒切尔主义"（Thatcherism）的核心思想。美国供给学派强调自由市场经济，采取减税促进企业投资，放松某些行业的行政管制和推行私有化，提高人们的可支配收入。"撒切尔主义"（Thatcherism）则采用国企改革等供给政策使英国经济走出衰退。国内供给侧结构性改革基于中国改革实践，根据马克思主义政治经济学原理，聚焦价值量、生产关系、产品产业等结构问题（裴长洪，2016），需要解决因有效供给不足带来的大量"需求外溢"等问题。滕泰（2012—2013）提出的新供给经济学说，认为应根据国家的经济政策和改革，调整结构形成新的供给，催生经济增长的活力。由于国际金融危机引致的外需锐减、国内经济下滑和产能过剩等结构性扭曲，既突出发展社会生产力又注重完善生产关系（习近平，2016年1月18日），以改革推进产业结构调整，从而促进国民经济健康发展。

农业供给侧改革已成为2017年的主题，而农村金融供给侧结构改革是农业供给侧结构性改革的主要内容。2007年以来金融供需错位已经阻碍了中国经济的持续增长，农村地区基础设施特别是金融服务的基础设施的供给严重不足，2014年"三农"金融的缺口达3.05万亿元（中国社会科学院财经战略研究院，2016年8月18日），只有极少的储蓄资源用于农村经济发展。实现贴近农村经济需求的金融创新，推动金融新技术、金融新业态的农村普惠金融组织发展已刻不容缓。史小艳（2016）分析了农村金融供给侧改革中面临诸多不足后提出亟需实现金融业的自我优化功能。刘决琦、曹必武（2016）认为，农业供给侧金融支持应提高金融改革效率。王曙光（2016）认为，农村信贷可及性亟需农村金融体制创新。农村金融供给侧结构改革的目标是建立普惠金融体系（董晓林、朱敏杰，2016）。根据银监发〔2006〕90号、〔2012〕190号、〔2014〕222号、〔2015〕30号、〔2006〕84号等文件，助农金融服务点是"村村通"金融基础服务的渠道，作为农村居民金融交易的基本载体，通过提供农村金融产品与服务，将有效延伸农村普惠金融体系，实现农村基础金融服务全覆盖，也是农村金融供给侧结构改革的基本内容，便利农村居民的基础金融服务与需求。

2.2 具备微型银行的基本组织形态

助农金融服务点形成农村支付结算的自助金融服务平台，具有商业银行结构的基本形态，是微型银行。通过助农金融服务点终端方便办理账户查询、转账汇款、密码修改、便民卡业务、社保业务、缴费业务、存折补登、现金存取等业务，完成政府各项代缴费、惠农补贴、医保、养老金等各类支付结算，实现农户家庭的电费燃气费缴付、手机充值、社保缴纳、机票火车票购买等金融服务。同时，助农金融服务点创新信贷流程，创新信贷产品与服务。如宁波市宁海农信联社在助农金融服务点开展周转金贷款，为农户垫付资金；慈溪农商银行在助农金融服务点创新的"预授信"业务和"养老贷"信贷产品等，满足"三农"金融服务需求。

2.3 实现农村金融网络的高覆盖

根据中国银行业监督管理委员会宁波监管局数据显示，2014年宁波市辖内各大银行的分理处（储蓄所）741家，其中农村中小金融机构[①]的分理处（储蓄所）497家，占全部分理处（储蓄所）的67.07%，各大银行的分理处（储蓄所）几乎遍布了宁波市辖内给乡（10个）、镇（76个）、街道办事处（66个）和社区居民委员会（680个）等[②]。但宁波市辖内村民委员会有2543个，因为农村地区公共设施建设落后，人口居住分散，金融业务少，分理处（储蓄所）的金融服务网点未能普及到行政村。助农金融服务点处于农村最基层的偏僻行政村，服务最底端社会群体，是金融服务的空白地带，打通金融服务"三农"最后一公里[③]。助农金融服务点一般设置在村级便民服务中心、村级便民服务点（或超市）、村邮站等，使村民足不出村享受便捷、高效的金融服务，使金融服务网络覆盖到每一个行政村，最终实现金融服务全覆盖。

---

① 农村中小金融机构包括农村合作金融机构和新型农村金融机构。
② 数据来源：《2014年宁波市统计年鉴》表1-1行政区划和陆域面积（2014）。
③ 根据《推进基础金融服务"村村通"的指导意见》（银监办发〔2014〕222号）；中国银监会办公厅关于《农村中小金融机构实施金融服务进村入社区工程的指导意见》（银监办发〔2012〕190号）；《中国银监会办公厅关于做好2015年农村金融服务工作的通知》（银监办发〔2015〕30号）。

2.4 向村民提供均等的金融服务

农村支付结算体系普遍存在单一、传统、落后，支付结算不方便，助农金融服务点开展银行卡助农取款服务能够实现农村金融服务均等化，对供销社、百货公司、农资连锁店、饲料批发店和农副产品批发小店等农民产品采购的付款结算，和对移动、电信网络运营商的网点、邮政储蓄网点、有固定的经营场所和良好信誉的小便利店、超市等的支付结算以及对农民粮食直补、低保、农保、医保等政策性补贴的发放，村民均可与城镇居民一样享受金融服务。通过资金补贴扶持助农金融服务点的支付效率，中国人民银行宁海支行对助农金融服务点业务量 10 笔以上补贴 200 元/月，承办机构相应地补贴 1 元/笔，补贴金额达 118.72 万元约 30% 的助农金融服务点受惠，让村民在家门口享受均等的金融服务。据中国人民银行宁波中心支行数据显示，截至 2015 年 6 月底，宁波市助农金融服务点累计办理查询业务 130.26 万笔、助农取款业务 135.79 万笔；现金汇款和转账汇款业务均超过 41 万笔，金额累计达 30.95 亿元；办理代理缴费业务 223.94 万笔，金额约 1.73 亿元。

2.5 发挥精准扶贫的金融包容性

自 1986 年国务院贫困地区经济开发领导小组成立以来，中国扶贫演进了 30 年，从救济、开发、区域、整村、入户等扶贫方式逐步推进，党的十八大以后，"精准扶贫"成为扶贫工作的中心。助农金融服务点深入农村地区行政村，精准定位村民，提供基础性金融服务，所以助农金融服务点明确界定服务对象，即明确谁是穷人，谁最需要提供金融服务，与普惠金融为低收入阶层的服务宗旨相一致，承担微型金融机构的部分金融功能。

助农金融服务点以普惠金融为理念，针对农村弱势群体支付的需求特点，建立精准扶贫的信用档案和支付服务档案，及时研究开发成本相对低廉、操作简单、安全性好的支付服务产品，提升农村弱势群体金融服务可获得性。以民生为本，推进普惠金融，设立村级助农金融服务点，开展一站式金融综合服务，走村访户拓宽金融服务渠道，充分分析农村弱势群体对支付服务方式、产品及服务费用不同程度的偏好，实行差异化对接支付需求，提供精准、个性化的支付产品与服务。如，中国人民银行宁波市中心支行的"'四明行普惠情'公益金融活动在汪巷"，到四明山老区区村民家中提供金融服务、金融需求，向村民发放金融知识宣传册等，提升梁弄老区群众助农金融服务的覆盖率、可得性和满意度。

2.6 为村级电商 O2O 运作提供便捷支付

村邮点仍然是"农村电商+金融"的基本途径。借助村邮站为农户开辟销售渠道,实现农村电商平台线上采购,助农金融服务点线下支付。所以,应借助村邮站继续扩大村级农村电商金融服务点建设,开展村级农村电商服务点物流配送和咨询服务。中发〔2015〕1 号、农办市〔2016〕1 号、农办市〔2016〕2 号等先后提出开展金融支持电子商务进农村综合示范,特别是《中共中央国务院关于打赢脱贫攻坚战的决定》(中发〔2015〕34 号)提出要支持邮政、供销合作等系统在贫困乡村建立服务网点,提升农村互联网金融服务。而据易观智库数据显示,截至 2015 年年底,中国农村电商市场融资金额为 837700 万元,而 2013 年年底为 20800 万元,2014 年年底为 146250 万元,环比增长快速,说明农村电商市场发展空间巨大,2015 年相关电商平台已超过 4000 家,呈现出政府推动和市场推动的"双重特征"(余水工,2016)[①]。由此可见,开展互联网金融服务农村电商,能够实现金融功能的快捷、便利、广覆盖。

3 助农金融服务点延伸农村普惠金融体系的基础与路径

3.1 助农金融服务点延伸农村普惠金融体系的基础

3.1.1 银行卡助农取款便民服务已经全覆盖到市辖内行政村

在农民工银行卡特色服务[②]的基础上,中国人民银行总行从 2010 年 3 月起先后在浙江、重庆、山东、湖南和陕西辖区内试点助农取款,以解决取款、查询

---

① 余水工:"2016 年中国农村电商发展困境及原因分析",前瞻网,http://www.qianzhan.com/analyst/detail/329/160329-5c6732d6.html,2016 年 3 月 29 日。

② 农民工银行卡特色服务是指农民工在打工地将工资收入利用银行卡存入参与农民工银行卡特色服务的银行后,可以在家乡就近的农村信用社网点柜台提取现金。2005 年下半年,中国人民银行组织开展了农民工银行卡特色服务业务,该项业务首先在贵州省试点并取得了成功。在此基础上,中国人民银行决定按照"统一模式、先易后难、逐步到位"的原则,2006 年在全国分两批实行推广工作:2006 年 9 月底前完成山东、湖南、重庆、江苏、福建、江西等 6 省市的推广工作以及贵州省的全省推广工作;2006 年年底前完成陕西、四川、云南、河南、广西等 5 省的推广工作。

等基础金融服务的需求，效果显著，开启支农、惠农、便农的"支付绿色通道"。近年来，国务院、省政府、市政府高度重视农村金融发展，先后出台了不少政策措施予以支持，应深入推进农村金融服务均等化建设，充分发挥各类金融机构主体作用，精准对接多元化融资需求、大力推进普惠金融发展①。商业银行实施便民支付工程等形式，在行政村布设POS机等自助服务终端电子机具，推进助农金融服务点建设。

浙江省农信社是助农金融服务点建设的主力军，率先全面拓宽浙江省农村金融服务渠道，已经实施"金融机构空白乡镇全覆盖"（2010年）及"银行卡助农取款"工程（2011年），数据显示，早在2012年末，浙江省农信社农信金融服务点进驻村级便民服务中心有24599家，占比99.44%。随着《浙江农信普惠金融工程三年（2013—2015年）行动计划》的颁布②，全省行政村的农信金融服务点（即"微银行"）建设已基本完成全覆盖，业务包括小额取现、金融知识宣传、人民币反假、代理转账、农户基本信用信息采集、理财咨询、小面额及残损币兑换、协办证券保险以及农户贷款等。截至2015年9月末，浙江农信有提供基础金融服务的服务点超过2.7万个，小额取款、转账、缴费等基础金融服务在浙江省所有行政村的覆盖率达到89.44%，其中，浙江农信建成标准化网点4123个，农信金融服务点26356个，离行式自助银行1270个，农村金融便利店1625个，流动服务车19台。而宁波市农信金融服务点建设（覆盖度为97.2%）领先于浙江省平均水平。

3.1.2 具有助农金融服务点所依托的便民基础设施与场所

基于村级便民服务中心完善助农金融服务点的功能。村级便民服务中心作为服务农民、服务农业、服务农村的地方组织机构，是我国最基层的行政服务中心。作为宁波市村级便民服务中心建设始于2000年，并于2011年8月已经实现市内行政村全覆盖，宁波2556个行政村已全部建成村级便民服务中心，其中"简约型"922个、"标准型"1134个、"示范型"500个。

村级连锁超市连锁便利店为开办金融便利店打下基础。自2005年宁波市政

---

① 中国银监会办公厅关于全面做好农村金融服务工作的通知（银监办发〔2010〕36号）。2016年3月23日，中国人民银行、国家发展和改革委员会、财政部、中国银监会、中国证监会、中国保监会、国务院扶贫办公室联合印发了《关于金融助推脱贫攻坚的实施意见》。

② 2013年7月浙江省政府办公厅浙政办〔2013〕99号文件转发了浙江农信制定的《浙江农信普惠金融工程三年（2013—2015年）行动计划》（浙政办发〔2013〕99号），浙江农信计划用3年时间，稳步开展普惠金融工程建设。

府推行"万村千乡工程"以来,早在 2011 年底,宁波市累计已有 2521 个行政村设立连锁便利店 2696 个。商贸部门选取北仑加贝、三江、宁海物流等有实力的服务企业,宁波市政府每年安排 200 多万元专项资金补助村级连锁便利店、信息管理系统和配送中心建设,实现了大型配送中心、镇连锁超市、村便利店"三店一体"的农村商品物流网络。这样,农家店除常规服务外,还及时向村民提供农资购买、农业技术等信息,开展"配送中心——镇连锁超市——村级便利店"一站式、多用途的农村综合服务。早在 2011 年年底,宁波市累计已有 2521 个行政村设立连锁便利店 2696 个。如 2015 年 6 月,鄞州银行尝试与宁波开开便利超市连锁有限公司开展合作开办"金融便利店",已建立便民点 6 家,发挥着良好的社会效应。

"农村千乡"市场工程,供销社成为统一宁波市农村市场的主体,如鄞州区的新江厦连锁超市,余姚的浙东供销超市,奉化的通源配送公司等,慈溪市供销社的慈客隆超市。42 岁的胡仕云是慈溪市匡堰镇乾炳村村民,2005 年 5 月成为慈溪市慈客隆早夜便利购物有限公司的加盟者,并得到政府补贴 2 万元,2006 年这类农家店在慈溪市乡镇的覆盖率就已达 100%。乡亲们不但能在超市内购买到物美价廉的各种生活必需品,而且还可以在被当地居民称为"袖珍银行"的助农终端机具上办理查询、取款、转账等银行业务。

3.1.3 已经完成农村地区信用户、信用村、信用(乡)镇建设

农村信用体系建设随着"三农"问题而逐步形成,根据 2014 年 7 月国务院颁布的《社会信用体系建设规划纲要(2014—2020 年)》(国发〔2014〕21 号),农村信用体系建设指建立农户信用档案,开展信用户、信用村、信用(乡)镇活动等。农村信用体系建设亟需建设,因为农村居民个人征信信息较少甚至没有,同时,农村居民不动产产权不明晰,农村土地与农民住房抵押还处于试点过程中,对农村信贷支持作用不力。

宁波市开展信用镇信用村建设,以建设"信用体系"为目标,将农村金融信用征信覆盖到全区每个行政村,农户信用信息采集将进一步完善农村基层金融服务网络,强化农村金融服务功能,这样,助农金融服务点能够借鉴农户信用信息开展基础金融服务。中国人民银行宁波中心支行的统计数据显示,截至 2015 年年底,宁波市辖内共评定信用户 72.16 万户,县级信用村 779 个,市级信用村 97 个;评定的县级信用乡镇 26 个,市级信用乡镇 12 个,省级信用乡镇 7 个。

3.1.4 正在开展宁波普惠金融综合示范区的建设

近年来，国务院、省政府、市政府高度重视农村金融发展，先后出台了不少政策措施予以支持，如 2014 年 4 月国务院发布了《关于金融服务"三农"发展的若干意见》（国办发〔2014〕17 号），提出要推动农村基础金融服务全覆盖，以支持助农金融服务点的发展。农村地区支付环境的建设是宁波普惠金融综合示范区试点建设的主要内容之一。根据《宁波市人民政府关于建设普惠金融综合示范区的实施意见》（甬政发〔2016〕30 号）①，通过设立助农金融服务点等方式，将基础金融服务覆盖全辖所有行政村，实现"乡乡有机构，村村有服务"，鼓励"户户有账户"。一系列相关政策与政府行动，推动着宁波市助农金融服务点的建设进程，为村民提供综合性的金融服务，如在宁波市农村行政村特别是四明山等农村边缘地区发行宁波金融 IC 卡（市民卡），与宁波市区居民一样用于公共交通、小额支付、消费购物、政府服务等领域，享受快捷、便利和相应的折扣优惠，推进水、电、燃气、通信等农村公用事业缴费，并覆盖乡村超市、餐饮、菜场等小额支付应用和农村小学、农村医疗保险等，增强村民的银行卡使用的安全性，有效防范欺诈等各类风险。

3.2 助农金融服务点延伸农村普惠金融体系建设的路径

3.2.1 依托村级便民服务中心实现农村基础金融服务全覆盖

把服务对象定位于行政村村民，宁波从 2013 年开始到 2015 年年底已设立 2848 个助农金融服务点（中国人民银行宁波中心支行的统计数据），其中，农村合作金融机构具有 2456 个村级助农金融服务点（见表 5 - 1），绝大多数村级便民服务中心布设助农金融服务点，安装了 ATM、POS 等简便的电子机具等，但还不具有完善的金融服务功能，在浙江省率先实现助农金融服务点对空白村的金融服务全覆盖，截至 2015 年年底实现小额取款交易 117.10 万笔，金额 12.82 亿元；现金汇款业务 56.39 万笔，金额 6.67 亿元；代理缴费 266.20 万笔，金额 2.1 亿元。其中，宁波市农村合作金融机构的助农金融服务点进驻村级便民服务中心贡献显著，已设立的咨询窗口数、便民自助终端助布设数量、小额 POS 机已

---

① 《中国人民银行办公厅关于开展普惠金融综合示范区试点的批复》（银办函〔2015〕405 号）。2016 年 3 月 17 日，宁波市政府出台《关于建设普惠金融综合示范区的实施意见》，自 4 月 1 日起将率先全国试点建设普惠金融综合示范区。

布设数量等，在宁波市行政村的覆盖度为 97.2%，占 2015 年年底宁波全市已设立 2848 个助农金融服务点的 88.7%。

表 5-1　2016 年 6 月宁波市农村合作金融机构的助农金融服务点进驻村级便民服务中心情况

区域	助农金融服务点覆盖度（%）	行政村（个）	已设立村级助农金融服务点（个）	其中：已设立的咨询窗口数（个）	便民自助终端已布设数量（台）	小额 POS 机已布设数量（台）
鄞州	95.7%	414	396	28	368	0
慈溪	119.5%	297	355	355	319	23
余姚	100.0%	265	265	265	207	33
北仑	96.5%	202	195	187	132	0
奉化	50.1%	353	177	316	296	20
象山	100.0%	490	490	490	63	567
镇海	100.0%	60	60	60	44	0
宁海	100.0%	363	363	363	107	187
市区*	50.3%	308	155	155	120	0
合计	97.2%	2526	2456	2219	1656	830

数据来源：各地纪委；鄞州银行；《宁波统计年鉴·2016》行政区划和陆域面积（2015）（表 1-1，中国统计出版社）。

注：*宁波市区包括海曙、江东、江北的社区居民委员会和村民委员会。市区的便民设施没有计算在内。

3.2.2　"小超市 + 金融"的"微银行"模式，实行一站式综合性金融服务

助农金融服务点提供的"一站式"农村金融综合服务，通过宣传党的金融方针政策、金融知识和金融产品，传递金融经济信息，开展小额贷款、小额取现业务。居民中心村人居集中的村级小超市成为理想的助农金融服务点，村级小超市几乎不间断的营业时间，村民对小超市购物便利的高依附性。这样，商业银行在助农金融服务点布放 POS 设备和适当现金以方便农民就近取现或小额贷款。

植入村级连锁便利店，宁波市许多行政村尝试"小店 + 金融"的模式，即在便民超市店安装助农金融服务点的助农终端机，村民便可到超市店里免费办

理小额存取款、汇款和缴纳水、电、燃气、电信费等金融业务,尤其是方便老年人的劳保支取。如2011年鄞州银行在宁波市鄞州区云龙镇甲村的"飞燕通讯店"开设助农金融服务点,存款、取款、查询、补登存折、转账、缴费等业务都可以在村级"微银行"完成,服务时间持续到晚上,村民随时都可以办理业务。

自2011年实施"金穗惠农通"工程以来,中国农业银行每年投入8000万元用于贫困地区"金穗惠农通"工程机具的布放和维护,并积极推进"E农管家"、"银讯通"、"四融平台"等。特别是农行宁波分行通过构建乡镇网点、自助银行、电子机具和流动服务等农村支付体系,为村民应急取钱、缴水电费、特别是农村老人每月领取土保金提供基础金融服务,截至2015年年底,"金穗惠农通"工程乡镇金融服务全覆盖,覆盖1968个行政村,覆盖率为77.9%。而且宁波市慈溪农行辖内各二级支行选择诚信度高的小超市、各类杂货店布放机具设立"助农取款点",利用其店面为客户就近提供查询、转账、助农取款、消费、缴费等金融服务,帮助村民足不出村就能办理金融业务。农行慈溪市10个乡镇完成48个助农取款点布设,累计完成交易金额达2044070元;同时,布放存取款、自助通等各类自助终端近400余台。

3.2.3 借助村邮站和信息化村邮站推动村级电商+金融发展

中国邮政储蓄银行浙江省分行是中国人民银行2010年7月在浙江丽水农村开展"银行卡助农取款服务"① 全国试点单位,通过建设"村邮站"(注:村邮站是由乡镇级以下的行政单位和相关组织以村为单位设置的邮站)、"信息化村邮站"(注:所谓信息化村邮站即在原来的一类村邮站基础上叠加了票务代理、小额取款等服务功能),将"银行卡助农取款服务"植入"村邮站",统一的标识、一部固定电话、一台电脑、一台打印机成为村邮站的基础金融服务设施。2011年12月17日宁波市辖内首家村邮站——奉化市莼湖镇舍辋村村邮站建成②,以村邮站为载体,提供缴费充值、票务代理等助农金融服务。宁波邮政分公司数据显示,截至2015年年底,宁波市共有村邮站2335个,其中1200个为

---

① 中国邮政储蓄银行"银行卡助农取款服务"是一种新型农村支付结算方式,可概括为"一张卡、一部机具、一个商户、一本账",具体指在乡镇及以下农村选择具有一定经济实力、信誉良好的商户,安装"商易通"设备,借助"商易通"的刷卡实时转账功能,以商户先垫付现金的方式为借记卡持卡人提供银行卡助农取款服务。

② 龚国荣:"全市1149个村邮站成功转型 解决农村网购'最后一公里'难题",《宁波晚报》,2015年3月20日A5版。

信息化村邮站，宁波市村邮站具有缴水电费、手机话费充值、固定电话缴费、煤气费、有线电视缴费以及助农小额取款等业务，全市农村老人可在家门口提取农保养老金。宁波市信息化村邮站金融服务功能更全，已开办的各类业务包括移动、电信、联通、电费、水费、有线电视费、市民卡等充值缴费业务；电子汽车客票、景区门票等票务业务；助农取款、助农保险、惠农彩票、村邮网购等扩展业务。

村邮站作为进行村级电子商务试点，带动助农金融服务点的在线支付交易等金融服务。2014年12月浙江邮政首家"邮乐网购线下体验店"在宁波市开业，借助"邮乐宁波馆"平台实现当地特色农副产品的线上销售和推广。以宁波市江北区庄桥街道上邵村为例，原先的村邮站分为3个区域，分别是服务区、寄存区和ATM区。村民可以自己在手机上下单，也可以在服务员的帮助下购买。商品送到后，可以寄存在隔壁的柜子里，凭短信自助收货。电子商务进村方便村民足不出户网上购物，享受与市民一样便捷的电商服务，如，2014年宁波市奉化萧王庙农村合作社的桃子就是通过村邮站出售，第一年试水就出人意料地达到了80万元的销售额。2015年象山的小海鲜、咸鸭蛋等也包装后上网销售。

3.2.4 "便民支付工程"布设助农金融服务点

近年来，国务院、省政府、市政府高度重视农村金融发展，先后出台了不少政策措予以支持，商业银行实施便民支付工程等形式，在行政村布设POS机等自助服务终端电子机具，推进助农金融服务点建设。数据显示，早在2012年末，浙江省农信社农信金融服务点进驻村级便民服务中心有24599家，占比99.44%，在浙江省所有行政村的覆盖率达到89.44%，而宁波市农信金融服务点建设（覆盖度为97.2%）领先于浙江省平均水平。另外，农业银行的"惠农通助农取款点"在行政村的覆盖率也达49%。

尤其是中国人民银行宁波中心支行开展的"便民支付工程"成效显著，据宁波银联数据显示（见表5-2），截至2015年年底，宁波辖内北仑、慈溪、余姚、奉化、宁海、象山六个县（市）农村地区银行卡共有特约商户63081户，POS机具73988台，ATM机具4742台，分别占全市辖总数的47.69%、35.48%、59.81%，最简易的"一部转账电话机、一台电脑和一台验钞机"为广大农村提供基础金融服务。

表 5-2　　2015年宁波市农村地区银行卡受理市场建设情况

所属县市、区	特约商户（户）	POS终端（台）	ATM机具（台）
北仑	14786	17285	1152
慈溪	13473	16491	1317
余姚	100987	12963	847
奉化	5795	6891	440
宁海	9926	11516	539
象山	8114	8842	447
合计	63081	73988	4742

资料来源：《宁波市金融发展报告（2016）》。

注：商户数量以商户编码的唯一性为统计口径。

4　助农金融服务点延伸农村普惠金融体系面临的风险

4.1　工作人员操作不规范引致的操作风险

助农金融服务点对从业人员并无明确的准入门槛要求，大多是村级便民服务中心的村工作人员、村级连锁便利店的经营者、村邮站的服务员、金融机构派驻的基层工作人员等农村联络员，多为兼职且只有适当的培训，技能欠缺，如胡××经营着慈溪市慈客隆早夜便利购物有限公司的加盟超市，而胡××只是慈溪市匡堰镇乾炳村村民，且兼职管理着设在超市内的助农金融服务点（表5-3）。由于从业人员操作技能不足，从业人员的操作失误、单边账等情况容易出现，客户漏签字和不及时登记等问题时有发生，并忽视商业银行要求记录的台账，或滞后不清，因操作流程简单便捷而隐含的潜在操作风险。

同时，助农金融服务点工作人员仅依靠鲜有的金融基础知识和经验服务村民，缺少严格金融培训和风险防范意识。另外，助农金融服务点工作人员可能存在利用自身职位之便欺骗年纪大、经验不足的村民，利用村民信任，使用假币等蒙骗村民。特别是助农金融服务点工作人员的工作意识较为薄弱，很多被调派该岗位上的银行工作人员对此岗位工作也不重视，也是引发操作风险的源泉。

表 5-3　宁波市部分典型助农金融服务点的工作人员状态分析

助农金融服务点	工作人员性质	依托的渠道和行动	前期投资
超市+助农金融服务点	胡XX是宁波慈溪市匡堰镇乾炳村村民	华润慈客隆超市有限公司的加盟店①	政府补助2万元
农村金融便民服务站	慈溪匡堰镇岗墩村指定的村民	慈溪农村合作银行匡堰支行的"便民支付工程"	一台POS终端机具
农村便民服务中心+微银行	宁海县长街镇青珠村村民王XX	宁海农村商业银行建立的"丰收驿站"。	依托农村便民服务中心
农村电商+助农金融服务点	宁波市江北区庄桥镇上邵村村邮员	村邮站②	配置ATM机和智能化包裹专用柜

资料来源：实地调研所得。

注：①"农村千乡"市场工程，宁波市让供销社成为统一市场的主体，1998年慈溪市供销社出资500万元成立慈客隆超市。像胡仕云这样的加盟超市遍布各个乡镇。早在2006年这类农家店在该市乡镇的覆盖率就已达100%。

②除村邮站统一的标识外，一台电脑、一台打印机。

4.2　设施配置不到位

助农金融服务点及其自助终端经常会因网络或机具故障造成业务中断，因自然灾害或其他不可抗拒力事件出现毁损或无法提供服务。如有些自助终端设备在缴费时无法显示户名，容易发生差错。银联推出的"全民付"设备因无法显示户名和无法验证而导致错汇的概率很高。同时，安全设施配置也不到位，未能根据《浙江省银行卡助农服务管理办法》第四十条配置保险箱、防盗门、报警器、监控设备等或者低配，存在一定的安全隐患。

农村公共设施建设较为落后，农村特别是偏远地区，人口居住分散，业务量少，助农金融服务点长期运营成本压力较大，如在宁波市辖内，助农金融服务点前期装修、设备布放需投入4万元，后续需支付1000—3000元不等的交易费用，所以多数承办单位在助农金融服务点布设了取款机具与简单演示。绝大部分助农金融服务点努力完善金融功能，但一些空巢村，以老人为主，叠加的电子商务功能处于闲置状态。也个别助农金融服务点离银行网点太近，形同虚设。

4.3　农户信用信息采集不完整

尽管宁波市已经开展了信用户、信用村、信用（乡）镇建设，但授信时，实质上是以村为单位的担保体，一个农户失信会牵连到全村的信用等级评定及其信贷优惠政策。但是，农村居民人口分散，人口流动性强，使得信息收集难度很大，特别是农村人情、关系和个人隐私等影响了信息的真实性，如对农户收入、支出、财产状况很难准确采集，无法全面真实地反映农户信用信息，影响助农金融服务点对农户信用风险的预测。同时，信息采集人员没有经过专业训练，而且工作量大，而且农户信息的评价标准标准不统一，存在马虎应对等现象，导致农户信用信息的采集不完整或者评定标准不科学，影响农户信用评估的准确性。而且，大量信息分散在金融机构、税务、法院、工商、质检等部门，使信用信息互联共享存在障碍，如农村产权信息在农业林业部门有专项系统，无法与农户信用信息档案整合。即使农户信用信息由单一的涉农金融机构去采集，但出于涉农金融机构对农村金融市场资源的争夺，也不可能无条件地实行农户信用信息共享。

4.4 可能存在隐形套现、洗钱等风险

助农金融服务点已经覆盖很深的农村地区，这些金融服务点在经营过程中收集了大量的私人信息，包括银行卡的台账详细记录提现日期、金额、提现人身份信息等内容，还包括农村人员家庭财产状况等。助农金融服务点的工作人员不重视信息保护措施，随意将取款人信息告诉他人，可能被会被不法分子用作周密的诈骗活动而引发更加严重的社会危害。同时，助农金融服务点工作人员一旦获悉农户的银行卡密码等核心信息，容易产生多转少付、盗取银行卡资金等不良行为，给农民带来资金损失。

助农金融服务点转账取现业务量明显，如宁波市宁海辖内的助农金融服务点在对虾收购季节所需周转金达数十万元。不法分子可能会利用助农金融服务站点的管理漏洞，进行套取现金、洗钱等违法违规活动。《宁波市金融发展报告》（2016年）显示，2015年宁波市辖区内金融机构报送洗钱重点可疑报告161份，交易金融折合2104.04亿元，其中，信用卡套现占13%。重点可疑交易报告涉及的主要金融业务，其中，148份涉及电子银行，占37%；77份涉及ATM机业务，占20%；36份涉及柜面业务，占9%；21份涉及POS机业务，占5%；17份涉及网络支付业务，占4%。图5-2可以看出，互联网电子支付、ATM机与POS机所涉及的信用卡套现是重点的涉案业务，且鄞州、宁海乡镇区域面临的洗钱威胁较高。由于受到环境的影响，在助农金融服务点实施进程中可能面临的隐形套现、洗钱风险。

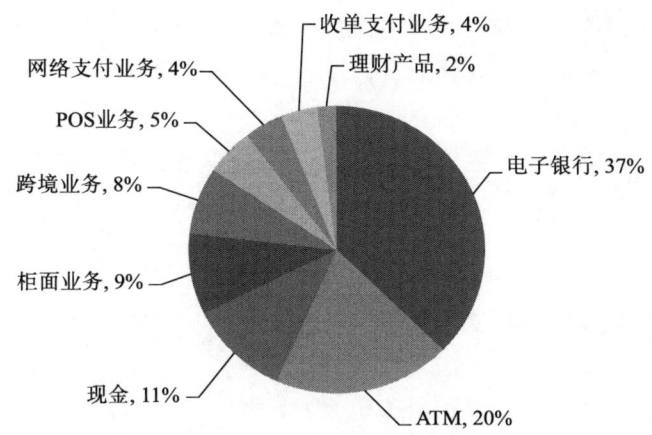

图 5-2　宁波市金融机构重点可疑交易报告涉及的主要金融业

资料来源：《宁波金融发展报告》（2016）；中国人民银行宁波市中心支行；宁波市金融学会。

4.5　助农金融服务点功能边界模糊

　　助农金融服务点的金融功能多样化，反映了商业银行机构网点业务存取款等基本金融服务功能的一致性；但助农金融服务点工作人员素质的良莠不齐，日常经营缺乏有效的管理，其业务监管处于被动状态，对这些兼职工作人员无法建立有效的绩效考核机制，暴露出和商业银行机构网点经营活动的明显差异。同时，农村行政村乡里乡亲的熟人经济现象明显，人情世故关系复杂，往往不能秉公办事，大多会使操作规则形同虚设。另外，由于助农金融服务点一般设立在较为偏远的行政村，设施简单且功能不完善，很难及时跟进日常巡检和业务指导，所以，助农金融服务点的经营情况缺乏有效的约束和监督；同时，由于其基础渠道多样化，管理的程序、方法都有所不同，工作人员的来源、自律方面存在差异，所以，相比正规金融机构，助农金融服务点的经营活动往往不太规范。

　　助农金融服务点的金融服务功能不完善，有些金融机具终端不能办理社保卡缴费业务，不能办理跨行业务，农民结算需求不能充分满足。助农金融服务点的代理人以商业银行代理人的身份对小额取现和其他业务的代理费收取比例虽然很小，但事实上超过了批准的国家相关机关管理部门的业务范围，违反了《个体工商户条例》等相关法规，有违规经营的风险。相应地，商业银行的现金配备、保管义务等安全管理责任难以界定。宁海农信联社助农金融服务点虽然创新信贷流程、信贷产品与服务，由管理员垫付农户取款所需资金，然后农信联社按月返还管理员垫付资金，这样，身为助农金融服务点的管理员用手头上的资金垫付服务点备用金，运作似乎更为民间化。

5 助农金融服务点延伸农村普惠金融体系的风险防范

5.1 加强政府对助农金融服务点的扶持力度

助农金融服务点以村级便民服务中心、村级小超市、村邮站、新型农业经营主体等固定场所为基本设施条件，遵守助农银行卡支付的有关规定，大多运营情况良好，为村民提供信誉好的金融服务等，但因资金财力等原因助农金融服务点的设施配置不到位。根据银发〔2016〕84号文件要实现金融助推脱贫攻坚，各级政府需加大助农金融服务点的扶持力度，安排相应的财政专项资金，对助农金融服务点的相关单位个人给予优惠政策或补贴，支持配备保险箱、A类点钞机等安全防护设施；由中国人民银行规定，收单机构对特约商家的助农金融服务点结算手续费实行减免政策；电信部门对特约商户提供优惠，减轻其负担，减免其费用，支持助农金融服务点工作。

5.2 推进普惠金融示范点建设

助农金融服务点实现农村偏远空白地区的金融可得性，是金融深化的体现，使得金融服务的均等化。如前所述，助农金融服务点得到了一定程度的发展，有待于进一步完善发展，随着宁波普惠金融综合示范区建设的进一步推进，助农金融服务点建设将更具科学性和实效性。如宁波象山县积极探索建设普惠金融示范点，在原有的金融便民服务点基础设施上增加了存取款一体机（Cash Recycling System，即CRS）、自助发卡机等设备，设置互联网金融服务区、家政服务区、电商服务区以及人工业务办理区，发挥除贷款以外的基础金融服务功能。

助农金融金融服务点主要有微银行、金融便民服务点、金融便利店、丰收驿站、普惠金融示范点等形式，金融服务定位、标准统一设置、合理布局等有待规范与提升，所以应通过农村社区金融服务和公共金融服务供给等渠道，提升为农、便民、惠农的金融服务理念与品牌化建设。助农金融服务点的性质是支付服务，并延伸开展便农惠农支农业务，承办的金融机构要履行社会责任，主动承担助农金融服务点的运行成本和维护费用，提高便民、惠农、精准扶贫的效率。

5.3 实现村民手机移动端安全支付

助农金融服务点设置 WiFi 网络，能够强化金融功能的覆盖深度，让农民享受互联网金融不可取代的便捷性。有限覆盖定理（即 Heine – Borel 定理）指从一个开区间中能够找出有限个闭区间（覆盖），即对于有界闭区间 [a，b] 的一个（无限）开覆盖 H 中，总能选出有限个开区间来覆盖 [a，b]。WiFi 就是互联网在一定空间范围内的有限覆盖。国发〔2015〕74 号的文件要求，为了增强行政村金融服务能力，利用现代科技打造移动网络，增加助农金融服务点的网上支付功能，在助农金融服务点布设 WiFi 网络，实现金融服务功能在行政村的有限覆盖。中国互联网络信息中心发布的《第 38 次中国互联网络发展状况统计报告》显示，截至 2016 年 6 月，我国网民中农村网民占比 26.9%，规模为 1.91 亿[①]，而 2015 年农村人口为 6.9 亿人，农村网民人口约占 28%，即三个农村人口中有一个农村网民。这样，助农金融服务点的 WiFi 网络将对偏僻农村居民带来更大便利。

助农金融服务点要实现付费通对接移动金融公共服务平台[②]，实现移动端 APP 安全支付的金融功能。国际上看，移动支付已经成为农村居民小额汇款转账的主要手段，成为弥补金融基础设施不足、替代传统金融服务网点的重要方式。国内，早在 2012 年中国人民银行会同有关方面，在 20 个省市已经启动手机支付农村试点，各支付服务机构积极探索移动支付业务模式，为贫困地区农民提供高效低成本的支付服务。所以，要加大对构建电子网络，以网上银行、电话银行、手机银行为载体实现农村移动金融服务。

5.4 制定严密的规章制度确保规范运行

综上所述，助农金融服务点在快速推广地过程中出现了许多问题，为了保证业务后续的良性发展，布设的相关金融机构与单位应有针对性地制定相关制度政

---

① 2015 年 8 月国家发展和改革委员会和中国人民银行联合下发通知，正式批复同意贵阳和成都、合肥、宁波、深圳 5 个城市开展移动电子商务金融科技服务创新试点工作，全面推动移动金融业务发展。
② 2016 年 1 月 1 日宁波市公共信用信息平台上线试运行，改版后的"信用宁波"网站和"信用宁波"微信号同步开通。该平台整合归集分散在行政机关、司法机关、具有管理公共事务职能的组织掌握的信用信息，为每个法人和自然人建立信用档案，全面展现法人和自然人的信用状况。

策。根据农村实际，制定助农取款服务管理制度，加强对重点环节的规范管理，防范业务风险。要加强对助农金融服务点的运营管理，建立严密的日常监控制度，执行业务限额管理，严密签字确认和每笔业务登记，保证资金进出安全。金融机构应当建立信息安全管理体系，制定系统化的检查程序对农户账户信息和交易安全相关的数据进行保管，并增强对相关业务后续的监督管理。

应探索适合农村合理的支付结算费用收纳系统，不断降低农村地区的支付结算服务成本，根据不同农村不同的情况进行分析与研究，因地制宜地制定适合农村经济状况的多样化的支付结算服务，增添更多的农村金融服务功能，如支票、本票、汇票等，解决助农金融服务点的跨行支付，逐步布放银联"助农金融自助终端"。组织助农金融服务点的工作人员进行系统培训，形成一套切实可行的组织机制来完善助农金融服务点的运行。

5.5 建立农户信用信息服务平台

建设农户信用档案移动征信业务，提高农户信用信息征集与更新的效率。2015年宁波市中小企业信用服务平台[①]设置农户信用档案功能模块，将宁波市各县市分散采集的29.3万户农户信用档案信息集中导入平台，借助城市金融网向金融机构开通查询。配合中小微企业信用服务平台"互联网+"计划，以移动金融试点为契机，筹建农户信用档案的手机APP平台，通过交易数据的积累建立农村居民360度信用信息库，将农户信用信息评价与授信额度挂钩，逐步形成独立的农村信用评价体系。

自宁波市公共信用信息服务平台[②]上线以来，尽力保持与金融信息互联互通，但金融信用信息与政务信息互联互通存在一定的法律风险，且在信息共享的内容层次、应用范围及法律责任等方面一直未能明确。所以要打通金融和工商两个领域的信用基础设施，增强政府部门间社会信用联合治理，如与国网浙江省电力公司宁波供电公司信用信息合作，将农户的用电户缴费信息纳入中小微企业信用服务平台。

---

① 2015年宁波市中小企业信用服务平台的综合查询、批量查询、金融超市、组合筛选等功能有所改进，上线了风险预警功能，形成了对金融信用信息基础数据库的有效补充。

② 2016年1月1日宁波市公共信用信息平台上线试运行，改版后的"信用宁波"网站和"信用宁波"微信号同步开通。该平台整合归集分散在行政机关、司法机关、具有管理公共事务职能的组织掌握的信用信息，为每个法人和自然人建立信用档案，全面展现法人和自然人的信用状况。

第5章 普惠金融支点与助农金融服务点

附件：助农金融服务点的相关政策文件

近年来各级政府的相关政策措施

[1] 银监发〔2006〕90号："中国银行业监督管理委员会关于调整放款农村地区银行业金融机构准入政策更好支持社会主义新农村建设的若干意见"。主要内容"为了解决农村地区银行业金融机构网点覆盖率低、金融供给不足、竞争不充分等问题，特别调整放宽了金融机构准入政策，规定了政策的适用范围和原则、调整放款的具体内容以及主要的监管措施等"。

[2] 银监办发〔2007〕67号："中国银监会关于银行业金融机构大力发展农村小额贷款业务的指导意见"。主要内容"发展农村小额贷款业务的重要意义、完善业务的相关政策、监督和指导等"。

[3] 银发〔2008〕295号："中国人民银行、中国银行业监督管理委员会关于加快推进农村金融产品和服务方式创新的意见"。主要内容"创新的指导思想、试点的目的和原则、具体试点内容、试点的配套政策、试点的组织实施与工作步骤等"。

[4] 银监办发〔2010〕36号："中国银监会办公厅关于全面做好农村金融服务工作的通知"。主要内容"提出支持水利改革发展、突出农村金融服务针对性、加大抗旱救灾和春耕备耕资金投入、切实做好促进粮食生产的金融支持、深入推进农村金融服务均等化建设、重视金融监管工作以及切实保障涉农信贷资金投放的安全有效等"。

[5] 银支付〔2010〕131号：《中国人民银行总行关于同意在丽水市开展"银行卡助农取款服务"试点的批复》。主要内容"同意丽水市作为银行卡助农取款服务的重要试点，归纳试点实施的要求"。

[6] 银发〔2011〕177号：《中国人民银行关于推广银行卡助农取款服务的通知》。主要内容"在个乡镇农村布设价格比较低廉的POS机或电话支付终端"。

[7] 银监办发〔2012〕189号：《中国银监会办公厅关于农村中小金融机构实施富民惠民金融创新工程的指导意见》。主要内容"有关富民惠民金融创新工程的工作目标、基本原则、工作内容和保障措施"。

[8] 银监办发〔2012〕190号："中国银监会办公厅关于农村中小金融机构实施金融服务进村入社区工程的指导意见"。主要内容"规定了金融服务进村工作的目标、基本原则、工作内容和保障措施等"。

[9] 银监办发〔2013〕51号："中国银监会办公厅关于做好2013年农村金

融服务工作的通知"。主要内容"就银行业金融机构改善农村金融服务、加大强农惠农富农金融支持力度的一些具体要求，包括加大涉农信贷投放、积极推进涉农银行业金融机构体制机制改革、大力支持新型农业生产经营组织发展、促进农业生产经营集约化规模化转变、做好城镇化建设配套金融服务、完善城镇化社区金融服务功能、加快提高薄弱地区金融服务水平、促进金融资源配置城乡均衡化、不断扩大农村金融服务覆盖面、切实加强涉农信贷风险管控等"。

［10］银监办发〔2014〕42号："中国银监会办公厅关于做好2014年农村金融服务工作的通知"。主要内容"就持续改善农村金融服务、切实加强对现代农业发展的金融支持的一些具体要求，包括强化服务'三农'责任、保持涉农信贷投放总量持续增长、稳定大中型银行县域网点、增强农村中小金融机构支农服务功能、促进提高农业规模化集约化经营水平、突出对农田水利、农业科技和现代种业的金融支持、深入推进'三大工程'，打造支农服务特色品牌、坚持试点先行、慎重稳妥开展'三权'抵押融资、加强监管能力建设，强化农村金融差异化监管等"。

［11］银监办发〔2014〕287号。"中国银监会办公厅关于印发加强农村商业银行三农金融服务机制建设监管指引的通知"。主要内容"有关农村商业银行股权结构、公司治理、发展战略、组织架构、业务发展、风险管理、人才队伍、绩效考核和监督评价等相关规定"。

［12］银监发〔2014〕38号：2014年9月中国银监会、农业部联合印发《关于金融支持农业规模化生产和集约化经营的指导意见》。主要内容"明确了各类银行业机构支持农业规模化生产和集约化经营的具体要求；农业发展银行要强化政策性金融服务职能，加大对农业开发和农村基础设施建设的中长期信贷支持；大型国有商业银行、股份制商业银行和城商行要单列涉农信贷计划，加大县域信贷资源配置力度，重点满足农业产业化龙头企业和农业社会化服务组织等涉农大客户；农信社要在继续做好农户服务基础上，把符合规模化、专业化、标准化要求的联户经营、专业大户、家庭农场、农民合作社等农业规模经营主体作为支持重点；村镇银行要坚持经营的专业化和服务的差异化，强化对农村社区和小微企业的金融服务"。

［13］银监办发〔2015〕30号：2015年3月中国银监会印发《关于做好2015年农村金融服务工作的通知》。主要内容"要求银行业金融机构认真贯彻落实'中央一号文件'精神，强化支农服务社会责任，深入推进体制机制改革，持续改善农村金融服务，大力支持农业现代化建设"。

［14］中发〔2015〕34号：2016年3月23日中国人民银行、国家发展和改

革委员会、财政部、中国银监会、中国证监会、中国保监会、扶贫办联合印发了《关于金融助推脱贫攻坚的实施意见》。主要内容"从准确把握总体要求、精准对接多元化融资需求、大力推进普惠金融发展、充分发挥各类金融机构主体作用、完善精准扶贫保障措施和工作机制等方面提出了金融助推脱贫攻坚的细化落实措施"。

参考文献

［1］滕泰：《民富论——新供给主义百年强国路》（第一版），东方出版社2013年版。

［2］吴国华："进一步完善中国农村普惠金融体系"，《经济社会体制比较》2013年第4期。

［3］郭田勇、丁潇："普惠金融的国际比较研究——基于银行服务的视角"，《国际金融研究》2015年第2期。

［4］王颖、曾康霖："论普惠：普惠金融的经济伦理本质与史学简析"，《金融研究》2016年第2期。

［5］熊芳："微型金融机构使命漂移的文献综述"，《金融发展研究》2011年第7期。

［6］卢土根："银行卡助农服务新模式值得思考"，《中国农村金融》2011年第11期。

［7］杜晓山："小额信贷的发展与普惠性金融体系框架"，《中国农村经济》2006年第8期。

［8］陈刚、沙虎居："丽水金融改革中的助农取款服务模式"，《浙江经济》2015年第1期。

［9］张正平："微型金融机构双重目标的冲突与治理：研究进展述评"，《经济评论》2011年第5期。

［10］丁毅、唐立波："中国农村金融支付环境建设问题研究"，《当代经济研究》2015年第3期。

［11］焦瑾璞："普惠金融的国际经验"，《中国金融》2014年第5期。

［12］李明贤、叶慧敏："普惠金融与小额信贷的比较研究"，《农业经济问题》2012年第9期。

［13］王婧、胡国晖："中国普惠金融的发展评价及影响因素分析"，《金融论坛》2013年第6期。

［14］星焱："普惠金融的经济理论框架"，《国际金融研究》2016年第

9 期。

[15] Marc Rysman. An Empirical Analysis of Payment Card Usage. *The Journal of Industrial Economics*, 2007, 55 (1): 1–36.

[16] Bista, Diwas Raj, Kumar, Pramod, Mathur, VC. Inclusive Finance through Kisan Credit Card Scheme in Bihar: Performance and Prospects. *Indian Journal of Agricultural Economics*, 2011, 66 (3): 488.

[17] David Fehr & Gaamaa Hishigsuren. Raising Capital for Microfinance: Sources of Funding and Opportunities for Equity Financing. *Journal of Development Entrepreneurship*, 2006, 11 (2): 133–143.

第 6 章

小微金融与普惠金融技术

1 研究小微金融的必要性

1.1 小微金融演化的相关研究

"麦克米伦缺陷"（Macmillan Gap）[①]首次论述了小微金融问题，认为企业规模影响着企业融资方式和融资难易程度。梅耶斯（Myers，1984）提出的融资次序理论（Pecking Order Theory，简称 POH）认为，小微企业的融资选择是先内源后外源；卢夫（Majluf，1991）提出了修正的融资次序理论即新优序融资理论（the new Pecking Order Theory），该理论已成为中小微企业融资问题研究的主要理论模式。梅纳尔和郝德曼（Malnell & Hodgman，1961）、伯杰和尤德尔（Udell & Berge，1998）分别研究得出，由于小企业信息记录不全，较难获得商业银行资金。总之，国外专家学者认为对小微金融主要来自内源融资。乔达摩·伊瓦图里（Gautam Ivatury，2006）认为，可以采取应用先进的技术手段来构建为全民服务的金融系统。2006 年度诺贝尔和平奖获得者、世界"小额贷款之父"穆罕默德·尤努斯（Muhammad Yunus）教授根据在孟加拉国格莱珉银行的 20 多年实践

[①] 世界性难题——小规模企业的融资问题，1931 年以 Macmillan 爵士为首的英国金融产业委员会在调研了英国金融体系和企业后，提交给英国政府一份《麦克米伦报告》，其中阐述了中小企业发展过程中存在的资金缺口即"麦克米伦缺陷"。

经验，认为穷人是有诚信的，可贷款给穷人，其成功经验已经复制到全世界各国，开启了小微企业外源融资模式。特别是，中小企业融资问题成为 2010 年 G20 峰会的核心议题。

而我国小微金融作为一种金融创新，自 2008 年民生银行开展出小微企业金融服务以来，推动了国内小微金融的演变与进化。小微企业在发展过程中长期面临着成本高、税负高、用工难、融资难，存在一定的信用风险，特别是在目前的金融体制下，小微企业不具备对商业银行贷款的议价能力。尤其是 2008 年金融危机以来，商业银行贷款紧缩，融资成本、原材料成本、劳动力成本上涨等多重因素的共同作用之下，大量的小微企业由于资金链条断裂、融资渠道不畅而困难重重，小微企业的生存和发展受到严重制约，小微金融满足了广大小微企业的资金需求。

1.2 各级政府政策支持推动小微金融发展与创新

首先，从国家到地方层层出台鼓励金融机构支持小微企业的各类政策（本章附表 1），具有代表性的文件有国发〔2009〕36、国发〔2012〕14 号、银发〔2010〕193 号、银监发〔2011〕59 号、银监发〔2013〕7 号，连续出台包括财政、金融等政策积极支持小微企业发展，临海农商行也是这些政策的受益者，得到开展小微金融服务的政策支撑。其次，台州是浙江省小微企业金融服务改革创新试验区（浙政函〔2012〕250 号），临海隶属于台州市，临海农商行具有独特的小微金融实践经验与微贷技术，具有可示范性。同时，临海是浙江省首批七个省级金融创新示范县试点〔浙政办发〔2010〕114 号，浙金融办〔2010〕62 号〕，在优化金融资源配置，打造金融发展特色和创新优势，提升金融服务能力，缓解"三农"和小微企业融资难问题方面成效显著。另外，2012 年 11 月临海市又被浙江省委、省政府列为首批省农村改革试验区，承担"农村金融体制创新"的试验任务，打造更好的扶小扶微"和谐金融生态"。最后，台州市还着手制定小微金融改革创新实验区实施方案，整合司法、工商、税收、社保、环保、质监等部门信用信息，建立信用信息共享平台，创建中小企业信用体系建设试验区，推进多层次小微金融服务组织体系。继 2012 年国务院设立的温州市金融综合改革试验区开启了解决中小企业融资问题的实践，2015 年 12 月 2 日召开的国务院常务会议上决定，建设台州市小微企业金融服务改革创新试验区，探索缓解小微企业融资难题。

1.3　台州农商行具有小微金融创新的实践经验与示范效应

自农村信用合作社、农村合作银行改制以来，台州市临海农商银行不断探索小微金融服务和产品创新，形成小微金融创新发展好的经验与模式，实现小微企业实现外源融资渠道的创新，具有很强的现实意义和推广价值。临海农商行具有小微金融创新的丰富经验，以"农村信用工程"建设为抓手，形成了以四大"1+3模式"为主要内容的金融服务创新。临海农商银行建立"农户经济档案"，构建农村信用体系，实现农户贷款免担保，建立"惠农服务创新 1+3 模式"①，让农户和小微企业能够凭信用贷款；增设物理网点与自助设备，开办全国首家"村级金融便利店"，形成"惠民服务创新 1+3 模式"②，让农户和小微企业享受便捷服务；创建利率市场化定价机制，对不同小微企业贷款和同一小微企业的不同贷款均实行差别化利率的"八档贷款利率"定价模式，推出企业纯信用贷款品种，打造"小微企业服务创新 1+3 模式"③，让小微企业方便实惠地获得贷款；择优推荐融资性担保公司降低企业担保链风险，率先推出抵质押产品激活企业沉淀资源，创建"抵质押产品创新 1+3 模式"④，让农户和小微企业实惠使用贷款。

临海农商行推出的一系列"惠农惠民助小微"的多元化金融服务创新，实现了"小贷款，大战略"，得到省、市党政主要领导的批示与肯定⑤，并获得诸多奖项，如"丰收小额贷款卡"获得由浙江省委宣传部颁发的"浙江省 2010 年度十大民生工程"（2011 年 1 月）、"助农保"荣获"全省农信系统产品与服务创新一等奖"（2012 年）和由浙江省银行业协会颁发的"浙江银行业服务三农十佳金融产品"（2014 年 1 月）等，产生一定的示范效应。

---

① "1"就是一大平台：农村信用体系建设。"3"就是三大金融创新产品：丰收小额贷款卡、助农保、银村通。
② "1"就是一店：村级金融便利店。"3"就是三大金融特色项目：阳光贷款、信用贷款、创业贷款。
③ "1"就是一大机制：差别化利率定价机制。"3"就是三大金融创新产品：惠商宝、税融通、绩融通。
④ "1"就是一大平台：为企业择优推荐融资性担保公司，降低中小企业贷款的互保、连环保风险，培育担保机构。"3"就是三大金融创新产品：商标专用权质押贷款、农村住房抵押贷款、渔业船舶抵押贷款。
⑤ 临海农商行的金融创新得到了中共浙江省委书记赵洪祝（2009 年 5 月）、浙江省政府副省长朱从玖和中共台州市委常委及常务副市长尹学群（2012 年 9 月）、浙江省政府副省长朱从玖和中共浙江省委副书记兼省长李强（2013 年 5 月）等省市级领导的批示。

2 临海农商行小微金融创新的表现形式

2.1 创新普惠型小额贷款产品与服务

我国微型金融的发展始于20世纪90年代,主要以小额信贷的形式存在,临海农商银行以小额贷款为基础,借助批量授信和网点布局提高金融覆盖率,向小微企业提供形式多样的金融产品与服务(见表6-1)。如临海农商行首发浙江省农村信用联社组织技术力量研发出由 IT 技术支撑的"丰收小额贷款卡"[①]。

表6-1　　临海农商行典型的普惠型小额贷款产品与服务

产品名称	服务对象	授信额度	产品用途
扶贫小额贷款	种养殖业农户	不超过5万元	发展种养殖业等资金短缺
丰收小额贷款卡	"三农"	最高30万元	资金周转
种粮大户贷款	种粮大户	不超过种植成本或购置农机具价款的70%	解决种粮大户购买化肥、农药、购置农机具等资金周转问题
农家乐贷款	开办"农家乐"者	50万元以内	经营"农家乐"开办、改造及经营周转所需的资金缺口
妇女创业小额贷款	农村妇女	①不超过30万元 ②最高50万元	①一般生产经营 ②农业生产且投资规模在100万元以上
农村青年创业小额贷款	农村创业青年	最高30万元	农村青年自主创业和创办中小企业
农村土地承包经营权流转贷款	土地承包经营权流转的自然人或法人	不超过农业生产经营投入资金的50%	土地承包生产经营中的相关产业
税融通	诚信纳税中小微企业	最高300万元	生产经营

---

① 2008年12月25日在临海农商行首发试行。这是集循环小额贷款、存款、资金汇兑、电子缴费、农民直补发放等功能于一体的电子卡,具有最高信用额度10万元、半年期最低贷款利率4.05‰、贷款期限最长2年等优惠条件,贷款流程全面简化,为惠普型农民信用小额贷款提供了现代科技支撑。

续表

产品名称	服务对象	授信额度	产品用途
绩融通	中小微企业	最高 300 万元	生产经营
企易通	小微企业	最高 300 万元	生产经营
惠商宝	市场商户，个体经营户	不超过商户支付租赁费额度	解决商铺租赁费
企业信用贷款	中小微型企业	不超过 300 万元	原（辅）材料和短期运营周转
丰收创业卡	小微企业主、个体工商户、专业市场经营户等	最高 100 万元	资金周转

资料来源：根据临海农商行开发的小微金融品种与服务整理而成。

2.2　开展信用评价体系建设实现信用贷款

尤努斯创办的格莱珉银行将信贷户五人编为一个小组，紧密联系个人信用与小组信用，并相互帮助相互监督，同时对贫民信用意识的培育和信用管理体系的构建起到积极作用。罗纳德·I.麦金农认为农户小额信用贷款开启了农村信用体系的建设，改善了交易机制和信用体系。信用建设是一个系统工程，临海农商银行 2002 年起全面建立农户经济档案，以行政村为单位对农户贷款进行全面授信，并进行信用户、信用村、信用镇的评定。根据 2007 年 10 月 29 日制定的《临海市农村信用合作联社农民专业合作社信用等级评定试行办法》，从综合评价、信用履约能力、盈利能力、经营与发展能力、偿债能力等五方面按百分制得分的高低，评定为 AAA、AA、A 三个等级，并按信用等级的高低，对信用等级进行动态管理，享受不同的贷款授信额度和利率优惠。以 252 家临海市级及以上规范化合作社作为评定的对象，共评出 AAA 级合作社 4 家，AA 级合作社 28 家，A 级合作社 69 家。对 AAA、AA 的合作社按照基准利率执行，A 级合作社按照基准利率上浮 20% 执行（如基准利率为月息 5 厘，即执行月息 6 厘），已经向其中 99 家合作社发放贷款共计 6942 万元，积极支持农业龙头企业和农民专业合作社发展。

2.3　注重小微金融产品创新和金融服务方式多样化

2.3.1　以批量担保的手段提供担保贷款

首创"助农保"贷款。以行政村为单位，由担保公司为农户批量担保，解决农户"担保难",并让利1.2‰作为农户保费补偿。截至2013年,"助农保"贷款共覆盖119个行政村,授信14708户,金额14.03亿元,贷款1616户,余额1.1亿元。首创的"惠商宝"贷款。以市场商户为对象,由市场开发商批量担保,实现银行、市场开发商、经营户三方共赢。至2013年年底,"惠商宝"贷款已授信114户,授信金额5900.01万元;贷款72户,贷款余额4226.86万元。并搭建与市级政府部门合作的新平台,创新"税融通"贷款。与国税局合作,以诚信纳税为准入条件向企业发放最高额为300万元的纯信用贷款并实行优惠利率,通过实施小微企业差别化利率、减免收费项目等举措,年让利达5000余万元。

2.3.2 激活闲置资源创新抵质押贷款

激活农村沉淀资源,创新抵质押产品。针对农村金融资源匮乏、农民贷款担保、抵押难问题,临海农商银行于2009年7月制订的《农房抵押贷款管理办法》、《林权抵押贷款管理办法》,对涉农抵质押贷款的用途、额度、期限、利率和贷款程序等一一作出了规定,创新了"三农"贷款担保与金融服务。同时,台州临海东部沿海的杜桥、上盘、桃渚等镇拥有500多艘渔船,从事渔业人员有2万多人,有的渔民因船只破旧无钱更新,有的渔民出海使用的渔船吨位小、续航时间短,导致打鱼效益低。但一艘中小型钢壳渔船动辄两三百万元,甚至上千万元,不少渔民都为资金短缺而发愁。临海农商银行在2011年年初就推出船舶抵押贷款,在浙江省率先推出以捕捞证抵押方式,并在渔船上设立现场办公点,简化渔业小微企业贷款手续,向渔民发放贷款,帮助他们进行船只更新和购买燃料。截至2013年年底,贷款授信75户,金额7050万元;发放贷款57户,贷款余额达3659万元。

2.3.3 提高网点布局覆盖率改善便捷金融服务

金融的包容性是通过制定相应的政策加强和改善基础服务,然后引导金融服务流向边远地区、贫穷的地方和收入比较低的弱势群体,让更多的人享受现代金融服务带来的方便和机会。针对农村金融机构少,特别是偏远山区百姓办理基本金融业务费时费力又费钱,临海农商银行加大投入,多措并举。一是通过增设物理网点与自助设备进行全面布局。至2013年年底,设在农村的网点有63个,占临海市全部农村金融机构网点数的90%以上;设立ATM机113台,POS机1268台,离行式自助银行3家,村级便民服务中心1019家,对接面100%;"银村通"小额助农取款服务点691个。二是开办全国首家"村级金融便利店"。涌泉镇梅岘村便利店设有"自动取款机"和"便民自助终端",由一名经临海农商银行培训的村民担任协管员,负责指导村民办理业务。"便民自助终端"设备具有金融信息查询、银行信息查询、账户挂失、存折补登、代理存取、账户管理、汇款转账、缴费业务等八大功能,实现村民办理基本金融业务不出村。三是设立小微企业专营机构。单设四家小微企业服务中心,引进台湾微贷技术,优化服务流程,重点推广信用贷款。四是试点"电子银行村",即网上银行、手机银行,和"流动服务车",把金融服务及时送到农村最需要服务的地方。五是加强农户联络员队伍建设。在全市配有819个农户联络员,提高调查、办贷的效率。

2.3.4 注重风险管理对小微企业进行差别化利率定价

利率作为金融产品的价格,是整个金融市场和金融体系中最能动、最活跃的因素。面对激烈的金融同业竞争和利率市场化改革,银行的存贷款利差正在逐步缩小,正确的贷款定价方式,让利率真实地反映市场需求,运用资金价格机制更好地为小微企业发展服务,显得十分重要的。临海农商银行以风险管理为中心,对不同的小微企业贷款和同一小微企业的不同贷款均实行差别化的"八档贷款利率"定价模式。临海农商银行根据贷款风险、综合效益、市场竞争等三大利率定价因素确定分值权重,采用百分制测评办法,计算出综合评价得分总和。再根据分值高低确定级别贷款利率浮动率,即综合评价得分越高表明客户贷款违约风险越低,客户的综合回报率(贡献度)越高,确定利率浮动幅度越低。小微企业贷款利率定价基本公式为:基准利率 × (1 + 浮动幅度)。"浮动幅度"具体分为八档,对优质的同业竞争型企业可实行一企一策、一企一价。

总之,临海农商行以小额分散、信用担保、网点布局和闲置资源的开发利用为切入点,通过授信、信用评价、金融便利店、农房抵押等路径,采用灵活的差别利率定价,创新功能多样的金融产品与服务(见图6-1)。

3 临海农商行小微金融普惠技术创新模式

针对小微企业融资难、信用体系不健全、缺少担保抵押物、产品单一且网点少和小微企业规模、风险承受能力的差异性,临海农商银行努力实行金融改革创新,探索解决金融服务效率问题,通过普惠民生的一系列金融服务创新,在实践中逐渐形成了小微金融微贷技术、风险识别技术、利率差别定价技术、产品开发技术和金融服务覆盖技术的"五大技术"创新,实现了临海农商行小微金融普

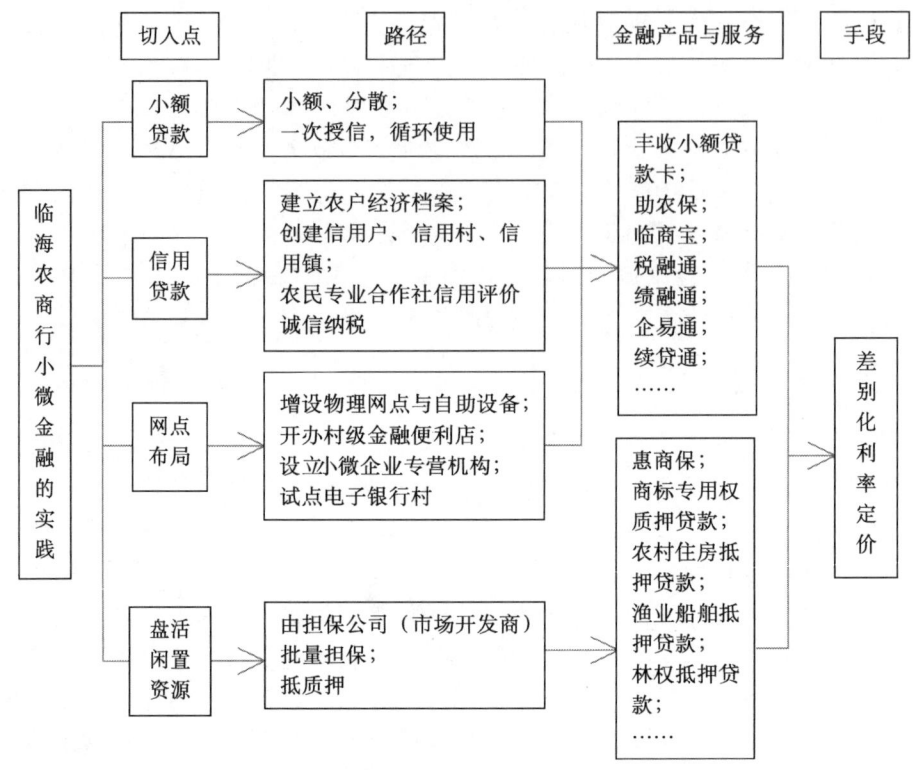

图 6-1 临海农商行小微金融创新的表现形式

惠技术创新模式（见图 6-2），产生了包容性、扶贫性、便捷性、灵活性、民生性等金融效果。

3.1 小微金融产品开发技术

开展便捷性金融服务，从广度和深度上来加强完善金融服务体系，同时依靠技术革新和政策支持金融产品与服务向贫困和偏远地区开放，并且提供种类丰富和价格合理的金融产品。临海农商银行通过担保抵质押贷款实现金融产品和服务多样化，积极发展农林设施、林权、土地承包经营权、订单抵押贷款，及时满足农户生产资金需求；细分市场与客户群体，开发符合涉农信贷需求的专属产品，不断充实支农产品体系，推动"农户联保贷款"、"小额农户保证贷款"等支农贷款业务的发展；简化审批流程，通过下放审批权限、提供利率优惠、完善担保机制等多种政策措施为客户贷款开拓渠道、提供便利。大力推进信用贷款，通过

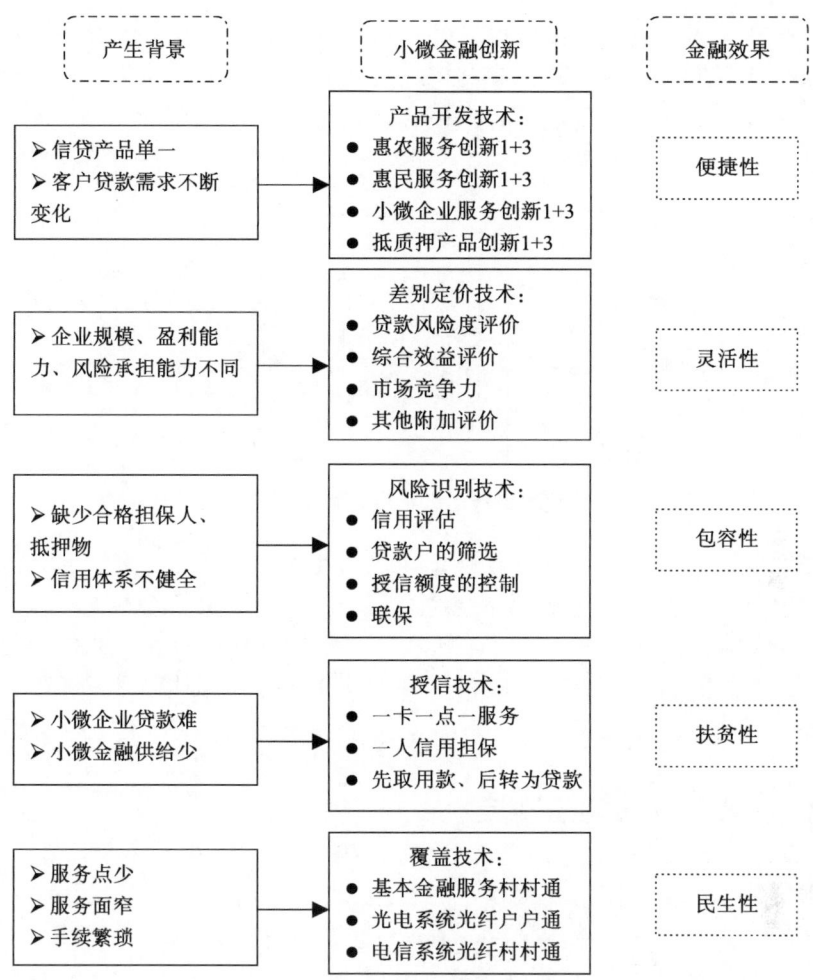

图 6-2 临海农商行小微金融普惠技术创新模式

扩大抵押率、抵质押+信用、保证+信用、联保等多种形式,解决小微企业融资难题。如,试点推出的"丰收创业卡"、"会商宝"、"小微企业服务中心"、"银税专贷"、"青年卡"、小额保证保险业务,推广第三方监管动产质押贷款、应收账款质押贷款,一系列小微企业信用贷款的创新产品和服务。

3.2 小微金融贷款差别定价技术

临海农商银行创新差别化利率定价技术(见图 6-3),对企业贷款实行差别化利率，最低可实行基准利率已建立起以政策型定价、优惠型定价、市场竞争型定价、效益型定价为主体的"贷款利率综合定价体系"，采用百分制打分综合评价测算，从贷款风险度评价、综合效益评价、市场竞争力评价等方面进行打分，实现市场化运作，颇具灵活性。

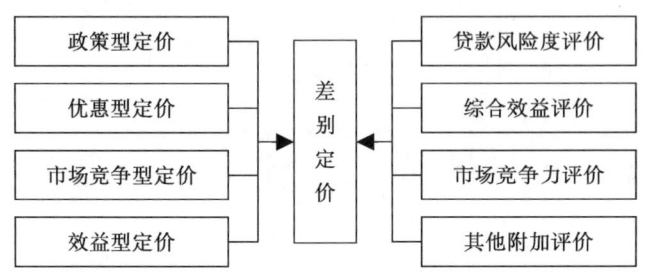

图 6-3　临海农商行小微金融贷款差别定价技术创新

临海农商银行辖属的支行、营业部（包括小微企业服务中心），具体由小微企业贷款信贷员（调查员）在收到客户贷款申请并确定符合发放贷款条件后，负责根据贷款利率定价办法对贷款定价相关因素进行调查核实，并提出定价的初步意见。根据测算打分，浮动幅度在20%（含）以上（即第三档至第八档），由支行、部自行确定贷款利率。

3.3　小微金融风险识别技术

信用贷款为社会所有阶层提供包容性金融，通过信用评估、贷款户的筛选、授信额度的控制、联保等技术手段，通过批量授信实行金融的包容性。不同于传统金融体系的"抵押担保"贷款模式，由于借款人资产有限，且单笔借款金额较小，通常很难提供有价值的抵押物，因此更多地采用"信用担保"的形式。一方面，"信用担保"降低了借贷门槛，只要借款人拥有良好的个人信用，就能快捷、便利地获得贷款，真正体现了普惠金融的意义和价值；但另一方面，因为没有实物抵押，对于贷款人群选择、单笔贷款规模、贷款周期、审核和跟踪等方面，就需要有特殊的机制与办法，就需要对贷款金融机构的风险评估和管控机制。

3.4　小微金融信用技术

小额信贷扶助贫困弱势群体，具有扶贫性。"一卡一点一服务"就是临海农商行小微金融微贷技术创新。临海农村信用联社从2007年开始在16个农民专业合作社中开展"三位一体"的小额信贷业务，即丰收小额贷款卡（其前身是"支农授信卡"），社员凭"支农授信卡"到指定的供销社农资供应点赊购农资，贷款由供销社向农村信用社结算后，直接转成社员本人的小额贷款，无需抵押担保。其微贷技术分两种模式：（1）一人信用担保模式：贷款额度10万元以内的，借款人和一名担保人与信用社签订合同，在两年内无需再办借款手续，借款人可以随时直接到柜台确认一下额度，就可使用；（2）采用办卡后"先取用款、后转为贷款"的模式：3万元以下的贷款，无需别人担保，随时可以取用和归还。

3.5 小微金融覆盖技术

通过城乡金融服务均等工程技术建设，提高网点覆盖率使得金融惠及民生，提供金融服务均等化，惠及民生。临海农商银行利用网点遍布城乡、信息化建设的优势，大力推动网点建设和电子银行服务渠道建设；延伸自助设备投放，搭建城乡便捷金融服务网络；积极推广银行卡助农取款点铺设，完善农村地区金融支付结算环境。这样，通过固定网点建设与简易便民服务相结合的方式，提高临海地区金融服务的覆盖面。

开展基本金融服务村村通，台州临海市已经实现广电系统光纤户户通，电信系统光纤村村通，已建成县（市、区）级行政服务中心和镇（街道）、村（社区）的"便民服务中心"，在全国首创农村小微金融便利店外，在镇、街道所在地的农村设立"24小时自助银行"、"便民自助终端"、配备专职协管员、贷款预受理、阳光信贷公开、金融信息咨询等，实现普惠制金融与现代化金融的协调发展，推进临海城乡金融一体化和服务均等化。

4 小微金融创新发展对策

4.1 设立政府引导的产业投资基金支持小微金融创新发展

鉴于小微企业融资成本过高，国务院常务会议多次特别提出要降低社会融资成本，随着"融十条"的发布（2014年7月23日国务院常务会议），中国银监会《关于完善和创新小微企业服务提高小微企业金融服务水平的通知》[银监发

〔2014〕36号〕，国务院办公厅2014年8月14日也下发了《关于多措并举着力缓解企业融资成本高问题的指导意见》（39号文件）①，要求建立资本市场小额再融资快速机制。2014年11月19日，国务院常务会议针对性地缓解融资成本高问题提出十条新的指导意见。所以，探索在政府投资中引入市场机制，建立产业投资基金，将过去由财政资金扶持企业改变为财政资金投入企业，可充分发挥财政资金的杠杆作用，通过"投入—退出—再投入"的循环，引导社会资金广泛参与；增加财政补贴对小微企业资金融通的支持力度，积极探索财政专项资金以股权投资形式支持实体经济发展，通过基金投向引导小微企业实现产品更新换代，建立小微企业技术改造基金、新产品开发基金，支持小微企业技术改造和新产品开发，提高小微企业技术水平。并通过产学研结合、合资合作等方式引进并加快高新技术的发展，推进传统制造业转型升级。

4.2 发展移动金融，结合互联网金融发展普惠金融

开展移动银行的建设，兼顾便捷性与安全性，满足客户的金融需求和日常生活的需求。手机银行是移动银行的主要工具，将手机号码与银行账户进行绑定，客户可以通过手机获得各种银行服务。手机作为新兴移动金融服务的终端，一部手机等同于一张银行卡、一个POS机终端、一个ATM机和一个网上银行终端。手机银行解决了农村银行网点少、金融服务不足等问题，低成本可以使客户享有正式的金融服务，是真正普惠广大公民，恒丰银行移动金融开拓普惠服务就是一例②。同时借鉴互联网金融的先进技术与普惠思维，促使商业银行突破小微企业服务成本的瓶颈，发掘小微企业、农村消费群体等弱势群体的客户资源，让银行业真正守住服务实体经济的底线，如阿里巴巴小额贷款通过阿里巴巴B2B平台向小微企业和个人创业者提供小额贷款，实现小微企业和大众的普惠共赢。

4.3 开展银保等模式的微贷技术创新

微贷业务的信贷技术创新，关键是微型企业与商业银行之间的信息不对称问题，而财务现金流是重点。虽然制造业、进出口贸易和商品批发与零售等中小微企业迅速发展，在经济发展中占有举足轻重的地位，但中小微企业只能依靠自有

---

① 2014年国务院已经8次正式提出"降低企业融资成本"。
② 钱箐旎："移动金融战略开拓普惠路"，经济日报，2014年12月11日。

资金开展生产经营活动，直接限制企业发展，尽管国家出台了一系列政策，要求加大对小微企业的资金支持力度，但是"玻璃门"现象依然存在，小微企业的财政和金融政策渠道不畅通。基于小微企业自有风险特征，"银行+保险"的模式实现了小微金融微贷技术的创新，如民生通惠-阿里金融1号项目资产支持计划就是一例[①]，实现银行、保险以及借款企业三方共赢。同时，2014年11月19日的国务院常务会议也进一步明确"支持担保和再担保机构发展，推广小额贷款保证保险试点，发挥保单对贷款的增信作用"，为小微企业的微贷技术创新提供了政策支持。

4.4 积极推进大众创业和草根创业，开展创业普惠金融

2014年3月31日国家工商总局发布《全国小型微型企业发展情况报告摘要》显示，截至2013年年底，小型微型企业占到全国企业总数的76.57%，创造国内生产总值占GDP总量的60%，纳税占国家税收总额的50%。国务院总理李克强在2014年9月10日夏季达沃斯论坛开幕式时表示要掀起一个"大众创业"、"草根创业"的新浪潮，所以开展"创业普惠"能克服金融资源配置的有限性，解决有理想、想创业百姓的有效金融需求，激发创业创新热情，促成他们能创业、创成业。应建立由小微企业业务部、风险管理部及相关业务部门共同组成的小微型企业特色产品研发小组，针对小微企业尤其是微型企业经营特点，开发符合小微企业资金使用的特点、适销对路的专属产品，针对小微企业同时存在的担保弱、资产少、内部管理不规范等缺陷，根据小微企业创业的资金需求，充实小微企业金融产品体系，加大对批量授信模式的推广，积极探索适合县域市场需求的产品组合和授信模式，注重授信金额与销售收入、授信期限及经营周期的匹配，采用标准化的产品和高效率的业务处理流程，以创新带动小微企业业务的发展。

4.5 服务新型农业经营主体，创新农业产业链金融

农业产业链是从农资物资供应到农产品生产，从农产品加工再到农产品经销，并从中介入一系列公司和团体所组成的有序链条。随着农产品市场的不断发

[①] "民生通惠——阿里金融1号支持计划"获中国保监会批复，该计划由民生保险旗下民生通惠资产管理有限公司和蚂蚁金融服务集团旗下蚂蚁微贷合作推出，募集总规模达30亿元。借助该计划所得资金，蚂蚁微贷将可满足20万家小微企业融资需求。

展，农业竞争更多地表现为产业链条和运作机制的整体竞争，而依托产业链开展金融服务是必然的选择。发展农业产业链金融，是全新的信贷经营管理模式，因此，近年来许多国家普遍把农业产业链金融作为主要技术手段，以资本支点撬动产业发展，以金融服务整合农业产业链资源，如 2014 年 12 月 9 日平安银行现代农业金融事业部构建服务现代农业的专业化金融平台，开展农业产业链金融服务。

新型农业生产经营主体主要包括专业大户、家庭农场、农民合作社和农业产业化龙头企业，它们承载着提升农业综合生产能力、提高农业经营效益的重任，在现代农业种植、养殖、农产品流通、加工等方面发挥着重要作用，也为农村金融的发展带来了新的机遇。相对于分散小规模经营的传统农业，规模化、专业化、标准化、设施化的现代农业需要大量资金投入，但是，由于多种原因，新型农业经营主体"融资难"问题仍没有很好地解决，成为制约新型农业经营主体的发展壮大，影响现代农业发展的重要因素。因此，商业银行研究农业产业链每个阶段的资金需求，根据相应合理的资金供给方式，最大限度地保证链条运行的高效与集约，设计"链金融"，这是很有必要的。

4.6　加大商业银行的总行建设和网点转型

科学筹划营业网点优化建设工作，积极向农村延伸机构网点，加快渠道建设，进一步完善多层次网点业态，扩大覆盖面，构建立体化渠道体系。实施"流程银行"建设，建立"职责清晰、流程合理、风控明确、机制落地、管理高效"的管理模式，实现从部门管理模式向流程管理模式转变。实施总部转型、网点转型升级工程，建设前、中、后台的总行架构，保证运作的高效快捷，按"三道防线"的理念，实现风险的全流程管控，提高管理效率和服务水平，提升市场竞争力和基层网点对总行的满意度。通过在农村地区乡镇、行政村安装"便民自助终端"，将银行的支付结算功能延伸到农民的家门口，让农民足不出村就能享受存款、取款、转账结算、刷卡消费和领取各项惠农补贴等基础性金融服务，做到基本金融服务村村通。各县（市、区）已建立三级"便民服务体系"，各金融机构可充分利用这一优势资源，把"基本金融服务村村通"与规范性的"村级便民服务中心"有效结合，作为"便民服务中心"的服务内容之一，实现资源共享，加快推进网点布局，做到便捷金融。

4.7 开展农村信用工程建设,完善信用担保体系

运用政府的综合资源,更好地为小微企业发展服务,可由政府牵头,成立"政府信用奖励基金",引导政府和金融机构建立正向激励机制,共同推进金融生态的优化。进一步加强标准化服务管理体系建设,紧紧围绕服务转型农户、个体工商户、小微企业为核心客户群的专家型移动银行,持续推进金融产品、服务、管理创新,开发数据分析系统和综合管理信息平台,如阿里巴巴推出的诚信通业务(2002年)和诚信通指数(2004年),反映小微企业真实的生产、经营以及销售情况,并通过科学的体系来衡量企业的信用状况,利用阿里巴巴的信用数据平台掌握客户信用状况。

政府要合理引导民间资本,充分利用民间投资为小微企业的发展服务,组建政府与企业联合的综合性多层次小微企业融资担保机构,通过多种方式促进融资担保机构对小微企业的融资担保能力,如以政策性扶持为主要经营目的设立政府出资的担保机构,强化企业之间的互保模式。金融机构应创新贷款抵质押手段,除传统的土地、厂房、存货和机器设备抵押物外,探索创新法律允许或不禁止的其他有价资产抵押形式,开展采取林权和土地承包权、采矿权、知识产权、股权、存货、应收账款、退税质押等作为抵质押物的融资方式,并在资产评估费、抵押登记费、公证费、担保费等方面给予优惠,以缓解小企业贷款抵质押不足的缺陷。

附表:

各级政府部门支持小微金融发展的政策文件

发布机构	文件名	内容(意义)
国务院(国发〔2009〕36号)	《国务院关于进一步促进中小企业发展的若干意见》	切实缓解中小企业融资困难;加大对中小企业的财税扶持力度等。
国务院(国发〔2010〕13号)	《国务院关于鼓励和引导民间投资健康发展的若干意见》	即新36条。鼓励和引导民间资本重组联合和参与国有企业改革、积极参与国际竞争,推动民营企业加强自主创新和转型升级。
国务院(国发〔2012〕14号)	《国务院关于进一步支持小型微型企业健康发展的意见》	优化企业发展环境,引导和促进小微企业提高发展质量和效益,实现持续健康发展。

续表

发布机构	文件名	内容（意义）
国务院（国办发〔2013〕87号）	《关于金融支持小微企业发展的实施意见》	明确提出八条意见，包括确保实现小微企业贷款增速和增量"两个不低于"的目标、加快丰富和创新小微企业金融服务方式、积极发展小型金融机构、拓展小微企业直接融资渠道、切实降低小微企业融资成本等。
银监会（银发〔2010〕193号）	《中国人民银行银监会证监会保监会关于进一步做好中小企业金融服务工作的若干意见》	进一步改进和完善中小企业金融服务，拓宽融资渠道，18条措施覆盖了融资、担保、信用三大体系。
银监会（银监发〔2011〕59号）	《中国银监会关于支持商业银行进一步改进小企业金融服务的通知》	提出十项措施改进小企业融资活动，被业界称为"银十条"。鼓励商业银行先行先试，并对积极开展小企业贷款的商业银行开出了优厚的条件。
银监会（银监发〔2013〕7号）	《关于深化小微企业金融服务的意见》	进一步强化小微企业金融服务"六项机制"建设，在"银十条"基础上提出15条具体措施，创新小微企业金融产品和服务，提升小微企业金融服务的广度和深度。
工信部联企业〔2011〕300号	《中小企业划型标准规定》	中小企业划分为中型、小型、微型三种类型，具体标准根据企业从业人员、营业收入、资产总额等指标，结合行业特点制定。
工信部（工信部企业〔2013〕67号）	《扶助小微企业专项行动实施方案》	培育一批"三型"小微企业；认定第三批100家国家中小企业公共服务示范平台；开通一批中小企业公共服务平台网络。
浙江省人民政府办公厅（浙政办发〔2012〕47号）	《浙江省人民政府办公厅关于促进小型微型企业再创新优势的若干意见》	引导小微企业提升发展、小微企业创新发展、小微企业集约发展，完善创业服务体系、创新支撑体系、企业信用体系，加大财税扶持力度、融资促进力度、组织领导力度。
浙江省人民政府办公厅（浙政函〔2012〕250号）	《关于在台州市设立浙江省小微企业金融服务改革创新试验区的批复》	通过在台州市建设浙江省小微企业金融服务改革创新试验区，完善小微企业金融服务体系，创新小微企业金融服务模式，健全小微企业融资保障机制，深化金融对小微企业的服务，为小微企业可持续发展和经济转型升级提供有力支撑。
台州市人民政府（台政发〔2011〕39号）	《调结构保增长促转型确保中小企业平稳健康发展的若干意见》	简称"27条"，首次设立中小企业发展专项资金，通过加强财税支持、缓解融资难、减轻企业负担等措施，帮助企业渡过困境。

资料来源：根据各级政府部门支持小微金融发展的政策文件整理而成。

参考文献

[1] 林咸刚：《农村金融创新研究：浙江临海农商银行的实践》，浙江大学出版社2014年版。

[2] 栾晓峰："小微金融的社会创新作用研究"，《理论学刊》2013年第5期。

[3] 陈幸幸、黄长征："商业银行对小微企业贷款的信号传递与信息甄别模型"，《经济研究导刊》2012年第19期。

[4] 沈迪、李太后："美国中小企业融资经验及对我国的启示"，《经济体制改革》2010年第2期。

[5] 杜晓山："小额信贷的发展与普惠性金融体系框架"，《中国农村经济》2006年第8期。

[6] 赵冬青、王康康："微型金融的历史与发展综述"，《金融发展研究》2009年第1期。

[7] 张杰："解读中国农贷制度"，《金融研究》2004年第2期。

[8] 张亮："国际微型金融机构的发展趋势"，《经济导刊》2007年第12期。

[9] L. Mayoux. Questioning virtuous spirals: Micro–finance and women's empowerment in. Africa. *Journal of International Development*, 1999, 11 (7): 957–984.

[10] M. Jonathan. The microfinance. *Journal of Economic Literature*, 1999, 37 (37): 1569–1614.

[11] Muhammad Yunus. Banker to the Poor: Micro–Lending and the Battle Against World Poverty. *New York: PublicAffairs*, 1997.

[12] A Hollis, A Sweetman. Microcredit: What can we learn from the past? *World Development*, 1998, 26 (10): 1875–1891.

[13] David Hulme. Impact Assessment Methodologies for Microfinance: Theory. Experience and Better Practice. *World Development*, 2000, 28 (1): 79–98.

第7章

便捷融资与小微企业融资平台的运行

1 国内外专家学者对小微企业融资平台的研究

1.1 国外学者对小微企业融资平台的研究

融资困难已经成为制约小微企业存续发展的重要限制因素，但资金是小微企业生存和发展的经济基础，所以小微企业需要通过融资来补充自身的经济基础，搭建小微企业融资平台成为小微企业筹措资金的一个有效途径，因此许多国外的学者对此进行了研究。

对于网络融资平台的研究，杰克·麦吉（Jack R. Magee，2011）指出，P2P网络借贷就是使小微企业融资网络化，它的理念来源于小微金融。由于P2P网络借贷能解决一些在传统融资平台中比较麻烦的事情，如放宽企业信用评价，吸引一些营利性机构参与，使民间投资难与融资难在一定程度上有所缓和。斯文 C. 伯杰和费边·葛莱斯纳（Sven C. Berger, Fabian Gleisner，2009）研究指出，P2P网络借贷平台从一定程度上解决小微企业融资困难的问题，帮助中小企业的发展和救助贫困人群，因为P2P不仅可以降低成本还能够通过承诺保持高平的透明度来降低用户的交易风险。保罗·斯拉特里（Paul Slattery，2013）认为，对P2P网络借贷平台的监管最为重要的是既要促进P2P网络借贷平台的发展，同时又要对消费者保护出现的新问题及时做出回应。

对于商业银行小微企业融资平台的研究，施蒂格利茨和韦斯（Stiglitz 和 Weiss，1981）指出，银行没有足够的信息去检测每个借款小微企业所提供的信息的正确性，选择一个低于均衡水平的利率来作为银行利率以规避小微企业的逆向选择，从而使银行预期收益最大化，为小微企业融资难提供理论分析。维瑟·M. 安妮（Visser. M. Anne，2005）认为，银行根据企业抵押品的敏感程度判断是高风险还是低风险贷款项目，从而提高贷款效率，但是商业银行对小微企业的有形资产抵押要求十分苛刻，阻碍着企业融资。

对于小微企业融资平台信用评价的研究，阿特曼（Altman，1968）采用最能反映借款人财务状况和偿债能力的 22 个变量，对美国破产和非破产的生产企业进行研究，经过数理统计筛选出五个因子，构建多元判别式分析模型，即 Z 评分模型（Z. score）模型；随后在 Z. score 基础上改进建立 Zeta 模型，Zeta 模型在一定程度上大幅度地提高计算的准确率，运用于信用评级与企业财务预警，对企业的信息有一定的掌握。米歇尔和乔尔（Michel and Joel，2002）针对法国大量产生的中小企业和它的财务状况信息有限的特点，结合有序 Probit 模型和 Gamma 分布建立小型商业贷款信用风险模型，对中小企业财务状况和信用程度进行评价，研究发现规模较小的中小企业比规模中等的中小企业信用风险小些。

1.2 国内学者对小微企业融资平台的研究

小微企业融资平台随着国内金融改革的步伐越走越远，新型的融资平台显得勃勃生机。许多国内学者进行研究，以求完善小微企业融资平台。

对网络融资平台的研究，王梓淇（2012）总结出国内网络借贷的 5 种运营模式，其中 3 种属于中介型：单纯中介型、中介型、复合中介型；其余 2 种为公益型、单纯网下型。随着 P2P 融资平台在社会上的大量使用，导致一些弊端崭露头角。禹海慧（2014）指出，P2P 网络借贷平台运营中会造成挪用资金链断裂、资金诈骗、第三方账户资金等，从而会引发信用风险、声誉风险、操作风险，还容易引发擅自设立金融机构罪、高利转贷罪等经济类犯罪、洗钱罪、集资诈骗罪。李爱君（2011）认为，构建 P2P 网络借贷平台的法律监管制度，应完善民间网络借贷平台的信用风险评价机制、法律监管制度、风险控制体系三个方面。

对商业银行小微企业融资平台研究，刘建伟（2011）指出，银行应从加大风险控制机制和风险防范意识、加强对银行资本充足率的监管控制以及开发非利差收入方面入手。陈幸幸、黄长征（2012）指出，由于小微企业规模小且经营稳定性低等原因，大部分时候商业银行宁愿选择少贷甚至惜贷。

对民间融资服务中心的研究，刘赛红、张帆（2003）指出小微企业融资平台的功能是一个中介机构，在中小企业融资平台的引导下，信息能独立的、高效的进行传递，资金也可以较顺畅地转移。中小企业融资服务中心是为中小企业向银行贷款提供帮助的不同于一般的行业联盟或企业工会的组织，该融资服务中心的成立是为了给中小企业融资提供最大化的帮助。王钢、夏谊（2009）指出，聚合民间有实力有业绩具备一定的权威性的企业发起设立小企业融资服务中心，为融资双方提供信息和中介服务，不参与具体的融资和交易业务。

对民间借贷融资平台的研究，林毅夫（2005）认为民间借贷之所以高速发展是因为民营企业对资金的渴求无法得到满足，并且指出正规金融和民间金融在已实行金融自由化的国家或地区将会长期共存。张宇（2011）认为，可以从市场准入入手，提出风险与合规结合的混合监管。

综上所述，为了解决小微企业融资难的问题，国外学者侧重于在P2P融资平台、民间借贷和信用机制的评价，以及对小微企业融资及其信用评价进行研究，大多是用模型论证检验融资平台的风险性，并提出各项措施及建议。国内学者借鉴国外学者的研究基础上，侧重于民间融资服务中心研究，包括民间融资服务平台的运作与在各地的试验成果。国内学者多数是在参考外国学者的研究之下进行的，符合国家发展的小微企业融资平台如何运行、如何监管等方面还有待更深层次的研究。

2 国内外小微企业融资平台方式

2.1 国外小微企业融资平台

2.1.1 P2P网络融资平台

所谓的通过P2P融资就是一个人如果有闲钱并且想要投资，可以通过该平台作为中介机构，将资金贷给需要借款的人，借款人凭借自身的信用度获取贷款。P2P融资平台对于借款方的门槛很低尤其是对企业，而且很便捷，它不像银行那样需要进行繁琐的手续流程，只需要在网上进行注册就能申请贷款。P2P是直接为那些需要融资的小微企业服务的平台，而英国、美国是P2P建立比较早的国家,并且具有一定的影响力(见表 7-1)。

表 7-1　　　　　　　　　英国和美国的 P2P 融资平台

国家	融资平台	首席执行官(CEO)	特　点
英国	Zopa	吉尔斯·安得烈(Giles Andrew)	全球第一家 P2P 网贷机构
	Ratesetter	罗伯茨·路易斯(Rhydian Lewis)	传统金融机构的有力对手
	Funding Knight	格雷姆·马歇尔(Graeme Marshall)	P2P 众筹平台
美国	Prosper	罗恩·软木(Ron Suber)	美国第一家 P2P 融资平台
	Lending Club	雷诺·拉普朗什(RenaudLaplanche)	以高回报率吸引机构投资者

资料来源:王凤芝:"P2P 网贷的产生及在英国、美国的发展历程",《金融时报》,2013 年 7 月 20 日。

表 7-1 是以英国和美国地区的 P2P 融资平台为主,典型的 P2P 融资平台。Zopa 创立于 2005 年,它的领导人是 Giles Andrew,是全球第一家 P2P 网贷机构,根据借款人的信用等级来划分的,根据借款人的级别规定相应期限和数额的贷款,到现在为止经过 Zopa 平台借出的金额已超过 6 亿英镑。RateSetter 于 2010 年 10 月成立,它的主要领导人是 Rhydian Lewis,是第一个引入"计提资金"的平台,即计提资金是借款人支付的"网贷利率"费,目的是分散信用风险。Funding Knight 的领导人是 Graeme Marshall,借款人和贷款人在这个平台上进行直接交易,无需通过银行系统和其他金融机构等中介介入。Funding Knight 的会员最少可贷款 500 英镑,最多可向小企业贷 10 万英镑,为英国反欺诈协会(CIFAS)成员之一。

美国的 P2P 融资平台以 Lending Club 和 Prosper 为主,他们的领导人分别为 Renaud Laplanche 和 Ron Suber,因为美国的利率早已市场化,所以这些平台服务的人群是次级中的次级借款人。Prosper 在 2008 年被政府强制停止运行,大规模缩水,全球最大的 P2P(peer-to-peer)借贷平台 Lending Club 在 2014 年 12 月 16 日成功登陆纽交所,市值近 90 亿美元。

2.1.2　交易融资平台

交易融资平台在国外主要表现为创业板的形式,就是中小企业通过卖出自己的股份来融资,该平台只是作为撮合的中介方,融资方直接在网上发布自己的信息抛出股份,出资方在电脑前看中该公司的前景就会购买该股份。全球典型的创业板融资平台分别在韩国、日本、英国、加拿大、美国(见表 7-2)。

表7-2　　各国创业板融资平台

国家	创业板融资平台	成立时间
韩国	科斯达克（KOSDAQ）	1996年
日本	新佳斯达克（JASDAQ）	2010年
英国	另类投资市场（ATM）	1995年
美国	纳斯达克（NASDAQ）	1971年

资料来源：新华网、《上海证券报》、凤凰网财经、《证券时报》。

根据表7-2所示，韩国证券交易商协会自动报价系统，是韩国的创业板市场，隶属于韩国交易所。韩国的创业板是科斯达克（KOSDAQ），成立于1996年，截至2015年年底，科斯达克市场共有上市公司1152家。韩国建立KOSDAQ是为了改变依赖大集体实现经济大增长的现象而开设的，主要是采取各种措施扶持小微企业的发展。韩国的KOSDAQ已成为继美国、日本、英国之后的第四大创业板市场，KOSDAQ的分类标准是根据不同种类的企业进行分类，分别是共同基金、国外企业、风险企业和非风险企业四种。

日本的创业板是新佳斯达克（JASDAQ），成立于2010年，已有1005家企业上市，总市值达到88163亿日元，已经成为超越韩国成为亚洲最大的创业板市场。新的JASDAQ是由具有成长潜力的"Growth"和拥有一定资产及利润的企业"Standard"两个板块组成的。

英国的创业板，即AIM（Alternative Investment Market）是伦敦证券交易所专为中小型成长企业提供融资支持的全球性资本市场，于1995年成立，市值到达388亿美元，并且在ATM上上市的企业已经达到1381家，融资数额达到203亿美元。该平台解决小微企业融资问题，入市标准很宽松，是由伦敦证券交易所监管的，不像一般其他国家是由非上市监管局监管，使得监管的环境很灵活。还有其他方面的无限制，比如没有业绩记录要求，对公司股票的转让没有限制，为小微企业融资提供各种便利。

美国的创业板是纳斯达克（NASDAQ），成立于1971年，已有5400家企业在这里上市，迄今为止世界上最大的创业板市场。NASDAQ是由美国全国证券交易商协会为了规范混乱的场外交易和为小企业提供融资平台而创建的，具有双轨制、交易系统、造市人、保荐人制度、交易报告等特点。NASDAQ允许上市的企业必须是经营生化、生技、医药、科技、加盟、制造及零售连锁服务，经济活跃期满一年以上，且具有高成长性、高发展潜力者。

2.1.3　财政支持的小微企业融资平台

财政支持的小微企业融资平台是由政府设立的团体融资，银行、基金等为小微企业融资提供担保和保护的金融机构,主要是为小微企业发展提供资金,为贷款的金融机构分担风险,最典型的主要是美国、德国、瑞典、日本和英国的财政小微企业融资平台(见表7-3)。

表7-3 各国财政支持的小微企业融资平台

国家	融资平台	成立时间	特点
美国	小型企业管理局(Small Business Administration,即SBA)	1992年	对中小企业起着保护伞和杠杆作用
德国	德意志银行	1970年	资产多,业务范围广
瑞典	艾米基金(AIMI基金)	2003年	与有关金融机构共同提供担保
日本	信用保证协会和中小企业信用保险公库	1955年和1958年	金融机构提供贷款,政府提供担保
英国	地区性风险投资基金	20世纪中中期	政府资金与私人资金结合进行投资

资料来源:顾培红:"国外支持小微企业的政策措施",《上海工商》2012年第7期。

表7-3所示,成立于1992年的美国SBA融资平台,通过SBA担保,强调政府和市场之间的互动,SBA的作用则在于对中小企业的发展起着杠杆作用和保护伞的作用。德国的德意志银行成立于1970年,资产达到上万亿马克,资本雄厚,业务涉及包括吸收存款、证券交易、外汇买卖、借款、公司金融、银团贷款和衍生金融工具并得到国家的支持,是德国最具影响力融资平台之一。瑞典的AIMI基金成立于2003年,政府间接扶持的小微企业融资平台,是为小微企业贷款的信用担保,主要是与有关的金融机构相互联合共同提供担保。日本的信用保证协会和中小企业信用保险公库分别成立于1955年和1958年,金融机构提供贷款时政府给予担保或者是民间担保机构担保,而政府提供再担保的方式构建政府支持的融资平台。英国在20世纪中期建立了地区性风险投资基金,主要是将私人的资金与政府的资金按比例进行借贷,一般为1:1的比例,该基金是专门面向小微企业的投资贷款,是英国典型的财政支持的小微企业融资平台。

2.2 国内小微企业融资平台

2.2.1 P2P小微企业融资平台

国内六个典型的P2P融资平台,分别是人人贷、积木盒子、拍拍网、365金融、雪山贷和投哪网,与其他的P2P融资平台相比有一定的优势(见表7-4)。

表 7-4　　　　　　　　　　　国内 P2P 融资平台

平台名称	投资金额	获得融资时间	投资方
人人贷	1.3 亿美元	2014 年 1 月	挚信资本
积木盒子	3715 万美元	2014 年 9 月	银泰资本、小米、顺为资本
拍拍网	5000 万美元	2014 年 3 月	光速安振、红杉资本、诺亚财富
365 金融	1500 万美元	2014 年 5 月	瑞银华信
雪山贷	1550 万美元	2014 年 7 月	高志股份有限公司
投哪网	1.5 亿元人民币	2014 年 7 月	国内上市公司大金重工（股票代码 002487）

资料来源：表内六个典型的 P2P 融资平台。

人人贷（https：//www.renrendai.com）是中国最早基于互联网的 P2P 网络借贷信息中介机构之一，充当中介方为融资方和投资方搭建桥梁的网上组织，以信用贷款的方式将资金借给有需要的人，并且是线上线下相结合的方式，门槛低、渠道成本低、风险分散，直接透明。人人贷在 2014 年 1 月时得到融资，该资金是由挚信资本投资的，数额达到 1.3 亿美元。积木盒子（https：//www.jimu.com）是全线上网络借贷信息中介平台，是北京网贷协会副会长单位，在 2014 年 9 月收到银泰资本、小米、顺为资本投资的 3715 万美元，用于帮助投资人寻找到风险收益均衡的理财产品，积木盒子主推年化在 13% 左右的安全理财。

拍拍网（http：//www.paipai.com/）致力于打造一个卖家和买家互通的移动社交电商平台，通过提供包括服装服饰、母婴、食品和饮料、家居家装和消费电子产品等在内的丰富的产品，来全面满足消费者的需求；也为第三方卖家提供数据挖掘和分析等增值服务。在 2014 年京东与腾讯达成电子商务战略合作后并入京东集团旗下，于 2014 年 3 月获得光速安振、红杉资本、诺亚财富投资的 5000 万美元。365 金融（http：//www.365p2p.cn/）是由广州世袭投资管理有限公司负责运营，在 2014 年 5 月获得了瑞银华信 1500 万美元，与多家银行、第三方支付机构建立起有效的资金划转渠道，24 小时方便快捷提供资金划账服务，借助互联网及网银，使客户不受同时间、地点的限制，轻松理财，轻松转账，并建立健全保障机制，较大程度上减少客户的损失。

雪山贷（http：//www.xueshandai.com）是上海雪山金融信息服务有限公司旗下网络借贷网站，2012 年 1 月创立，注册资金 6000 万元人民币，2013 年 9 月在上海股权托管交易中心成功挂牌（挂牌代码 200125），成为首家挂牌的网贷平台，2014 年 7 月获得高志股份有限公司的 1550 万美元。雪山金融 2015 年 9 月注册用户数突破 100000 户，累计投资额突破 20 亿元。

投哪网（http：//www.touna.cn）于 2012 年正式上线，是深圳投哪金融服务有限公司旗下专注于中小微企业和个人理财服务的互联网金融综合服务平台，投哪网采用 O2O（Online – to Offline）模式运营，2014 年 6 月，投哪网获得广发证券全资子公司广发信德的战略投资，并与之达成战略合作伙伴关系。2015 年 12 月，投哪网获得中银粤财基金战略持股，双方达成战略合作关系。2015 年 4 月，投哪网获得国内上市公司大金重工（股票代码 002487）1.5 亿元注资，成功完成 B 轮战略融资。2016 年 7 月份，投哪网率先上线广发银行资金存管。

2.2.2　P2B 小微企业融资平台

个人对企业的互联网融资服务平台（Person – to – Business，即 P2B）是个人对企业的模式，是纯粹的中介服务平台，不参加融资和投资，只收取一定的中介费，全国只有 320 家。P2B 是撮合中小企业中短期资金需求与个人投资的中介机构，不是简单的信用借款，借款人要提供抵押担保才能获得融资，具有较高的安全性。从我国选取了五家典型的 P2B 融资平台，分别是有利网、拍拍贷、票据宝、融通 e 贷、金银猫（见表 7 – 5）。

表 7 – 5　　　　　　　　　小微企业 P2B 融资平台

平台名称	成立时间	成立公司
有利网	2013 年 2 月	北京弘合柏基信息科技有限责任公司
拍拍贷	2007 年 6 月	上海拍拍贷金融信息服务有限公司
票据宝	2014 年 6 月	票据宝金融服务有限公司
融通 e 贷	2014 年 8 月	融通华商金融服务有限公司
金银猫	2013 年 9 月	上海金银猫金融服务有限公司

资料来源：有利网、拍拍贷、票据宝、融通 e 贷、金银猫官网。

有利网（http：//www.yooli.com/）是国内专业的互联网理财平台，2013 年 2 月由北京弘合柏基信息科技有限责任公司投资设立的，和中安信业、证大速贷、金融联达形成了战略伙伴关系，既推荐优质的小额贷款理财项目也注重风险控制，使投资者放心。拍拍贷（ppdai.com）中国互联网金融协会理事单位，成立于 2007 年 6 月，由上海拍拍贷金融信息服务有限公司创建，它是工商部门批准的第一家 P2B 网站，并且获得了"金融信息服务"资质的互联网金融平台，截至 2015 年年底，注册用户达到 1211 万户，是国内用户规模最大的网络信用借贷平台之一。票据宝（http：//www.pj.com/）隶属于深圳市票据宝金融服务有限公司，于 2014 年 6 月成立，专业为企业及个人投资者提供票据融资、票据理财的服务性平台，并且作为第三方理财资金托管平台，还获得全球安全证书。融通 e 贷（http：//www.rted.com.cn/）P2B 票据理财网络平台是 2014 年 3 月由深圳融通华商金融服务有限公司在前海深港服务合作区以人民币 2000 万元进行注册成立，致力于为需求者提供互联网金融服务的公司。金银猫（www.jinyinmao.com.cn）是由上海金银猫金融服务有限公司于 2013 年 9 月成立，集风险低门槛低、收益高和本息保障等优点于一身的融资平台，为有融资需求的中小微企业，以银行承兑汇票作为质押物，来融通 e 贷网贷平台融资的整个服务。

2.2.3 股权交易中心

股权交易中心是小微企业拍卖自身的股份来获取融资，从国内股权交易中心选取的 5 家典型的股权交易中心平台，这些小微企业融资平台简而言之最大的特点是政府支持的小微企业融资平台（见表 7-6）。

表 7-6　　　　　　　　　　国内股权交易中心

股权交易中心名称	成立时间	注册资本
上海股权托管交易中心	2012 年 2 月	1.2 亿元
浙江股权交易中心	2012 年 9 月	1 亿元
北京股权交易中心	2012 年 12 月	2 亿元
广州股权交易中心	2012 年 8 月	1.8 亿元
齐鲁股权交易中心	2013 年 11 月	1 亿元

资料来源：上海股权托管交易中心，浙江、北京、广州、齐鲁股权交易中心官网。

上海股权托管交易中心，由上海国际集团有限公司、上海张江高科技园区开发股份有限公司、上海证券交易所和上海联合产权交易所分别按 31%、29%、23.25% 和 16.75% 的比例出资持股，注册资本达到 1.2 亿元人民币，并于 2012 年 2 月成立。浙江股权交易中心注册资本达到 1 亿元人民币，于 2012 年 9 月成立，旨在为中小微企业提供股权、债券及其他权益类产品的融资、转让服务，帮助企业成长；为企业提供股权登记、托管和股权质押融资等股权增值服务；直接或间接规范企业治理，推进企业多元化融资。北京股权交易中心于 2012 年 12 月成立，注册资本为 2 亿元，是五家股权交易中注册资本最高的，其优势在于中心聚集了大量 PE、VC 和高精准个人，同时与银行紧密合作，充分利用资本优势和信息优势，拓宽中小企业直接和间接融资渠道，增强企业发展后劲。齐鲁股权交易中心于 2013 年 11 月成立，注册资本为 1 亿元人民币，集直接融资与间接融资于一体的交易中心，并且开展非上市公司股权托管、挂牌交易。

3　德清小微企业融资平台发展的背景

3.1　德清金融改革

为了保障小微企业的生存和发展，政府出台了多项意见政策，如国务院关于进一步促进中小企业发展的若干意见（国发〔2009〕36 号）、国务院常务会议研究确定四项进一步支持小微企业健康发展的政策措施（2012 年 2 月 1 日国务院常务会议）、国务院出台九项金融财税政策定向援手小微企业（2011 年 10 月 12 日国务院常务会议）、国务院关于进一步支持小型微型企业健康发展的意见（国发〔2012〕14 号）、浙江省人民政府关于促进中小企业加快创业创新发展的若干意见（浙政发〔2010〕4 号）、浙江省人民政府办公厅关于促进小型微型企业再创新优势的若干意见（浙政办发〔2012〕47 号）、浙江省委、省政府《关于加快金融改革发展的若干意见》（浙委〔2012〕83 号）、德清县人民政府《关于印发德清县创建浙江省金融创新示范县"十二五"规划的通知》（德政发〔2011〕43 号）等文件。

小微企业是我国国民经济发展和国家进步的重要力量之一，促进小微企业发展，有利于国民经济平稳快速发展的重要基础，在民生和社会稳定的重大战略任务中举足轻重。建设小微企业融资平台在一定程度上解决融资难、担保难，降低企业负担，促进企业资金问题。

3.2　财政支持小微金融平台的发展

小微企业融资平台得到德清县政府的大力支持，为了促进小微企业融资平台的发展县财政在德清设立了"金融发展专项资金"。根据 2010 年 12 月省金融办下发《关于公布第一批省级金融创新示范县（市、区）试点名单的通知》（浙金融办〔2010〕87 号），2010 年浙江省德清县启动实施金融创新示范县试点。根据 2012 年 7 月 5 日中共德清县委、德清县人民政府"关于推进金融创新发展的若干意见"第一条，德清县财政每年会安排 5000 万元作为保障，主要用途是对小微企业贷款风险的补偿、对金融中介机构的奖励、对融资性担保公司扶持政策的奖励、扩大对农村金融覆盖面、直接融资创新、小额贷款公司扶持政策的补助、新设金融机构和对重大项目融资工作奖励、金融产业招商工作经费和对金融创新工作的奖励。从各项财政支持中，金融平台所承担的风险将会变小，小微企业融资的成本也会降低，那么融资平台更加愿意将资金借给小微企业，小微企业也将获得成本较低的资金来经营或是扩大规模。

3.3 对新型农村金融机构进行补助和优惠

为了解决小微企业融资难的问题，德清县决定对提供小额贷款的微型金融机构给予一定的补助和优惠措施，促进微型金融机构提供小额融资的力度。根据2012年7月5日中共德清县委、德清县人民政府"关于推进金融创新发展的若干意见"第九条，经考察审核对省、县资本充足信用较好的小额贷款公司给予补助，补助的内容为给予企业缴纳的所得税和营业税的部分给予50%到100%的补助；给予农民创业贷款、小企业涉农贷款，德清县按当年净增额的0.5%予以补偿；县财政给予一次性增资额在5000万元以上的小额贷款公司，以增资额的1%给予奖励。德清县还将给予小额贷款公司与国有银行同等的待遇，甚至是更高的待遇，促进小额贷款公司的发展和对小微企业的贷款力度。与此同时，德清县还将设立新的村镇银行，并给予开办补助费100万元，政府性存款1亿元以上。鼓励农村资金互助社扩大服务的范围，增加资本，农村互助社每发放一笔农村小额贷款，就可以从政府获得1%的风险补偿。

在各项优惠补助下，小额贷款公司、村镇银行和农村资金互助社大力支持小微企业发展。由于县财政的补偿机制，壮大了地方金融体系，在拉动小微企业发展的同时，也促进了德清经济的发展。

3.4 德清农信社引进"台湾微贷技术"

德清农信社为了更好地服务小微企业和降低自身风险，引进台湾微贷技术，微贷技术一共有几十个指标，采用的是评分模式，其中含有量子和非量子，量子是根据小微企业损益表、现金流量表和资产负债表来评估，非量子则是由借款者的年龄、店铺经营情况和结婚状况作为标准。根据量子和非量子的情况，分别评定分数，将两者相加得出总分，以此作为标准判断能否放款和放款的数额。而德清农信社是在这个基础上，根据自身的情况稍加改动得出一个具体的分数。

德清农信社自从引进该微贷技术后取得成果突出，如德清海联石化有限公司在没有保证和抵押的情况下，通过微贷技术对其评定，获得了 150 万元的贷款，抓住了商机；浙盟灯饰有限公司通过该项技术评定后获得了 100 万元授信额度用于经营上，并已还清贷款和利息。台湾微贷技术的运用，为农信社提供了技术保障，也将成为其他小微企业融资平台值得借鉴的技术方法，并逐渐完善成为适合我国各地融资平台运用的微贷技术。

3.5 小微企业凭诚信获得商业银行贷款融资

德清县工商行政管理局、个民协会针对国有大银行与小微企业之间存在的信息鸿沟，对小微企业"培植信用"，对信用优良的企业给予全力扶持培育，为其增信、授信，并从中挑选出优质企业向金融部门推荐。根据德清县个民协会与三大国有银行达成的框架协议，获得省、市级诚信个体工商户、诚信民营企业等荣誉的小微企业，可享受足额贷款保障、较大贷款利率下调、担保方式灵活直至免担保等多方面特别待遇。2012 年 5 月德清首批 30 家获得浙江省、湖州市级诚信工商户和诚信小微企业凭借自己的"信用"，享受无担保等优惠待遇，获得国有商业银行 5000 万元贷款。小微企业与担保公司达成合同的流程，首先是小微企业向担保公司申请担保，并提交合同所需的材料，再次是担保公司对小微企业的身份、年度资产负债表和营运情况、合同的真实性进行审查，最后审查无误后，小微企业和担保公司签订合同这样一个过程（见图 7-1）。

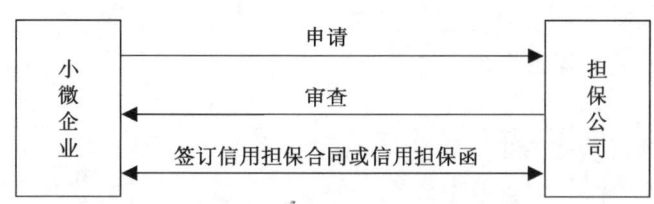

图 7-1　融资担保流程图

资料来源：德清融资网。

根据 2012 年 7 月 5 日中共德清县委、德清县人民政府"关于推进金融创新发展的若干意见"第十条，为了更好地鼓励担保公司发展，完善担保体系，对于融资性担保公司增资扩股，将给予增资额的 1% 作为奖励，当然前提是原来的注册资本在 3000 万元以上。优惠的范围远不止这些，担保公司对小微企业贷款额度占总贷款数的 3/5 以上的，担保费率低于基准利率 1/2 的，给予担保公司担保责任余额的 1/200 给予补偿。

除了信用担保，还有抵押、质押等实物担保，所以德清县政府也鼓励合规经营的典当行，对经过管理部门考核的典当行，没有违法记录的，并且收取的利息率在央行基准利率的四倍以下，会给予 0.5% 的风险补偿。

4 德清小微企业融资平台的融资流程

为了解决小微企业融资难的问题，德清建立了德清民间融资服务中心、互联网服务平台、德清融资网和产权交易中心等小微企业融资平台，这些平台各自有着不同的优缺点，但都为小微企业融资带来的成果是不可忽视的。

4.1 德清民间服务融资中心

《德清县人民政府办公室关于德清县开展民间融资管理试点工作的若干意见》（德政发〔2013〕4号）、《德清县人民政府办公室关于印发德清民间融资规范管理服务中心监督管理试行办法的通知》（德政办发〔2013〕65号）文件，德清民间融资规范管理服务中心有限公司（简称"德清民间融资服务中心"）是德清县组建的唯一的政府统一监管的民间融资市场及其管理机构。德清县民间融资服务中心自 2013 年 3 月开业以来有效解决中小微企业融资难问题，以"民资对接民企"为切入点，通过融资方、投资方、德清农商行，政府部门和德清民间融资服务中心之间关系互动实现资金流动、监督管理完成对中小微企业的融资借贷（见图 7-2）。

第一，投融资关系清晰。德清民间融资服务中心和投资方和融资方签订合同：与融资方签订融资协议及融资服务协议，与投资方签订代理理财合同。融资方、投资方、中介机构形成一个系统，责任很清晰。

第二，融资中心指令明确。一旦投融资双方交易形成，德清民间融资中心就会向德清农商行下达划拨资金的指令，德清农商行根据下达的指令将投资者名下的账户资金划拨到融资者账户名下。

第三，还款有担保。借款期限一到，融资方需要将本金和贷款利息还款至德清民间融资服务中心，德清民间融资服务中心到期将本金支付给投资者。若是融资方未将资金还给德清民间融资服务中心，德清民间融资服务中心就会从自己的

第7章 便捷融资与小微企业融资平台的运行

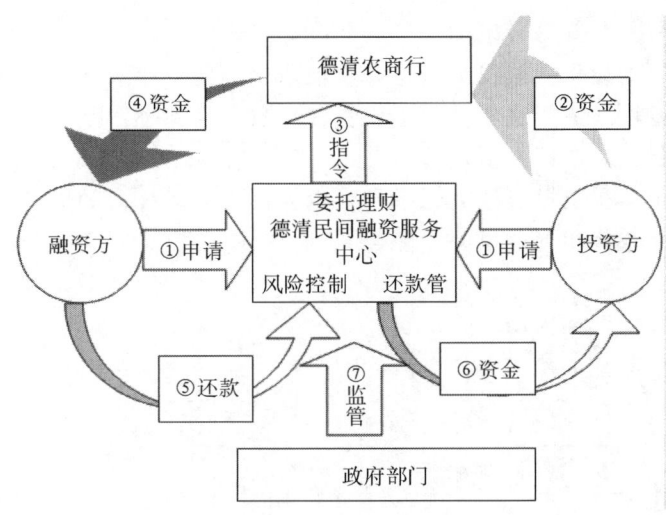

图 7-2 德清民间融资服务中心流程

资料来源：根据《德清县人民政府办公室关于德清县开展民间融资管理试点工作的若干意见》（德政发〔2013〕4 号）、《德清县人民政府办公室关于印发德清民间融资规范管理服务中心监督管理试行办法的通知》（德政办发〔2013〕65 号）文件精神整理而成。

账户中将资金还给投资者，然后对融资方进行相应的处理。

第四，注重监管。德清民间融资服务中心、德清农商行、投资者签订监管协议，投资者将其资金存入其名下的监管账户，保证这笔资金的安全性。同时，政府部门对德清民间融资服务中心进行监督，保证德清民间融资服务中心不会借着贷款名义将资金占为己用，确保了投资者的安全性。

4.2 互联网金融服务平台

2015 年 4 月德清县委县政府整合湖州、绍兴、杭州、嘉兴、金华、台州等地 7 家民间融资服务中心资源，由包括德清县国有资产运营有限公司、德华集团控股有限公司在内的 9 家公司共同发起设立浙江普惠金融服务有限公司，根据德清有关规划，"十三五"时期，德清将以现在的浙江普惠金融有限公司为总部，进一步整合全省各县市民间融资服务中心资源，着力打造"全省民间金融服务总部中心"，2015 年 12 月 16 日发布浙江普惠金融服务公司运营的官方 O2O 新金融理财平台——普金会（www.pjhcn.com）。截至 12 月 15 日，平台已实现供需资金对接数万笔，金额达 111 亿元，该平台的上线是颠覆了传统金融服务模式，不仅让每一个投融资客户都能随时、随地、便捷地获取金融信息和服务，而且成本低、效率高,大大拓展了普惠金融的广度和深度。

德清小微企业互联网融资平台是一项很适合小微企业短期小额融资需求的途径,小微企业互联网融资服务平台不仅快捷高效而且利率不是很高。互联网金融服务平台会派专人对申请融资的企业进行资质审核和实地考察,公布优秀项目,并为投融资者提供在线投资的交易平台,生成具有法律效力的借贷合同,派专人监督企业的项目经营和管理风险保障金,确保投资者资金安全(见图7-3)。

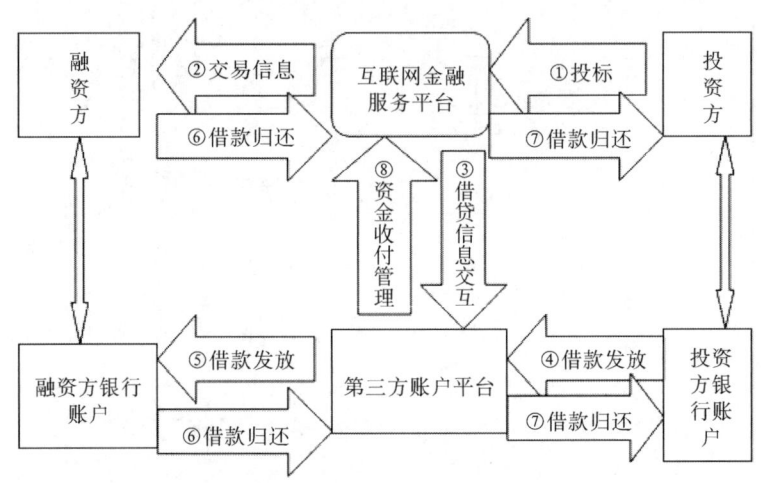

图7-3 互联网金融服务平台流程

资料来源:德清县浙江普惠金融服务有限公司。

第一,标的实地考察。小微企业融资以资产抵押,互联网金融服务平台会去当地做实地考察资产标的,对该标的的价值进行估算,看是否能够达成交易或是看是否能融资该笔数额的资金。然后互联网金融服务平台将融资方和投资方借款信息交互发送给第三方账户平台。

第二,双方签协议。互联网金融服务平台将交易信息传送给融资方,融资方选择适合的投资方,双方在互联网金融服务平台上达成协议。融资方和投资方签署协议,达成合作意向。

第三,第三方交易支付。投资者银行账户将借款存入第三方账户平台,第三方账户平台将借款发放给融资方银行账户,到期日融资方银行账户将借款归还给第三方账户平台,第三方账户平台将借款还给投资方银行账户,第三方账户平台将资金收付管理发送给互联网金融服务平台。

第四,有效制约。在这个过程中,政府对互联网金融服务平台进行监督,看是否在操作上符合规范,是否将投资者的资金随意借贷或是占为己用,进行各方面的监督。

4.3 德清融资网

德清融资网(www.dqrzw.com)由德清的民营企业协会和个体劳动者协会一起统一建造和管理,由杭州景合投资德清分公司出资建造和运营的服务平台,为德清中小企业、个体劳动者及个人提供全程融资指导服务,将互联网和传统融资相结合的新模式,与银行签订合同并配置担保机构。德清融资网吸取融资政策和其他融资渠道的精华,收取更多公共信息,为小微企业提供方便(见图7-4)。

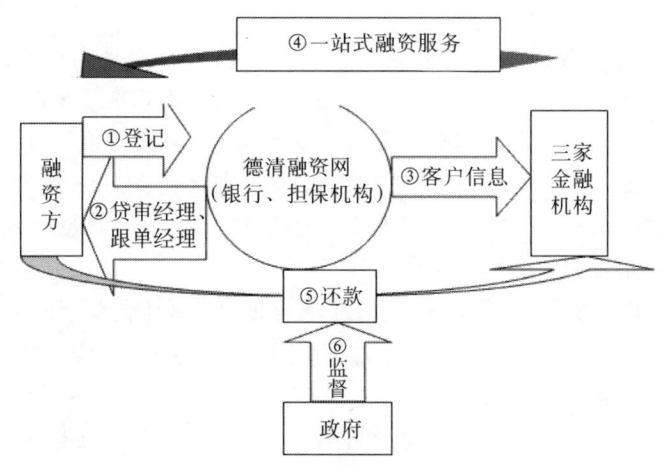

图 7-4 德清融资网流程

资料来源:德清融资网。

第一,客户档案。融资方到德清融资网站进行注册登记,将公司真实的信息如实地反映给德清融资网,建立客户档案,再将客户信息在后台上进行筛选,将优质客户融资信息派发到金融机构。

第二,业务跟踪。德清融资网为融资方配备终身的贷审经理和跟单经理,以便日后的融资需要。德清融资网可以实时了解融资方将资金用途以及是否规范使用,在一定程度上降低风险。

第三,一站式融资服务。整个过程就减少了很多麻烦和不必要的流程,不用融资方自己找担保人或担保机构,金融机构根据客户的情况,将资金借给融资方。

第四，到期还款。融资方到指定日期，将所借得的资金还给金融机构，然后金融机构和融资方将信息传达给德清融资网。

第五，保证合法运行。政府部门对还款的过程进行监督，融资方是否将本金和利息还给金融机构，是否在过程上合法等情况进行监督检查。

5 德清小微企业融资平台的特点

5.1 政府扶持

德清之所以将小微企业融资平台搞得绘声绘色，主要是多层面地发挥了政府的作用，借助政府的力量将有限的资本通过分担风险发挥无穷的力量。政府发挥指导和协调作用，将小微企业融资平台的风险降到最低，保障小微企业健康成长，通过财政资金与存贷挂钩，德清县财政收入有2亿元分配到各个银行和融资平台，将惜贷现象转化为多贷。政府还组织将工作人员与金融机构的人员互派，使信息能够更好地流通。

德清县政府为了解决小微企业无担保和无抵押等问题建立了400万元风险资金池和科技型小微企业信用贷，小微企业可以凭借信用进行贷款，无需抵押担保。不仅如此，德清政府还修正完善了《科技金融风险补偿基金管理暂行办法》（德政办发〔2013〕73号），对于那些小微科技公司给予科技金融风险补偿，并且允许以科技产品取得信用贷款，每月还会给予补助金。在政府大力支持下，小微企业融资困境得到缓解，支持小微企业融资平台在低风险中得以生存。

5.2 企业创办民间融资服务中心或入股

企业创办民间服务中心或入股是一项创新的平台建设，首先对于开办或入股的企业来说，将得到政府的支持和保护，并且能够提高自身的知名度，增加企业的业务量和服务费，在融资方面也得到了优先权，再次对于其他小微企业来说，民间金融服务中心提供了新的融资渠道，最后对社会来说，小微企业融资难问题可以得到缓解，社会闲置资金得到利用并致富。

例如民营企业德华集团控股股份有限公司创办德清民间融资服务中心，德华集团控股股份有限公司创办于1992年，2005年挂牌上市，于2013年开办德清民间融资服务中心，德华集团控股股份有限公司开办小微企业融资平台的目的在于让资金在阳光下操作，市场运行更加透明，发展成为一种新型模式，使资源得到更好利用。实践证明该项新模式取得了巨大的成果，对于企业，不仅在德清声名大噪，也让其他地方的人了解了该企业；对于小微企业，融资问题得到解决，并且比以前更加方便，许多商家从中获利，在与时间赛跑中赢得了机遇；对于社会而言，金融服务中心创新的新模式作为先行者，为社会的繁荣与发展做了典范，成为其他地区的模范案例。

5.3 重视搭建金融中介平台

小微企业融资平台就是为投资方和融资方牵线搭桥的场所，融资方只需要将信息在小微企业融资平台上进行注册，平台会为该融资方找寻合适的投资方，使民间资金在一个更规范的环境下进行借贷。不管是德清民间服务中心、互联网金融服务平台还是德清融资网，都只是中介机构，不参与借贷款。在整个融资过程中，作为中介人将需要融资的人和需要投资的人牵线搭桥，交易是否达成还需要双方当事人的意见，但收取中介费，既不出资贷款也不将投资者的资金用于平台的建设。

5.4 注重风险防范

每个小微企业融资平台都需要融资方进行注册登记，在交易过程中会将融资方和投资方双方的信息进行交互，特别是互联网金融服务平台，在融资过程中建立了第三方账户平台，不仅是融资方和投资方的信息要进行交流，平台还要和第三方账户平台进行信息交互，在整个过程中信息更加流通、更加透明。

同时，融资平台在操作的过程中还受到政府的监督，保证该平台没有进行暗箱操作，规避了投资者在投资过程中的风险。政府的监督主要是对作为中介机构的平台是否将资金用于自身建设，有否违反规定进行业务操作，有否携款私用的嫌疑进行监管，从外部监督，防范风险，保障投资者和融资者的利益。

6 小微企业融资平台的普惠性分析

6.1 小微企业融资便捷

2013年6月齐连平——新安镇做围巾加工的经营户,想要购买一批原材料,可是缺少资金,如果向银行借款的话,手续太麻烦,就算资金批下来也错过了最佳时期。幸好齐连平的朋友介绍说新开的德清民间服务中心很好,可以去试一下,手续也很简单,利息不高,本来抱着试试的态度去的,那里的工作人员态度很好,询问了一下经营情况,填了一张单了,就回去了。没想到第二天就有消息说找到借款人愿意借60万元,马上赶了过去,签订了合同,借款3个月,第三天钱就打到德清农商行里了。

从该案例中可以看出德清融资服务中心解决小微企业借款的手续繁杂问题,使得融资方能够在较短的时间里获得所需要的资金,能及时把握商机。如果齐连平不能获得融资,将失去低价购买原材料的机会,而且德清融资服务平台可谓是急人之所急,在短短的三天内就为融资者找到60万元的贷款,而更重要的是这批借款的一年以内,融资月成本率为13‰左右,远低于民间融资的成本,为融资者来了方便与低息。

6.2 小微企业融资平台借贷双方操作透明,撮合快捷

德清融资服务中心的宗旨是为了让民间的资本在阳光下流向小微企业,大厅电子屏幕上显示着投资方愿意出借的时间、出借资金额和融资方需要资金的数量及借款时间,而且只需要填写登记表、融资申请、本人身份证复印件、公司经营情况,回家等待就行了。由于民间服务中心的透明化操作,到2014年3月17日德清民间融资服务中心成功完成了民间供应资金登记878笔,总金额高达3.32亿元,撮合资金达到10.88亿元。

由此可见,小微企业融资平台使小微企业融资难的问题得到很大程度的缓和,小微企业只要在德清融资服务中心登记,中心就会为其寻找合适的投资者,不出几天的时间,融资问题就会解决。这样,融资平台为小微企业的融资难提供了很好的途径,也为投资者提供了理财投资的方式,在一定程度上获得双赢

效果。

6.3 小微企业融资程序简单且成本降低

注重融资程序简单与资金可得性，如"德易贷"、"德商贷"是德清县小微企业贷款中心的两个主打信用贷款产品。德易贷，是向城乡地区从事生产、贸易等活动的小企业（包括个人独资企业、合伙企业、有限责任公司、股份有限责任公司等）发放的用于满足生产经营资金需求的贷款，贷款额度在 0—150 万元，组合最高可达 500 万元。德商贷，是向服务辖区内从事生产、经营、贸易等活动的微型企业（包括个体工商户、小企业主等）发放的用于满足生产经营资金需求的贷款，贷款额度在 0-50 万元，组合最高可达 100 万元。

互联网平台利用压缩自身运营成本，实现在低利息和高收益之间的平衡。对于德清互联网金融服务平台实行三级分控，投资经理融资方进行初选，形成报告交给金融服务平台。金融服务平台的风险管理部就会带着律师和投资经理一起到这家企业进行考察，给出该融资方的经营状况以及对该企业进行评估。要进行两次筛选，若能通过还需经会议表决。融资方需要提交抵押物和担保人，为融资提供保障。虽然融资的条件较为苛刻，但是年利息只要 15%—18%，还包含了服务费、担保费和运行费等所有费用，算下来要比小额贷款公司的费用少很多。

6.4 小微企业融资风险低

融资俗话说说就是借款，这是一个相当敏感的话题，不仅是对小微企业更是对金融机构，小微企业怕还不出钱，金融机构怕收不回本金，而互联网平台为其做了有力的保障措施，使得小微企业融资风险降低。小微企业的融资风险低，一方面是对企业的评定方面是很严格，从根本上降低了投资方为小微企业贷款的风险，另一方面是年利息是远低于民间借贷业务，从后期为小微企业降低了压力。

同时，小微企业融资平台针对小微企业自身的成长特点，实行全过程融资担保服务，特别是针对众创空间、创业基地、科技孵化器等成长中的小微企业融资需求，积极探索担保产品创新、流程创新、管理创新，力求为小微企业提供灵活多元、高效便捷乃至"量身定制"的融资担保服务。

7 完善与发展小微企业融资平台的对策

小微企业融资平台的建成虽然在很大程度上帮助小微企业融资,但由于它是刚建成的在许多方面还不够完善。比如在信用评价体系上还有待完善,运行的不规范导致不少小微企业融资平台面临倒闭,民间资本还有许多没有被利用起来。由于上述不利因素的存在,需要发挥政府的作用,产业方向的改革,投资风险的控制,担保体系的完善,运用德清的经典案例来塑造小微企业融资的新气象,并以西方各国的优秀小微企业融资平台为例,结合我国国情,加以借鉴。

7.1 创新财政支持

德清县于 2015 年 6 月 24 日出台《德清县"小微企业三年成长计划"(2015—2017 年)》,旨在构建起有利于小微企业成长、升级的有效工作机制和平台。国外的财政支持小微企业已经到了成熟的发展阶段,英国在20 世纪中叶就开办了地区风险投资基金,可以参照英国的模式将政府资金和民间资金结合贷款给小微企业,2015 年 9 月德清出台了《关于进一步扶持小微企业加快发展的若干意见》,2015 年 11 月德清又出台了《德清县小微企业信贷引导资金实施办法》和《德清县小微企业创业园补助资金实施办法》,提出财政支持总规模 1000 万元的小微企业信贷引导资金,支持融资性担保机构为小微企业贷款担保。财政支持总规模 1000 万元的小微园补助资金,主要是提高乡镇建设小微企业园区的积极性,切实解决小微企业发展的空间问题,推动小微企业的集聚发展。有财政资金的支持,小微企业融资就少了不少障碍。

美国在 1992 年开办了 SBA 融资平台,对小微企业起着保护和杠杆的作用,规定政府采购:大型企业要将 20% 的业务给予小微企业,而 SBA 就会将这些业务公平地分给小微企业,并且设立培训机构,免费为小微企业提供培训,让他们更好地经营公司。我国也需要这样的一个服务平台为小微企业发展提供帮助,不限于地方政府的财政支持,也需要国家的支持,应以美国为鉴,创办属于自己特色的团体融资平台,协调政府、小微企业、国有企业、大型企业的利益和发展。

同时,还可以从日本财政支持的小微企业融资平台——信用保证协会和中小企业信用保险公库中吸取精华,让保险业和证券协会共担风险,共获盈利,降低使财政支持达到杠杆效果。

7.2 规范发展 P2P 融资平台

新兴的 P2P 网贷等互联网金融以其方便、快捷、无需抵押的优势，正在受到越来越多小微企业主的青睐，改变着小微企业融资生态。P2P 在满足个性化融资需求以及降低融资成本，提升其融资效率等方面发挥着积极作用，是我国金融服务体系的有益补充，确实能在一定程度上解决小微企业融资难的问题。而且随着互联网金融的不断创新和发展，民间资本和互联网金融倒逼金融体制改革。以 P2P 为代表的互联网金融的蓬勃发展提供了一个自下而上的力量推动着利率市场化进程，将会倒逼民间资本加速阳光化的步伐，助力中小微企业的发展。

但是，大量 P2P 公司面临倒闭，正是因为他们没有正视 P2P 平台具有的杠杆性。所以 P2P 平台的正确定位是必不可少的，不少 P2P 平台将大面额的资金带给企业，在获取高收益的同时也面临高风险。P2P 平台有多少稳定运营能力和实际可以做多大的生意之间存在一个杠杆的概念（石鹏峰，2104）。专家经过估算认为杠杆率在 10 倍左右最佳，融资平台需要实时调动杠杆率，使其符合市场的需要，P2P 平台一定要根据自身情况，比如注册资本、客户信用、市场情况调节杠杆率，平台也可以利用杠杆性，将资金借给信用好的大公司或科技型公司。对于杠杆性，要降低风险，提高收益，理性的对待客户资金，监管部门也要做好监管工作，对于上百上千的杠杆率，要警示投资者，并要求平台降低要符合要求的范围内。

7.3 开办 P2B 融资平台降低小微企业融资的风险

P2B 平台现在国内最为成熟是企业持有由银行出具的未到期兑付凭证，经质押，将收益权转让予另一主体，以实现融资。项目给予投资者低门槛、低风险、高信用、高收益：最低 1 元起投资，到期由开具兑付凭证的银行兑付，兑付款作为投资者本息的还款来源，收益高于银行同期理财产品。P2B 融资平台安全性能高，不仅和担保公司合作，而且还用安全性能高的银行承兑汇票作为担保物。P2B 是由 P2P 演化而来的，在各方面都比 P2P 更好、更安全。像有利网、拍拍网等 P2B 对小微企业的审批方面更加全面，对小微企业的信用分类更加精密，在众多企业中刷选出优质企业。所以可以通过开办 P2B 融资平台，来弥补 P2P 的缺陷，从而解决大量 P2P 破产的问题，营造一个安全性更好的小微企业融资和个人企业投资环境。

P2B 的借款对象为法人企业，相较于个人借款而言，不管是资金去向还是资金安全，企业借款都更占优势。首先，正规企业有专业的财务记账，资金来去有据可查；其次，依法经营的企业均有缴纳注册资金，并拥有相关部门的备案登记；最后，企业在向 P2B 平台借款时须提供足值资产抵押或股票质押，以减弱风险。同时，P2B 具有合作的担保机构，P2B 在担保上另辟蹊径：仍然保留担保，但不与民间千篇一律的民营担保机构合作，而是引进大型国有金融机构为项目提供担保并兜底。P2B 平台的项目先由国有金融机构完成尽职调查、征信评定、数据分析等工作，项目确立后交由 P2B 平台线上发布并开始融资

7.4 建立信息数据库

小微企业融资平台需要建立信息数据库，根据客户的信息，实地考察经营的状况给予评定。将企业名称、行业、信用评级、经营状况等一一对应，纳入平台的客户信息数据库，当该客户要进行融资时，可以根据信息库中的资料给定额度、抵押物。当然对信息库需要进行实时更新，同时对于投资者也要建立一个信息数据库，将投资者分为风险爱好性、保守性、中等型，为根据投资者信息寻找合适的融资对象，实现牵线搭桥。

推动小微企业集聚平台建设，德清县已建成科创园、地理信息产业园、电子商务产业园、高新区小微园、雷甸东方工贸小微园、洛舍木皮城等一批各有特色的小微企业集聚平台达 11 个，已入驻小微企业 360 家，特别是首批进入该县小微企业重点培育库的 481 家小微企业。德清县将探索建设小微企业移动服务平台，为小微企业提供在线服务，要根据德清区域功能和产业基础设施条件以及生态县建设结合起来，防止破坏生态的和质量低端的产业和企业进入。根据小微企业集聚平台的信息，形成小微企业的信息数据中心，发放用于满足生产经营资金需求的贷款。

7.5 完善小微企业融资平台的信用评价体系建设

加强小微企业信用体系建设，加快建设统一的企业信息查询平台，逐步实现银行、证券、保险、工商、财税、海关等各部门的企业信息（包括为其他企业提供贷款担保等情况）共享，夯实金融机构放贷风险审查基础。同时，进一步改善和优化担保的政策环境和市场环境，引导和鼓励担保机构业务创新，逐步降低担保费用，扩大担保业务。小微企业融资平台可以利用动态固定的模型来对企业的

信用进行评价，如将企业根据餐饮业、房地产、旅游业、科技产业等不同的领域进行分类，设计出不同的信用评价模式，还要根据经营者的信用、能力、事业性进行评价，一般性企业和新进入的企业区分细化 20 个等级对小微企业进行信用评定。贷出款项后，还要对企业运用款项的合理性、有效性实时监督，做到贷前和贷后有效监督，减少贷款收不回的现象。同时小微企业融资平台还可以引进美国的 Logistic 模型预测企业的破产和违约概率，作为贷前的考虑指标。同时也可以参照英国 Zopa 公司的 B—P 网络神经模型设计出符合中国 P2P 融资平台的模型来。小微企业也可以朝科技产业转型，科技产业可以使用科技产品做抵押，在各信用评价上大多属于优质企业的，对于小微企业融资平台的贷款风险也比较小，科技型小微企业的增多能在一定程度上，增强企业的诚信体系。

参考文献

[1] 朱毅峰：《银行信用风险管理》（第一版），中国人民大学出版社 2006 年版。

[2] 彭建刚：《商业银行管理学》（第一版），中国金融出版社 2010 年版。

[3] 王梓淇："P2P 网络借贷平台探析"，《时代金融》2012 年第 3 期。

[4] 禹海慧："我国 P2P 网络贷款平台的弊端及管理"，《中国流通经济》2014 年第 2 期。

[5] 李爱君："民间借贷网络平台法律制度的完善"，《福州大学学报》2011 年第 6 期。

[6] 刘建伟："商业银行贷款增长过快的原因和对策分析"，《特区经济》2011 年第 2 期。

[7] 陈幸幸、黄长征："商业银行对小微企业贷款的信号传递与信息甄别模型"，《经济研究导刊》2012 年第 19 期。

[8] 王钢、夏谊："民营企业融资服务中心构想"，《浙江经济》2009 年第 17 期。

[9] 刘赛红、张帆："如何建立中小企业融资中心"，《企业家天地》2003 年第 3 期。

[10] 赵生堂、李文胜："金融宏观调控间接化的切入点：融资中心"，《金融科学》1996 年第 3 期。

[11] 刘尚智、路永德："对青海融资中心需要调整的几项政策建议"，《青海金融》1996 年第 1 期。

[12] 吴辉儿："竞争与关系型融资研究评述"，《经济学动态》2008 年第

4 期。

[13] 田志鹏、张欢:"美国富国银行小微企业贷款经验及对我国的启示",《甘肃金融》2012 年第 3 期。

[14] 韩刚:"商业银行金融创新与科技型小微企业融资困境突破——以交通银行苏州科技支行为例",《金融理论与实践》2012 年第 4 期。

[15] 李明贤、罗荷花:"小微企业融资约束问题研究进展及展望",《湖南农业大学学报》2013 年第 5 期。

[16] JR Magee. Peer – to – peer Lend in the United State: Surviving after Dodd – frank. *North Carolina Banking Institute*, 2011.

[17] Lisa J. Servon; M. Anne Visser; Robert W. Fairlie. The continuum of capital for small and micro enterprises. *Journal of developmental entrepreneurship*, 2011, 15 (03): 301 – 323.

[18] Michel Dietsch, Joel Petey. The credit risk in SME loans portfolios: modeling issues pricing, and capital requirements. *Journal of Banking and Finance*, 2002, 26 (2): 303 – 322.

[19] Jseph E. Stiglitz, Andrew Weiss. Credit Rationing in Market with Imperfect Information. *Amrican Economic Review*, 1981, 71 (3): 393 – 410.

[20] Edward I. Altman. Financial Ratios, Discriminant analysis and the prediction of corporate bankruptcy. *The Journal of Finance*, 1968, 23 (4): 589 – 609.

第8章

便捷支付与移动金融

1 国外学者对移动金融业务的研究

1.1 国外学者对移动金融业务的研究

对移动金融基本内涵的分析，随着移动智能终端的普及，特别是苹果公司 iPad、iPhone 等产品的普及以及 Android 开放系统的崛起颠覆了传统的移动终端市场格局。金融信息化的建设一直是国内外广大金融公司所投入的重中之重，提供更多的渠道来服务于金融客户是金融信息化的根本出发点，而技术进步带来了更智能化的操作和更优秀的用户体验，降低了移动渠道产品价值的传递成本，从而激发出大量的市场需求。移动金融是借助于电子移动设备访问计算机媒介网络，以实现物品和服务的所有权或使用权的任何交易（蒂瓦里·R. 和巴斯·S. Tiwari, R. & Buse, S., 2007），是移动互联网时代金融信息化发展的必然趋势。

从技术层面对移动银行业务的研究，皮维斯、道格拉斯和杰克（Peevers, Douglas & Jack, 2008）归纳得出，移动信息技术对商业银行金融服务的影响表现在：提高了便利性、安全性和近距离通信消费。由于移动金融业务对安全性的依赖，斯迈·比亚尔，陆长田和梁莉莉（Seema Nambiar, Chang-Tien Lu 和 Lily R. Liang, 2004）提出通过 WAP 技术、SIM 卡应用和 J2M 技术来实施移动支付的安全交易。对移动金融业务风险的研究，陈（Chen, 2006）认为安全与风险是一个问题的两个方面，移动金融业务的使用是基于人们安全与风险的权衡。

对于移动金融业务对商业银行的影响研究，移动金融业务最大优势在于便捷，商业银行为此也面临着巨大的挑战和机遇。皮维斯、道格拉斯和杰克（Peevers，Douglas& Jack，2008）指出对银行机构来说，将移动金融服务融入自身业务体系中，有利于利用提高传统服务业务的灵活性，并引入新的金融服务模式，从而拓展业务领域和客户范围。唐纳·特列斯（Donner & Tellez，2008）指出，手机与移动银行的出现，使得人们之间的信任得以加强，而信任的加强又加速了社会资本的形成。

1.2 国内学者对移动金融业务的研究

对于移动金融生态环境的研究，郑岩（2014）认为银行、运营商移动金融的生态环境尚未形成规模，包括用卡环境、合作模式在内的大量基础性工作尚待推进。对于移动金融业务风险的研究，彭丽恩（2013）指出移动金融服务的技术风险主要包括信息泄露风险、交易过程遭受攻击带来的风险、移动金融的系统和服务网络遭受攻击带来的风险、欺诈行为带来的风险、信息污染风险、技术外包带来的风险、移动金融系统的研发、维护不当带来的风险。

对于技术层面对移动银行业务的研究，国内很多学者从用户分析、价值链构成以及笔者所研究的价值分配问题等方面致力于研究移动金融业务，多数研究关注于移动金融的特征以及信息技术对移动金融发展的影响，而忽略了从产业链的整体角度来揭示移动金融产业形成的原因及发展的动力（刘以研，王胜今，2013）。谢雨琦（2011）、冯守尊（2009）李必云、石俊萍（2010）认为，是依靠我国自主研发，还是与国际业接轨融合的问题标准尚未统一，这使得整个移动支付产业的发展将面临诸多挑战。

对于移动金融业务对商业银行的影响研究，农业银行产品创新规划项目组（2013）研究表明，随着移动互联网、社交网络、云计算、大数据等新技术的兴起以及金融体制改革的不断深化，在新兴的移动金融环境中，商业银行面临着电信运营商、大型零售商、第三方支付机构、电子商务平台等竞争者的巨大冲击。钱峰（2012）指出，移动金融的发展使商业银行金融服务方式产生了革命性变革，移动信息技术的发展使得金融服务具备了移动性的特征从而打破了金融业固化站点模式有效地突破了地域时间的限制能够为身处各地的用户提供小时的全方位金融服务。

2 移动金融业务发展过程和模式

2.1 移动金融的发展与功能推进

2.1.1 移动金融的发展

国外,由于手机的普及,美国可口可乐公司在1997年开创由手机短信服务(Short Message Service,即 SMS)形式支付购买可口可乐,来增加用户对可口可乐的购买量,开启了移动金融。1999年菲律宾的 Smart Money 和日本的 NTT DoCoMo(日本最大的移动运营商)的 i-Mode 网络服务象征着移动金融平台的出现。移动金融相关服务也得到了迅速发展,2000年挪威实施移动停车付费服务;日本推出的移动购买飞机票服务;澳大利亚使用移动设备购买火车票服务。2003年韩国 LGU+ 开通采用红外技术的移动支付业务,使移动支付开创了新时代。2004年支付宝的推出是中国第三方支付运行模式的首次出现。2011年美国的谷歌钱包的推出是手机银行与移动支付的结合。2014年美国苹果支付取代传统支付方式,开启新的支付时代(详见表8-1)。

表 8-1　　　　　　　　移动金融发展历程

年份	国家	事件	影响
1997	美国	手机 SMS 消息支付可口可乐	移动金融的最早形式
1998	挪威	Expandia 银行与 Radiomobile 公司联合推出了手机银行系统	手机银行运行模式产生
1999	菲律宾、日本	菲律宾的 Smart Money 和日本的 NTT DoCoMo 的 i-Mode 网络服务的出现	移动金融平台的出现
2000	挪威、澳大利亚、日本	移动停车付费服务、购买火车票服务和购买飞机票服务在移动支付的推行	使移动金融业务飞速发展
2003	韩国	LGU+ 开通采用红外技术的移动支付业务	移动支付开创新时代
2004	中国	支付宝的推广和诞生	中国第三方支付运行模式的产生
2011	美国	谷歌钱包的推出	手机银行与移动支付的结合

续表

年份	国家	事件	影响
2014	美国	苹果支付的推出	取代传统支付方式，开启新的支付时代

资料来源：李麟、钱峰：《移动金融——创建移动互联网时代新金融模式》，清华大学出版社 2013 年版。

由于终端设备技术的不断提升，掌上电脑（Personal Digital Assistant，简写 PDA）和手机的普及，越来越多的业务开始通过移动设备客户进行交流，来提供更快速、无限制的服务。为了跟上移动金融市场的快速发展，诺基亚、摩托罗拉等各大手机制造厂商也依据 AT&T 无线（American Telephone & Telegraph Co. 美国电话电报公司）和 Sprint（即美国 Sprint 公司成立于 1938 年，美国第三大移动运营商）开发出了基于 WAP 的智能手机，从而提供了更多的移动金融服务功能。

手机通信网络从网速 2G 到 3G 再到 4G，不断提高网络速度和网络质量，为移动金融提供了可靠的基础网络支持。随着移动信息技术的不断发展和网络的进步，4G 与各种宽带无线接入技术和 WiFi 的普及，为商业银行创新提供了广阔的空间。

国内从 2013 年开始移动金融火速爆发，用户数与金融业务成交量呈几何倍数上升。以玖富、挖财、铜板街、盈盈理财、滚雪球为代表的移动端理财产品陆续兴起，在短短两年的时间内，交易规模少则 10 亿元，多则几十亿元，注册用户量也有几十万户到百万户的规模。2014 年，大量的移动金融服务开始涌入市场，截至 2015 年 12 月，我国手机网民规模达 6.20 亿人。

2.1.2 移动金融的功能推进

在消费金融时代即将到来前提下，移动金融正在成为所有金融企业赢得客户的主战场，是所有金融行业未来发展的战略方向。移动互联网时代，移动 App 成了所有企业的客户入口，而智能手机越来越像人们的一个电子器官，成了人类视觉和听觉的延伸。

2.1.2.1 移动金融 1.0 对互联网渠道的开拓

移动金融 1.0 只是将网上银行服务照搬到手机 App 上。很多金融企业特别是银行，对移动金融布局和发展没有深度理解，仅仅是被动地将网上银行产品和服务复制到了移动 App。在这个阶段手机银行的主要任务就是服务好客户，将金融交易从柜台或者 PC 互联网转向移动 App，实现数字化移动运营（移动 App 统计分析平台）和用户体验提升（移动 App 运营优化和咨询），为客户提供便捷的金融服务。此阶段，移动金融的创新是互联网，但客户资源没有被开发利用，只局限于老客户，客户价值挖掘不大。

2.1.2.2　移动金融 2.0 实现金融产品创新与多元化

移动金融表现出零边际成本，充分挖掘数据价值和大数据征信的功能，移动端自动化授信，利用微信发放贷款等金融创新随之产生。移动金融 2.0 提供大部分消费场景，电商化移动金融平台，为客户提供基本消费场景，包括电影票、餐饮优惠券、电子产品、火车票、飞机票、手机充值、生活缴费、交通罚款、彩票、快递服务等。借助于移动 App 为所有消费场景提供移动金融服务，成为所有客户移动互联网消费的主要入口，通过消费分期、服务手续费、商家返利、零售商品差价等方式赚取利润，利用用户画像（大数据管理平台 DMP + 移动互联网客户行为数据）、精准营销（DMP + DSP）和跨界营销（移动统计分析平台 + DSP + 移动游戏）等技术，实现消费场景移动化。典型代表就是招商银行掌上生活、光大移动金融 App 和浦发银行喜大普奔 App，但此阶段，客户价值和数据价值没有被充分利用，企业服务价值和平台价值没有被发现。

2.1.2.3　移动金融 3.0 实现金融场景化和平台化

2014 年 6 月 27 日，浦发银行、中国移动和复旦大学联合发布《移动金融产业发展趋势与新生代用户研究》报告和移动金融 3.0 标准，移动金融进入以"移动金融生态圈"为主导的 3.0 时代。移动金融 3.0 重点是平台金融服务，金融行业可以借助于移动金融平台，联合一些企业，选择优质产品开展产品促销。例如电子产品、家居用品、旅游用品、日化产品、时尚用品等，利用数字化移动运营（移动 App 统计分析平台）、外部数据（用户在移动互联网的行为）、数据交易（外部数据交易平台）、跨界营销（电子产品和其他标准产品）等技术，移动金融 3.0 平台上客户的消费行为和点击行为，可以帮助金融企业了解客户，形成具有价值的数据，这些数据也具有商业价值，可以作为一种数据商品出售给企业。如，招商银行信用卡掌上生活部分功能、手机天猫。但此阶段，流量变现后，如何进行留住老客户，增加新用户，以及移动金融 App 如何定位。

2.2　移动金融运行模式分析

移动金融服务的运行模式可分为三种：以移动运营商为主导的运行模式、以银行机构为主导的运行模式和以第三方支付企业为主导的运行模式。

2.2.1 以移动运营商为主导的运行模式

运营商由于在信息技术和网络服务占有优势，注资金融机构来主导产业链的发展。运营商承担商家终端设备成本、确定移动支付分成模式，同时也注重整合终端设备提供上的资源发展智能终端设备，这种注资方式促使银行的参与积极性较高。日本就是采用这类模式，该运营方式具有如下特点：（1）运营商成为主导，带来新业务，增加用户使用度；（2）运营商掌握的技术和网络载体可以直接与消费者进行交易结算，不需要银行参与；（3）运营商部分充当金融机构的角色，但监管机构无权监管，违背了国家政策。

该形式应用在中国主要是三家运营商中国移动、中国联通以及中国电信通过各自后台处理中心将金融产品发布在各大银行的 APP 再由商家购买，如图 8-1。

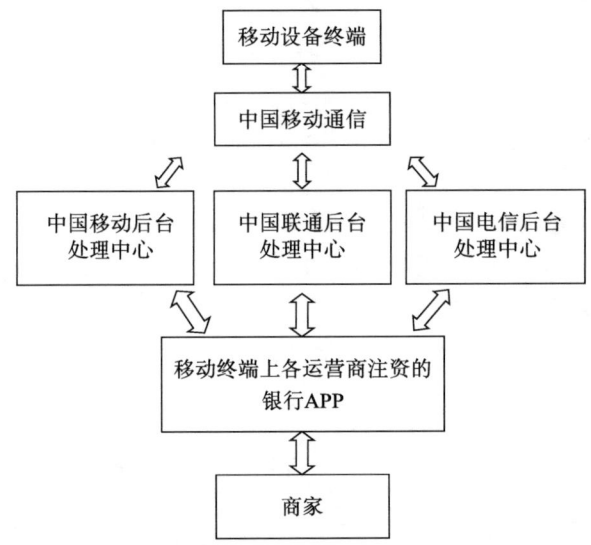

图 8-1　以移动运营商为主导的运行模式

2.2.2 以银行机构为主导的运行模式

银行等金融机构通过网络专线与移动网络互联，消费者通过银行卡账户进行移动支付，或者将银行账户与手机账户绑定，具有如下特点：（1）各个银行推出的金融产品几乎类似，缺乏创新，各个银行产品间的互动也较少；（2）每家银行都有个字不同的系统，重复建设系统造成浪费；（3）对手机、平板电脑及

POS 机等移动设备都有安全性的要求。在这种方式下，由于一部手机不能与多个银行账号对应，会导致消费者只能选用一间银行，这会阻碍移动支付业务的推广。

中国银联的"手付通"就是采用此类模式，如图 8-2 所示。"手付通"就是以手机中的金融智能卡为支付账户载体，以手机为支付信息处理终端，通过无线通信网络以及非接触通信技术进行远程和现场支付的新兴支付方式。所有交易都是通过用户的手机向银联平台发起交易；交易发起之后，交易信息由手机端软件从加密智能卡芯片获取，以加密方式保存，通过 GPRS 网络发送到银联平台。

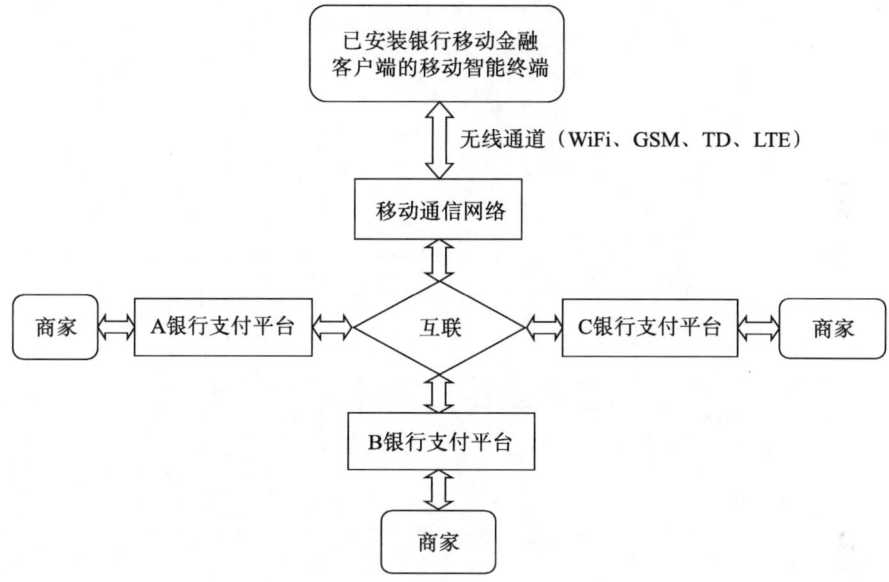

图 8-2　以银行机构为主导的运行模式

2.2.3　以第三方支付企业为主导的运行模式

第三方支付企业作为运营商、金融消费者、金融机构之间的中介，利用移动通信网络资源和金融机构的账号，对用户和商户进行身份认证和交易确认，完成账户之间的结算。该方式具有如下特点：(1) 产业链上各节点，如银行、运营商之间有明确的分工；(2) 简化交易关系，避免繁琐的过程；(3) 对第三方服务商的要求高，需要有一定资金并在市场有一定影响力。在运营方式上，基于各方拥有的独特资源，呈现多元化的合作模式，目前主要是银行主导运营，同时也存在部分的金融运营商和金融机构共同运营，支付宝等第三方支付企业独自运营的模式。

支付宝就是采用这类操作模式，如图8-3。支付宝主要提供支付及理财服务。包括网购担保交易、网络支付、转账、信用卡还款、手机充值、水电煤缴费、个人理财等多个领域，还推出了余额宝等理财服务。在进入移动支付领域后，为零售百货、电影院线、连锁商超和出租车等多个行业提供服务。支付宝与国内外180多家银行以及VISA、MasterCard国际组织等机构建立战略合作关系，成为金融机构在电子支付领域最为信任的合作伙伴。

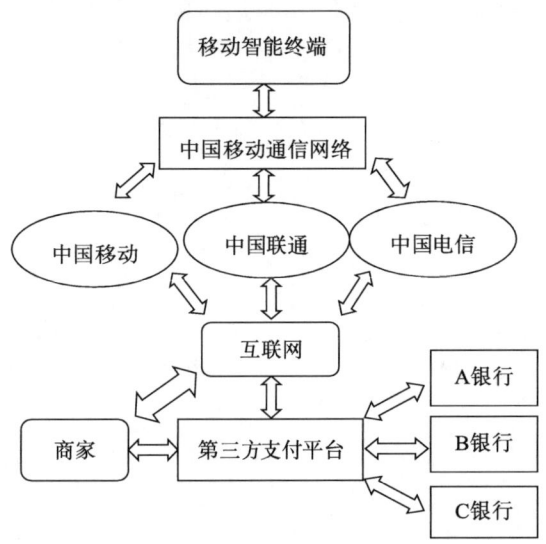

图8-3 以第三方支付企业为主导的运行模式

3 宁波地区移动金融业务发展现状

3.1 全国移动金融试点城市

宁波是浙江省唯一的NFC（即Near Field Communication，近距离无线通讯技术）移动支付平台试点城市。自2007年以来，在中国人民银行的指示和领导下，宁波开始了移动金融基础建设，并与各家银行联手开发芯片处理、金融IC卡的研究和推广、手机平台及移动支付平台的建设，成功应用于电影票、医疗、市民卡和电子现金等领域。在此期间在全市7万多台POS机上建立金融IC卡网点，2013年宁波几乎已全市覆盖了金融IC卡。2013年国务院印发《关于促进信息消费扩大内需的若干意见》（国发〔2013〕32号），将"加快电子商务示范城市建设、建设移动金融安全可信公共服务平台、大力发展移动支付"作为国家促进信息消费、扩大内需的重要举措。2014年5月国家发展和改革委员会、中国人民银行联合下发了《关于组织开展移动电子商务金融科技服务创新试点工作的通知》（国发〔2013〕32号），宁波成为移动金融首批试点城市，由此可见，宁波移动金融环境在全国是非常先进和良好的。2014年全市商户金融IC卡POS机的覆盖率已经达到95%，而宁波全部的公共交通设备都可用手机支付和金融IC卡支付，包括在建的轻轨，所以整个宁波应该说具备了NFC大量使用的环境，优于全国的其他城市。

3.2　NFC手机移动支付随时随地快捷安全

手机银行是利用移动通讯网络及终端办理相关银行业务的简称，作为一种结合了货币电子化与移动通信的崭新服务，不仅可以使人们在任何时间、任何地点处理多种金融业务，而且极大地丰富了银行服务的内涵，使银行能以便利、高效而又较为安全的方式为客户提供传统和创新的服务。NFC手机支付是一种近距离交易的创新支付产品，将日常生活中使用的银行卡、交通卡、地铁票、门禁卡、会员卡等各种电子卡片信息写入SIM卡中，能在全国标有银联"闪付"标识的POS收银机上"刷"手机消费。宁波主要商业银行特别是宁波银行都大力普及手机银行业务（见表8-2）。

表8-2　　　　　　　　　主要商业银行手机银行开展情况

银行	实现方式	交易种类
工商银行 宁波市分行	短信、WAP、客户端	转账、汇款、缴费、证券交易、外汇交易、贵金属交易、信用卡、小额购汇
建设银行 宁波市分行	WAP、客户端	转账、汇款、支付、缴费、证券交易、外汇交易、贵金属交易
交通银行 宁波市分行	WAP、客户端	转账、支付（手机充值、机票）、基金交易、外汇交易、贵金属交易、信用卡（还款）
招商银行 宁波市分行	网页、WAP、客户端	转账、缴费、支付、信用卡（还款）、证券交易

续表

银行	实现方式	交易种类
浦发银行宁波市分行	WAP、客户端	转账、缴费、基金交易、信用卡（还款）
民生银行宁波市分行	WAP、客户端、短信	缴费、转账、支付、信用卡
兴业银行宁波市分行	WAP、3G 网络、客户端	缴费、信用卡（还款）、贵金属、理财产品、基金、外汇、银证、国债
宁波银行	WAP、客户端	转账、缴费、基金交易、贷款、信用卡

资料来源：各大商业银行网站。

宁波移动 NFC 手机支付于 2013 年全面启用，市民只需更换一张与银行卡绑定的 SIM 卡并在特定的手机中使用，就可以在全市 6 万多家商铺使用 NFC 手机消费，涵盖了商场、餐饮店、加油站等。其中宁波移动已与浦发银行、光大银行、中国银行、招商银行、中信银行、广发银行、民生银行建立了 NFC 手机支付合作。

宁波 NFC 手机支付环境渐趋成熟，全市已有 8 万家标有"Upcash"或"Quickpass"标识的商场、超市等均支持"刷"手机消费，商家覆盖率超 96%。2015 年 5 月 17 日宁波移动联合宁波市民卡公司、宁波银联首发宁波 NFC 手机市民卡，成为宁波市唯一商用手机市民卡的运营商，将 NFC 技术与市民卡功能相结合，应用电子钱包产品用于地铁、公交、出租车等交通行业以及商场、超市等消费。

3.3 金融 IC 卡为市民提供安全便捷的金融服务

2008 年宁波成了金融 IC 卡试点城市，自此，宁波市以市民卡为主体不断促进金融 IC 卡推广应用。2014 年 2 月，引导银行业金融机构从系统后台关闭 6 万多台直联 POS 机具受理端金融 IC 卡复合卡的降级交易功能，使金融 IC 卡复合卡芯片使用比例由试点前的 34% 上升到 99.9%，大幅降低了金融 IC 复合卡因磁条被盗刷的可能性，保障消费者金融资产安全。截至 2015 年，宁波市金融 IC 卡和移动金融电子现金交易笔数 1725.87 万笔，同比增长 447.96%，交易金额 3558.35 万元，同比增长 170.19%，交易笔数即增幅均具全国前列。宁波市金融 IC 卡已在公交设施、医疗单位、城市管理、便民服务等多个行业普及，真正达到有卡可用。

金融 IC 卡采用芯片技术与金融行业标准，金融 IC 卡与普通银行卡相比，金融 IC 卡攻克了磁条卡易被复制和伪卡欺诈难题，同时，将银行卡、电子钱包功能等其他功能进行集成，既减少了空间也简化了程序，操作也极为方便。具体优点，如图 8-4 所示。

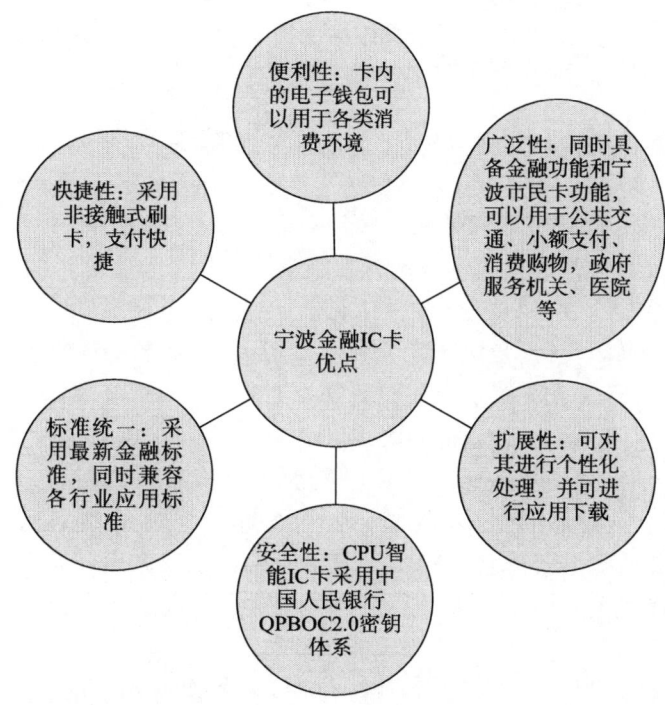

图 8-4　宁波金融 IC 卡优点图

资料来源：中国银联宁波分公司网站。

3.4　建立移动金融公共服务平台

通过宁波市资金清算中心建设宁波市移动金融公共服务平台，发挥区域性联网通用作用。在国家电子商务示范城市电子商务项目——宁波市金融 IC 卡多应用平台的基础上，2015 年 2 月宁波市移动金融公共服务平台上线试行，使宁波市成为国内唯一具备这两项基础设施并投入运行的城市，平台连接了使用者和内容提供者两大群体，具有内容丰富、兼顾安全和便利的移动金融"生态圈"。

依托《宁波市金融 IC 卡公共服务领域多应用联网通用建设公约》，吸纳首批 10 家试点商业银行、3 家电商运营商、第三方支付机构、第三方商务平台和开发商单位广泛参与，构成了"成本共担，资源共享"的多层次金融市场主体合作共赢机制。

4 移动金融成为宁波市普惠金融发展的创新点

4.1 贴近民生，金融IC卡已成为金融服务民生的"宁波模式"

2008年宁波结合城市信息化和金融信息化，积极向中国人民银行总行申报，并于当年获批为全国首个金融IC卡多应用试点城市。经过3年的建设，2011年试点项目顺利通过验收，试点经验被中国人民银行总行总结为"宁波模式"向全国推广。金融IC卡已紧紧融入宁波市民生活中，甚至在菜市场，宁波市民也可用金融IC卡进行付款买菜，市民只要选好食材后，确定价格，把金融IC卡放在秤盘的POS机上一刷即可完成付款，整个支付过程不到10秒。这个名为"闪付通"的金融IC卡集称重、结算一体，还加入了食品追溯系统，市民可以根据金融IC卡轻松了解食品的安全和来源。不仅如此，金融IC卡还可以用于乘坐公共交通工具、缴纳水电费、扣除罚款、餐馆饭店付款等方面，做到真正的"一卡在手，出行无忧"。

4.2 以手机为载体的金融创新，保障移动金融的安全性

指导商业银行通过采用成熟的智能密码钥匙（key）SE等基于安全芯片的电子设备作为必要认证，全面保证大额资金类、重要信息变更类、重要业务变更类等高风险交易的安全性，截至2015年，宁波市辖内已经推广基于手机内置SE、智能密码钥匙等电子设备的安全移动终端30万余部，每月交易量超40万笔，初步形成移动金融规模应用。同时发卡银行与电信、联通等运营商深入合作，截至2015年末，140多个移动营业厅开放SIM写号业务，联通、移动公司均已授权在试点银行网点为客户办理一站式业务。

2011年宁波市商业银行在人民银行的领导下推出了手机信贷产品，银行将客户信息、个人资料以及信贷额度的资料融入了客户的手机SIM卡中，客户可以通过手机操作，向各商业银行借款。此外，还能实时查询借款、还款明细等，并及时还款。这笔授信可在客户资金短缺时及时借款，期限少则一周，多则一个月，避免了借不到钱的苦恼和尴尬，也免去了为几万元一次次向银行申请贷款的

麻烦流程。手机信贷业务，对信用度良好并运营情况稳定的个人及单位，而且经工商行政管理机关核准登记，都可进行发放贷款。

4.3 移动支付平台成为打造宁波智慧城市的重要路径

2013年9月26日，宁波市金融IC卡多应用公共服务平台上线试运行。为使平台今后服务于移动支付业务，宁波市资金清算中心启动了对接中国人民银行总行移动支付安全可信公共服务平台工作。经过周密的网络配置、程序开发、报文测试等工作后，双方平台于2013年10月31日对接成功，完成行业应用的注册、上线、发现等功能，即实现双方平台互联互通。宁波市资金清算中心将以金融IC卡多应用公共服务平台与总行移动支付安全可信公共服务平台对接为基础，积极探索服务移动支付的商用模式，为宁波地区移动支付业务提供安全、高效的服务。

宁波移动支付平台中比较有名的是宁波"翼支付"，是中国电信依托电信级的平台性能和金融级账户安全，将多种支付、缴费方式整合及管理起来，向用户提供方便、快捷、全方位的移动支付服务，从而在手机上实现"多卡合一、一卡通用"的目的。通过翼支付官网及手机客户端还可实现手机话费充值，水、电、煤等日常生活费用的缴纳和购买彩票、电影票，游戏快充等，同时还可在中石化、新华联、东方百联商厦等50多家宁波电信合作商户消费使用，其中在指定中石化加油站刷天翼手机加油即可享受相应优惠，如果客户车辆违章还可在线轻松缴纳交通罚款，深受宁波市民的喜爱。

4.4 以场景为驱动，创新线上线下融合应用

应用场景为驱动创新线上线下融合（O2O）应用，如中国工商银行—云城客①开展战略合作，利用安全移动终端所提供的实名认证和安全支付功能，实现移动互联网环境下的消费管理、近场交易、优惠券、O2O交易等服务内容；中国建设银行—卡宾泰克公司联合创新停车场ETC项目，并与辖区所有发卡银行达成合作。其他餐饮、游乐、景区等线上应用也陆续推出。截至2015年末，包括线上、线下以及相互融合的移动金融应用已达到17个，涵盖金融服务、公共服

---

① 云城客是基于城市本地商务活动与移动支付（TSM）的应用平台，由中国工商银行宁波市分行和宁波天阳科技有限公司合作建立起来的集社交生活、消费服务、金融理财"O2O移动电子商务金融科技服务"云媒体平台。云城客通过互联网与移动技术融合传统商业应用，实现线上线下生态互动、体验、参与和支付（TSM）的生活消费商务活动。

务、商业消费、电商平台等主要领域。在移动互联网的背景下，移动金融顺势演进为继承金融 IC 卡发展的新业态，移动金融公共服务平台上联国家移动金融平台，下接金融 IC 卡多应用平台，平台金融服务更具有普遍性、便捷性。

5 宁波地区移动金融业务发展中的问题与原因

5.1 宁波地区移动金融业务发展中的问题

5.1.1 安全问题是发展移动金融的主要问题

移动金融将传统金融的风险转移到了移动网络和移动终端上，随着移动金融的发展，各种木马病毒通过移动终端盗取用户钱财和信息的案件不断出现。传统的 PC 端基于数字证书的身份认证技术和数字签名技术在移动安全问题上仍然能够发挥巨大的作用，同时还应积极与安全厂商合作，在病毒扫描、非法入侵和系统安全方面加强防范，最大限度地为移动金融业务提供安全的运行环境，在满足易用性的同时消除移动金融系统的安全隐患，保障移动金融业务的可持续发展。例如 2013 年移动金融安全问题爆发，出现了"洛克蠕虫"、"银行悍匪"等高危的移动金融支付类病毒。此类病毒能够专门针对手机银行端窃取用户账号密码，在短短几个月内有数以万计的用户遭到攻击，使用户造成大量金及损失。

5.1.2 农村及偏远地区移动金融未普及

农村及偏远地区移动金融业务的未普及将会进一步拉开城乡移动金融业务发展水平，不利于城乡统筹发展。移动金融低廉的成本优势和对时空的无限制性，为发展农村金融、扩大金融服务在边远地区的覆盖提供了一个良好的途径。但是，各种终端和技术还未在农村及偏远地区得到普及，而农村及偏远地区本身的网络技术和基础服务都未达标和覆盖，使得移动金融在农村及偏远地区难以普及。宁波一些山区，如在四明山手机银行、金融 IC 卡虽已普及，但大部分山区居民并未使用这些移动金融产品，而且对应的移动金融设施在山区未跟上，使得部分移动金融产品难以使用。

5.1.3 移动金融的商业模式仍待完善

宁波移动金融仍处于发展的初期阶段，由于宁波商业银行并未取得绝对优势，这导致移动金融产业链主导权争夺激烈，行业未完成整合。商业银行和电信运营商都在争夺产业链主导权，以获取更大的市场话语权。商业银行希望重点发展手机银行，以扩大既有客户群体，并带动相关金融产品营销。电信运营商重点关注申领第三方支付的牌照，大力推动"手机钱包"，希望将自身的技术优势转变为市场优势。同时商业银行内部移动金融服务标准尚未统一，行业合力没有充分发挥。各商业银行均重视移动金融的利润贡献，忙于跑马圈地，推动自身业务发展，却没能加强整体协作，建立移动金融服务的共享平台，提高商业银行对移动金融客户的综合服务能力。

在日本，DoCoMo 3G 手机的用户通过手机就可以轻松购买可口可乐，银行在其中提供在线支付功能。在韩国，消费者已经把手机作为信用卡使用，几乎所有韩国的零售银行都能提供手机银行业务，而银行会实时对用户信息进行加密，保证用户隐私和钱财安全。这些都是商业模式完善的经典案例，值得借鉴。

5.1.4 移动金融创新力度不足

商业银行发展移动金融的关键在于通过全面创新、借鉴国外成功案例和先进技术，推动移动金融经营水平的提升。虽然宁波市是我国首先几个发展移动金融业务的地区，但发展时间也尚浅，远远不及国外发达国家移动金融水平，创新也成了宁波发展移动金融的挑战。在宁波乃至全国，移动金融的技术都是依据国外先进的移动金融技术进行模仿，导致创新程度不足，并不能完全适用于国情，甚至有些功能很少有用户使用，很难达到真正创新的水平。

5.2 宁波地区移动金融业务发展中产生问题的原因

5.2.1 移动金融业务技术风险的原因

移动金融业务技术风险内因的产生归结于两大方面：一是由于移动金融引入了过多的通信技术，容易产生混杂，这些技术的引入是导致技术不了解引起安全风险发生的根本原因。例如银行设备及网络通信跟不上移动金融发展导致移动金融产品无法使用。二是由于金融机构内部对移动金融服务的技术风险防范意识不足。对于金融机构来说，内部人员对技术风险的不了解和不重视，会造成其对技术风险的预见不足，事前没有做好风险防范措施的规划，导致在技术风险发生时不能及时作出反应，这是移动金融服务技术风险产生的根本原因。

移动金融服务技术风险的产生与其所处的大环境是分不开的，主要包括法律建设、监管机制、行业发展状况、政策等。同时，用户行为也是使金融机构遭受技术风险的另一外因。首先，监管制度不完善。任何事情的发展完善都需要时间，对移动金融服务的监管也是如此。我国对移动金融服务的监管存在的难点主要有以下几方面：缺乏保障移动金融业务有效开展的法律框架，使得监管无法可依；现有的监管机制对移动金融业务还存在漏洞；监管人才对移动金融业务的不了解，难以对移动金融进行监管；移动金融服务需要高新技术的支持导致监管的成本较高。其次，智能手机的安全问题。由于智能终端设备对我们的生活造成越来越大的影响，所以它们的安全问题是造成移动金融安全问题的主要外因之一。手机病毒、木马的日益猖狂，威胁着用户的财产安全，木马盗号也是屡见不鲜；手机系统平台的繁多，客户端的多种多样导致金融机构难以管理，暴露出更多漏洞；手机的丢失和损坏也对用户造成很大的威胁。

5.2.2 农村移动金融未普及的原因

移动金融业务在农村市场的覆盖率很低，主要有三个方面的原因：一是宁波大部分地区特别是农村和边远地区的推广还没到位，导致不少农村和偏远地区群众对于移动金融了解甚少；二是农村人口和农民工群里的文化水平相对较低，而部分客户端界面和操作的繁琐导致农村及偏远地区市民对移动金融产品操作能力低，甚至不会使用移动金融产品；三是移动金融基本设施未在农村和偏远地区普及，导致部分农村市民无处使用移动金融产品，例如在部分山区或农村4G网络还未普及，移动金融产品很难顺畅运行。

5.2.3 商业模式未完善的原因

银行、运营商移动金融生态圈的参与主体众多，各自都有利益的诉求，这也导致了商业环境的复杂性，而各方都希望"以我为主"的立场导致市场无法形成，这也就导致宁波商业模式不能完善。同时，金融机构与电信运营商的直接合作机制尚未建立，行业尚未统一标准。移动支付应用的发展需要产业链各个主体之间的合作，但是目前，电信运营商与金融机构均从自身利益最大化的角度考虑，为了实现控制产业链的目的，建立了双重标准，无法达到统一。这种行业的多标准化不利于行业规模化发展。

5.2.4 创新力度不足的原因

由于宁波市主要商业银行移动金融发展在全球起步较晚，互联网及通信技术都未普及和升级，使得移动金融技术和设备也受到了限制，日益疯长的木马和病毒也影响着宁波市移动金融的创新。国外的先进银行在移动金融方面的率先起步使他们建立起了一系列移动金融特色服务体系，这使得国外先进银行联动性较好，更加稳定和快速地发展移动金融。

6　解决宁波地区移动金融问题的对策

6.1　加强移动金融服务技术风险管理

6.1.1　明确移动金融各主体的定位

移动金融生态圈至少要具备三个特征：一是需要有公正权威的组织者，维护各主体公平互补、合理共赢、开放共享的关系；二是互联互通，即各主体在统一的接口、报文等技术标准和公共服务平台下进行规范化的商务合作；三是安全可信，即各主体在统一的实名身份认证和密钥体系下实现移动支付业务。

商业银行应该侧重对自身品牌钱包的考虑，以建立品牌钱包为契机、整合手机银行业务，在服务上形成差异化竞争；中小银行可以与运营商或银联合作，以产品方式介入运营商或银联品牌钱包。各银行都要做好移动金融的硬件投入以及POS非接商圈的改造，将移动终端作为未来网点的延伸。

三大运营商品牌的手机钱包应支持任何银行的PBOC应用，也可以开发一些账单支付类应用。与中国人民银行MTPS构成可信联网，依托各城市城域网达成全国互联互通。在客户端方面，加快定制NFC手机（尤其是低端智能机）和SWP-SIM卡投入。同时，对商业银行开放共享SIM安全空间和接口，支持商业银行创建品牌钱包。

中国银联可以代表中小银行与运营商合作，租赁运营商的SIM卡空间，支撑中小银行的移动金融业务，如用银联钱包品牌体现中小银行的PBOC应用。亦可做全手机终端的发行方TSM，组建移动支付联盟。

6.1.2　从技术手段的角度进行风险防范

2012年12月14日中国人民银行正式发布了《中国金融移动支付系列技术标准》（中国人民银行公告〔2011〕第14号），对移动金融在技术、管理和安全方面进行了规范。移动金融服务的安全问题，大多是互联网技术和通信技术导致的。要使信息安全存储不被盗取，可以采用加密技术、数据分体存储技术、访问控制技术等安全技术，建立更高技术的移动金融数据库，防止不法分子利用木马盗取信息。如果用户在移动金融交易的过程中遭到攻击，这种情况对金融机构的影响不可控，为降低移动金融服务的交易过程遭受攻击，金融机构在提供服务时候可以采用专用信道、构建防火墙、加密技术、安全协议技术，数据完整性技术也是一种不错的选择。

6.1.3 从监管的角度进行风险防范

对于移动金融服务的监管，需要政府监管当局进行一般风险监管以及技术性安全与管理安全的监管。政府应制定新的法律，建立新的监管制度，改变传统的银行监管方式，把重点放在监管网络和交易的安全、维护金融机构稳健经营和对移动金融客户的保护上，制订些新的监管规则和标准，防止恶性竞争。金融机构本身应该采取一些措施，保证风险管理和安全防范机制能够适应移动金融服务，并对监管者的金融专业知识进行培训使其能更好地管理移动金融业务。

6.1.4 改善移动金融所处的外部环境

移动金融的成功是建立在产业链的成熟基础之上的，发展外部环境也将变得至关重要。银行要不断完善外部的配套措施，包括完善移动金融服务的法律法规建设；增强移动金融安全技术的研究，保障客户信息不被泄漏，如客户信息资料库技术、移动终端安全技术等；加强信息金融人才培养，特别是具备网络知识、通信知识和金融知识的人才培养。

6.2 移动金融融合实体经济普及推广

6.2.1 积极在农村地区推广移动金融

由于宁波市农村居民占比大，所以农村市场是发展移动金融业务的潜力市场。移动金融拥有能够借助移动互联网技术可以极大地降低金融服务成本，能够更适合支持农业现代化建设、提升农民收入水平和建设社会主义新农村。在乡村网点建立移动金融服务体验站和流动宣传车巡回下乡等方式，方便农村用户熟悉、办理业务等。推出更加简便易于操作的客户端，使农村及偏远地区市民能够更便利地使用移动金融产品，加速移动金融在农村及偏远地区的推广。

宁波地区金融机构可以借鉴肯尼亚的 M—PESA。M—PESA 的最大亮点在于用户仅仅只需要发一条短信就可完成汇款,并且汇款人和收款人都不需要拥有银行账户,收款人持收到的转账短信即可到 M—PESA 代理点兑换现金。这项服务的用户无需提供银行账户以及固定住址就可以进行支付,也不需要对于农村人来说较为复杂的 APP 应用,只需一条短信就可以完成交易及转账。从使用到 2010 年已有超过 50% 的肯尼亚人使用这项服务。也就是说,偏远地区的农民也可以通过 M—PESA 就农产品价格讨价还价,并最终使用自己的手机完成交易;当地的游牧民族马萨伊人可以使用自己的手机进行家畜交易,然后购买生活必须品带回家。

6.2.2 借助移动金融推进中小微企业产业链融资

借助移动金融联网成本低、信息传输迅速的特点,充分利用金融行业资金中介、信息中介、信用中介的传统优势,以金融服务为核心,推动各行业上下游企业间的产业链整合和跨界合作,促进本地区经济创新集约化发展;同时移动金融自身就是金融、电信及其他行业的跨界合作产业,连接虚拟网络和实体经济,产业生态链涉及面广,已经成为市场追逐的新蓝海。开展移动金融试点将凝聚产业各方合力,充分调动各参与主体的积极性,不断整合创新移动金融的技术应用和商业模式,推动移动金融更规范、更快速发展,还可以更好地发挥金融本身的中介作用,服务于实体经济和普惠金融发展。

6.2.3 打造移动金融业务生态环境

完善移动金融业务首先要打造公共服务平台,公共服务平台遵循高标准、高起点、高质量的创新建设。为此,金融信息中心要高效运营管理机制,加大创新力度,提升平台服务品质,夯实平台基础,构建数据分析基础等几个方面,不断提升自身服务和能力,通过公共服务平台运营管理、服务创新、连续性保证,实现移动金融产业链上下游合作,促进移动金融生态环境的健康发展。在"以试点带动推广"的整体工作思路下,移动金融生态圈将落实从搭建到初步完善的过程,以此为契机,移动金融业务发展将迎来绝佳机遇。

6.3 继续创新移动金融业务与模式

6.3.1 移动金融商业模式创新

对于商业银行,发展移动金融的内外部环境复杂,变化尤其迅速,因此,商业银行移动金融商业模式的构建是一个动态的过程，需要企业高层和战略研究者对移动信息技术发展趋势和影响、客户需求发展趋势等方面具有深邃的洞察力。移动金融商业模式的构建也是商业银行组合内外部资源，构建最佳结构组合，应用最佳价值创造逻辑的过程。移动金融商业模式的构建是商业银行移动金融发展战略的最重要组成部分。

商业银行发展移动金融需要以客户需求为导向。银行客户消费习惯及消费模式的转变，不断催生新的服务，越来越多的客户更加注重客户体验及方便快捷的增值服务，推动商业银行业务不断发展，盈利模式不断创新。

6.3.2 移动金融业务产品创新

从目前客户需求和市场环境看，手机客户端和手机转款汇款业务是商业银行移动金融重点业务，有着广阔的市场空间。

手机银行需要认识到客户端软件在手机银行发展中的重要作用，使手机银行客户端成为客户使用银行金融服务的重要门户，成为商业银行产品的综合展示平台，成为商业银行与客户沟通的重要渠道；手机银行在业务功能的设计上不能等同传统方式，应该充分考虑手机的操作特殊性，尽可能简化操作流程；提供位置信息、社交网络等新功能的手机客户端，吸引年轻客户群体，提高用户黏度；面向农民、外出务工者群体，从普惠服务的角度出发，提供功能简易的客户端；树立手机银行品牌，通过对商业银行手机银行的品牌宣传，使用户再熟悉其功能的同时牢牢记住品牌。

6.3.3 移动金融业务渠道及策略的创新

随着信息科技的不断进步以及电子支付和电子商务的蓬勃发展，电子渠道在获取客户和服务客户中所起到的重要作用被越来越多的商业银行所认知。而数以亿计的手机客户和网民也成为商业银行拓展客户提供了巨大的空间。

固化物理渠道、有线互联网渠道和无线移动渠道三者在金融服务过程中占据着各自的重要地位。作为固话实体站点的物理渠道，承担着商业银行与客户直接的交互，是银行品牌战略和可信度的直接表现，在银行业的服务竞争中一直占据着重要地位。而作为有线电子渠道的网上银行，打破了固话站点的地域局限性和固定的时间限制，将进一步拓宽了与客户的交互服务范围。但是，它的发展依然面临着基础设施建设和实际交易时间的延时问题。在此基础上，依托移动通信网络的手机支付进一步提供了一种无线服务渠道，弥补了前两者在实时性、便捷性和普及性方面的不足。相对于实体网点，后两者通常被称为虚拟网点。实体网点高投入和服务受限的问题，使得低成本、全时段服务的虚拟网点成为商业银行向客户提供金融服务的又一重要渠道。实体渠道和虚拟渠道相互配合，形成相辅相成的互补关系。

参考文献

［1］钱峰："商业银行移动金融创新研究"，《现代管理科学》2012年第4期。

［2］钱峰："商业银行移动金融外部环境分析及策略建议"，《金融理论与实践》2012年第6期。

［3］李东荣："金融IC卡与移动金融服务"，《中国金融》2012年第17期。

［4］刘博、孙锁宏："移动银行在中国的发展现状"，《金融理论与教学》2013年第1期。

［5］张茜："我国移动金融发展趋势及需要关注的问题"，《时代金融》2013年第12期。

［6］丁蔚："移动金融引领全新生活时代"，《中国信用卡》2013年第7期。

［7］龙军："我国商业银行移动金融发展策略研究"，《农村金融研究》2013年第10期。

［8］农业银行产品创新规划项目组沈刚："商业银行在移动金融生态圈中的定位及经营策略"，《农村金融研究》2013年第10期。

［9］邵山、郑岩："围绕公共服务平台共建移动金融生态环境"，《金融电子化》2014年第1期。

［10］郑岩："趋势之二齐心聚力创建共赢移动金融生态圈"，《金融电子化》2014年第3期。

［11］彭丽恩："移动金融服务的技术风险及其管理"，华南理工大学图书馆，2013年。

［12］刘海二："手机银行、技术推动与金融形态"，西南财经大学图书馆，2013年。

［13］刘以研："移动金融产业价值链的价值分配研究"，吉林大学图书馆，2013年。

［14］翟大伟："我国移动金融现状与发展策略研究"，《新金融》2011年第9期。

［15］李麟、钱峰：《移动金融：创建移动互联网时代新金融模式》（第一版），清华大学出版社2013年版。

［16］刘以研、王胜今："信息化背景下的移动金融产业链"，《情报科学》2013 年第 5 期。

［17］Peevers G. Douglas G. & Jack M. A. A usability comparison of three alternative message formats for an SMS banking service. *International Journal of Human - Computer Studies*, 2008, 66（2）: 113 – 123.

［18］Chen L. D. A Theoretical Model of Consumer Acceptance of mPayment. *12th Americas Conference on Information Systems*, AMCIS 2006. Acapulco, México, August 4 – 6, 2006.

第 9 章

贸易金融与贸易链便捷金融新业态

1 贸易金融的概述

1.1 什么是贸易金融?

贸易金融是指具有真实贸易背景的金融,即针对所有贸易行为提供全程金融服务,这里的金融服务就是传统金融服务或者是针对贸易行为衍生出的新的金融服务。贸易链是指整个贸易链条,即贸易全部流程的各个环节。和其他金改地区相比,义乌金改的核心突破点在于"贸易金融创新",侧重于完善贸易链、供应链的金融服务,加强贸易金融的产品创新,以金融创新促进贸易便利化。包括贸易结算、贸易融资等基础服务,以及信用担保、保值避险、财务管理等增值服务。

第一,贸易结算仍是最基础的贸易金融业务,旨在促成企业交易、降低成本。为企业提供国内和跨境的交易结算,仍是银行贸易金融服务的起点和最重要内容之一,这样的服务使得完全陌生的两个国家和地区的企业借助于银行的中介作用而发展成为交易对手。

第二,贸易融资是贸易金融的核心。贸易融资总是与贸易相伴而行,为贸易活动中的各方提供资金支持,在贸易过程中,贸易融资发挥着润滑剂和催化剂的作用。近年来,针对国际贸易发展呈现的新特点,商业银行研发、创新、推广了许多新的贸易融资产品,包括福费廷、保理、应收账款质押融资、信保融资、订单融资、货押融资、风险参与、贸易融资与资金产品组合等,这些贸易融资新产品不仅推动了银行服务能力和内部风险控制方式的变革,而且有助于企业降低成本、减少存货、扩大销售、加快资金周转,为世界经济和贸易发展提供了有力的支持。

第三,信用担保、避险保值、财务管理是银行为贸易参与方提供的增值金融服务,满足企业多样化金融需求。信用担保是银行为贸易参与方提供以信用增强为主要目的的服务,在帮助买卖双方建立互信、促成交易方面作用明显;避险保值是在商品价格、利率、汇率波动日趋频繁的市场环境下,银行帮助客户有效规避风险的专业服务;财务管理则是针对产业链中一些大型企业的财务集中、资金归集、财务管理外包等需求而提供的增值服务,包括应收账款管理、财务报表优化、现金管理等众多内容,这些服务进一步丰富了贸易金融服务体系。

1.2 国内外学者对金融服务贸易的研究

金融服务贸易自由化是金融开放的新形式和金融全球化的新阶段。在传统上,正式的国际贸易文献集中于商品贸易上,关于服务贸易的文献相对有限。尽管存在数量可观的关于服务部门政策和放松管制的经验文献,但是这类文献却是主要关注国内去管制化问题。服务部门的贸易和开放及其增长的影响仅仅在最近的研究中明显地显示出来。

1.2.1 国外学者对金融服务贸易的研究

(1) 国外对于金融服务贸易自由化的研究。有许多研究针对金融等基础服务部门的改革和开放对宏观和微观经济的影响,弗朗索瓦和舒克内希特(Francois与Schuknecht, 2002)等人所做的经济计量研究就在评价服务贸易自由化方面使用不同的方法评估了各国经济增长表现与服务部门自由化间的联系。埃申巴赫和霍克曼(Eschenbach与Hoekman, 2002)研究了20个转型国家的服务市场开放政策对其经济增长的影响,发现金融服务和诸如电信和交通运输等基础服务部门的改革与服务业FDI流入呈现显著的正相关。多布森(Dobson, 2007)指出了金融服务贸易自由化存在的影响,同时证实了东道国国内改革对成功实行自由化有重要影响,并提出一系列贸易政策。

(2) 金融服务贸易与经济增长。莱文(Levine, 1997)评估了金融部门在经济发展中的作用,他在理论上总结了金融服务部门所发挥的五大功能,包括方便风险交易、分配资本于生产力最高的用途、监督管理绩效、通过金融创新动员储蓄以及缓解商品和服务的交易难度。弗朗索瓦和舒克内希特（FranCoiS 与 Sehukneeht，2002）建立了一个正式的解析模型，试图说明金融服务贸易通过影响国内金融市场的竞争和效率而影响经济增长，该模型在将长期经济表现与金融市场的规模经济和成本结构相联系的同时，又将国内金融市场的市场结构与本国参与金融服务贸易自由化的程度相挂钩；特别是在跨国增长回归中，显示了在金融部门的竞争与金融部门开放之间以及在经济增长和金融部门竞争之间存在强烈的正向关系，弗朗索瓦和舒克内希特（Franeois 和 Sehukneeht，2010）进一步将人均实际 GDP 增长率对贸易开放度指标、主要宏观经济变量以及金融部门集中度指标进行回归，发现了经济增长率和金融服务部门竞争之间的显著关系。

（3）对于金融服务贸易促进中小企业融资的研究。斯特拉汉和韦斯顿（Strahan & Weston，1998）提出的规模匹配论认为：银行对中小企业贷款与银行的规模之间存在很强的负相关性，即大金融机构通常更愿意为大企业提高融资服务，而不愿意为资金需求规模小的中小企业提供融资服务。同时还有国外的列昂·布什（LeonBusch，2008）认为，通过供应链金融可以降低融资成本，并从信用体系的不健全、参与主体的利益偏差以及核心企业的缺失方面探讨了供应链金融的风险聚集特征。

1.2.2 国内学者对金融服务贸易的研究

（1）国内对于贸易金融方面的研究。姚益志（2012）认为，国际贸易供应链融资业务参与主体众多，涉及不同的贸易环境，因而银行在提供服务时将面临企业信用风险、银行内部操作风险等多种影响融资安全的业务风险，为更好地控制风险，银行应采取包括完善相关流程和审批制度，充实融资担保等措施来保障资金安全为了更好控制风险，银行应采取包括完善相关流程和审批制度充实融资担保等措施来保障资金安全。于中琴和陶凌云（2012）认为，贸易金融成为促进中小企业发展的良性助推器，它需要在产品的个性化设计，服务效率，交叉销售和银行间合作等方面实现创新。

（2）对于金融服务贸易与经济增长的研究。曹红辉和李扬（2004）分别探讨了发展亚洲债券市场的原因、问题以及中国的战略。认为亚洲债券市场发展是区域金融合作的一部分，也是东亚贸易与投资等实体经济合作的必然要求。谭儒勇（1999）运用 OLS 回归的方法，对银行和股票市场发展与中国经济增长的关系进行了首次实证研究，得出中国金融中介机构和经济增长之间有显著的正相关关系，股票市场发展与经济增长之间有不显著的负相关关系。

（3）在贸易综合改革方面。张汉东（2011）指出，如何通过市场采购新型贸易方式的建立，实现管得住通得快，是义乌国际贸易综合改革试点的核心点所在。"市场采购"具有贸易多品种、多批次、少批量，定向采购与即兴采购相结合，公司户与个体户并存的特点，需重点探索完善五大配套政策，主要是海关、检验检疫、税务、外汇、工商等，以确立"市场采购"贸易方式的体制框架。刘传美（2013）认为，义乌试点国际贸易综合改革，具有先行先试权，建立新型贸易方式"市场采购"，通过改革试点，探索建立新型贸易方式，优化出口商品结构，推动产业转型升级，培育对外贸易新优势等，对我国贸易新优势培育有所启示。

综上所述，国外学者对贸易方面和金融贸易方面的研究以及金融贸易中外资银行引入的研究，提出一方面是关于中介机构和资本市场对经济增长的研究数量多且增加快；另一方面是关于保险部门开放对经济增长的影响的研究却几乎乏人问津。国内学者在借鉴国外学者的研究基础上，侧重了数据分析以及专门针对中国国情做研究的结论，提出开放金融业可以提高贸易发展质量，有利于经济增长。

2 义乌贸易链金融开展的必要性

2.1 义乌"市场采购"新型贸易亟须与之配套的金融服务

地处浙江中部的义乌建制于秦朝，是浙江省最古老的县（市）之一，1988年撤县建市，成为继上海浦东新区、天津滨海新区等之后的第十个国家级综合改革试验区，并被中央列为全国改革开放18个典型地区之一。作为我国个体小商品生产繁荣昌盛的鼻祖，义乌拥有全球闻名的小商品市场平台，致力于打造一种"买全球，卖全球"的贸易模式，努力实现进口、出口、转口的贸易联动发展。截至2010年年底，义乌市场经营面积达400余万平方米，商位6.2万个，汇集了4202个种类、170多万种商品，销售网遍及全球215个国家和地区。2010年义乌海关监管集装箱出口达57.6万个，中国小商品城市场成交额达456亿元，连续20年居全国各大专业市场榜首。

自2014年11月1日市场采购贸易方式正式落地以来，义乌市全面启动市场采购贸易方式的推广工作，而2015年5月1日，旅游购物监管方式正式退出义乌市外贸出口的历史舞台，义乌顺利实现从"旅游购物"向"市场采购"的平稳过渡，市场采购贸易从此成为小商品出口的主要渠道。2014年7月1日海关总署发布了2014年第54号公告，市场采购贸易方式将被正式启用，增加"市场采购"，其海关监管方式代码为"1039"①。市场采购贸易方式仅仅只限于在义乌市市场聚集区（范围为义乌篁圆市场、义乌市福田市场和义乌市的各专业街）内采购的出口商品，必然与之前的"旅游购物"监管方式有不同和突破的地方。"市场采购"具有三个主要特征（见表9-1）。

表9-1 "市场采购"特征

主要特征	特征表现
单向性	仅限于出口贸易，不含进口贸易
普遍性	境内外企业和个人均可申请"市场采购"经营资格
特定性	仅指货物贸易，且仅限于经国家相关部门认定的市场集聚区

资料来源：贝远景、冯怡："义乌探索市场采购新型贸易方式"，《人民日报》，2013年8月1日。

在市场采购新型贸易方式开始试行之后，相配套的试行政策也相继出台，金融服务也是如此。

2.2 义乌市具有多元化金融组织体系

义乌市具有全国性、区域性、地方性金融协同发展的多元化金融组织体系，义乌市金融办公室数据显示，截至2015年年底，义乌市已有银行业金融机构24家（地方法人机构3家），全市银行机构存款余额2445.14亿元，贷款余额2095.32亿元。中国工商银行、中国农业银行、中国银行、中国建设银行、交通银行等国有银行均已升格为二级分行，已成为全国第一个五大国有银行分支机构全部升格为分行的县级市。保险机构40家（财产保险公司25家，人寿保险公司15家），其中有7家公司已升格为分公司或中心支公司，7家公司直属省公司管理。2015年全年，保险机构累计保费收入45.42亿元，其中财产险21.38亿元，人寿险24.04亿元，累计赔款支出17.79亿元，业务规模名列全省县市前茅。证券分支机构18家，全年证券交易金额2.7万亿元，证券新增开户数12.7万户，证券资金净流入392.6亿元。

义乌市是中国最大的小商品市场，国际贸易窗口是最主要的业务模式。2009年起义乌市开始实施金融商务区的规划与建设，该区块规划面积0.75平方公里，总建筑面积约290万平方米，开发地块单元共有44个，由国际商贸城、篁园服装市场、专业市场三个批发市场共同形成了义乌商圈，规模宏大。以批发市场簇群为基础，注重

---

① "市场采购贸易方式在义乌正式实施"，http://www.ywnews.cn/system/2014/11/02/010069935.shtm。

外贸综合服务企业和贸易融资平台建设，集聚金融机构提供金融服务与产品。

2012年义乌被人行杭州中心支行确立为全省开展国家级信用示范区创建的三个试点地区之一。

2.3 义乌市正在开展国际贸易综合改革试点金融专项

义乌于2011年5月开始编制《金融专项方案》。2012年12月26日，该方案经浙江省政府上报国务院。直至2013年8月23日，方案终于经国务院批准，由中国人民银行等9个国家部委联合发布。2013年9月18日，由国务院批复的《义乌市国际贸易综合改革试点金融专项》在义乌正式发布，以下简称"金改"。义乌作为全球最大的小商品集散中心，金融改革和温州等其他地方必然有不一样的地方。义乌改革主要围绕服务贸易金融，具有明显的"义乌特色"。贸易金融领域的改革创新成了这次金融改革的重头戏。在义乌金改的发展发展过程中，为了将义乌金改落实到位，义乌市政府提出了相应的改革要求（见表9-2）。

表9-2　　　　　　　　　义乌"金改"的七大任务

主要任务	措施
完善金融组织体系建设	积极引入外资；发展壮大地方金融机构；鼓励发展村镇银行，小额贷款公司。
加快贸易金融创新	研究创新与"市场采购"相适应的贸易金融发展模式和管理体制；探索建立贸易新模式，支持设立第三方支付平台。鼓励保险公司创新和推广与国际贸易密切相关的保险业务。
完善外汇管理机制	对"市场采购"新型贸易方式实施有针对性的监测、分析与管理，加强风险管理；建立专门属于义乌非居民个人交易数据库；推广扩大外汇结算账户和应用；研究制订境外经贸合作区外汇管理扶持政策，主要是在商贸物流型方面。
推动人民币跨境业务创新	加强跨境贸易人民币结算服务力度；创新跨境人民币贸易融资产品探索符合条件的个人可以直接用人民币进行进出口贸易结算；推动本地金融机构加强与境内外金融机构的分支机构建立长效合作机制。
发展壮大本外币兑换业务	研究制订与"市场采购"新型贸易方式相适应的货币兑换监管措施；探索尝试跨区域经营，稳妥推进货币兑换公司做大做强；鼓励异地兑换公司到义乌设立网点。
促进民间资本服务实体经济	支持优质民营骨干企业发起设立或参股相关金融机构；支持符合条件的民营企业在全国中小企业股份转让系统或区域性股权转让市场挂牌；支持符合条件的地方法人金融机构发行专项用于小微企业贷款的金融债。
优化金融生态环境	完善企业和个人信用信息系统，建立境外采购商信用档案；建立地方金融风险防范机制；完善金融监管协调机制和金融突发事件应急预案相关管理办法。

资料来源：陈好："义乌金融专项改革方案出炉，重点涉及七方面"。

在七个主要任务中，每个都或多或少的与"市场采购"新型贸易方式有联系。市场经营户是"义乌金改"服务的一大群体。在贸易金融产品创新方面，探索建立物流配送、电子交易、仓储管理及金融服务高度融合的一站式新型贸易模式；在完善外汇管理方面，符合条件的境外自然人在取得个体工商户营业执照后可以开立个人外汇结算账户等。到 2020 年，将基本形成与义乌经济发展相对应的金融体制机制。

3 义乌贸易链便捷金融新业态

3.1 "国贸通"便捷金融服务案例剖析

3.1.1 "国贸通"设立的背景分析

浙江省国际贸易集团与义乌东方之星控股集团公司合作成立的浙江省国贸供应链服务有限公司是浙江省首家综合贸易服务企业、全国唯一可为国外个人卖家申请授信企业。在义务的众多商户，绝大多数的经营都是规模小、外贸风险大。因为这两点无法获得金融支持。义乌市场内的 75000 多家商户，大多数都是通过租赁摊位，进行外贸生意，缺少抵押物，属于资产薄弱的一个社会群体，因此很难获得银行等正规融资渠道的金融支持。义乌东方之星控股集团总裁邓超峰在这方面进行了实地考察。他说："在这里面做生意的都是租过来做生意的比较多，实际上没有抵押物。比如我是湖南人，我到浙江来做生意，我把自己的钱和自己能借到的钱都花在了租摊位、租仓库、请人、前期铺货。这样的小微出口企业他们融资的需求很强烈，到银行融资却很困难。以前义乌市场，老外欠外贸企业，老外逃跑之后，假设这家外贸企业也没有实力，那么它只能选择关门，所以每天都有很多人去义乌经侦大队报案；第二种情况是，由于门槛低，印个名片就可以做。"

最核心的是实际上有一个平台，买卖双方一起，并使银行看到这种贸易的真实性，报销的可靠性，从而达到的目的可以放心卖方融资。在金融产品方面，专门针对市场经营户的金融产品很少。东方之星和中国工商银行的合作，解决了市场经营户的一部分问题。平台完成供应后的出口企业可以从银行获得贷款，第一次外国进口商付款提前偿还贷款出去。这也就是说，银行将贷款前的审核工作给了更加了解进出口双方信息的东方之星，通过这样的合作，不仅银行风险有所降低、效率相应地提高,而且国内出口商也能够在最快的时间里收回货款,资金周转更快。对银行来说,怎么对这些小微企业做信用调查,怎么去了解它们贸易的真实性?银行想要支持小微企业,口号喊得很好,但真正要做,要解决的问题还有很多,刚好像这样的企业,它手里有渠道,拥有这些不好正规调查的客户,现金流和物流都在它手里。

3.1.2 "国贸通"主要金融服务项目分析

国贸通主要为中小微企业和海外买家提供融资、物流、仓储、结汇、代理采购、保险、报关等线上一站式综合贸易服务平台,为境内中小微企业的非核心业务提供外包,其专业团队为海外买家量身定做个性化服务方案。国贸通的主要业务有易透供应链金融服务、信用证金融服务、提单质押金融服务、保险与索赔服务,主要金融服务项目具体的适用客户,融资方式以及客户价值(见表9-3)。

表9-3 国贸通的主要金融服务项目

	适用客户	融资方式	客户价值
易透供应链金融服务	中小微外贸企业、出口制造型企业	在保险覆盖下,海外客户按要求支付定金,以国贸供应链的名义出口,融资发起人缴纳少量保证金,货柜通关后,给国内供应商支付金额尾数	客户可以放心接以前不能接的赊销订单;风险买;资金快速回笼,单据齐全后三个工作日就能拿到融资款
信用证金融服务	使用信用证结算的中小微企业	在保险覆盖下,海外客户通过信用证支付贷款,国贸供应链作为信用证的受益人办理出口,出口商缴纳一定比例的保证金后,货物通关并取得所有单据后,国贸供应链支付全额贷款	专家审核信用证条款;风险买断,最高买断100%的信用证金额;回款速度快,货物通关后,备齐单据3个工作日内最高拿到全额贷款
提单质押金融服务	中小微外贸企业、出口制造型企业	在保险覆盖下,海外客户按要求支付定金,国贸供应链办理出口,融资发起人缴纳少量的保证金,货物通关后,为国内供应商支付金额尾款	最高可买断100%的应收账款;货物通关后3个工作日内能拿到全额尾数
保险与索赔服务	注册地在义乌的中小微企业	为企业代办信用证保险及理赔手续	投保便利;降低成本,中小微企业无需另聘专业人员办理投保的相关手续;通关队买方进行资信调查和评估,筛选优质买家

资料来源:陆超男:"'义乌金改',为改革试点注入新活力",义乌新闻网,2013年。

从表9-3可以看出,国贸通主要针对的是中小微企业,根据他们的不同需要,分别有不同的金融服务项目,主要目的就是降低中小微企业的经营风险,加快资金的回笼速度,是很多中小微企业的福音。因为很多企业的资金投入高,回笼速度慢,很容易导致因资金周转不灵而不能扩大生产,国贸通为他们解决了后顾之忧,这些金融产品的诞生都为市场的经营户带来了便利,加速了国贸改革。

3.1.3 "国贸通"提供便捷的线上金融服务

搭建了便捷、有效的线上外贸综合服务平台。截至 2015 年年底,全国首创的"国贸通"供应链融资发放贷款余额达 6 亿余元,已为近 2000 家小微企业提供 15 亿元线上免抵押免担保融资服务。同时,引导辖区内金融机构积极推广福费廷、应收账款质押、金融仓储质押贷款,创新"电商通"、"电商贷"、"网商贷"等一系列支持电商的融资产品,明显拓宽中小企业融资渠道,贸易融资规模增长快速,银行信贷结构进一步优化。

"国贸通"主要提供一站式外贸服务。对于中小微企业而言,它们所掌握资源有限,现在的对外贸易形势不容乐观,所以盈利模式的改变迫在眉睫。2013 年开始,在义乌市场,这类外贸供应链服务公司引起了业界的关注,国贸通就为中小企业与对外贸易之间找到了一个平衡点,主要步骤有三个(见图 9-1)。

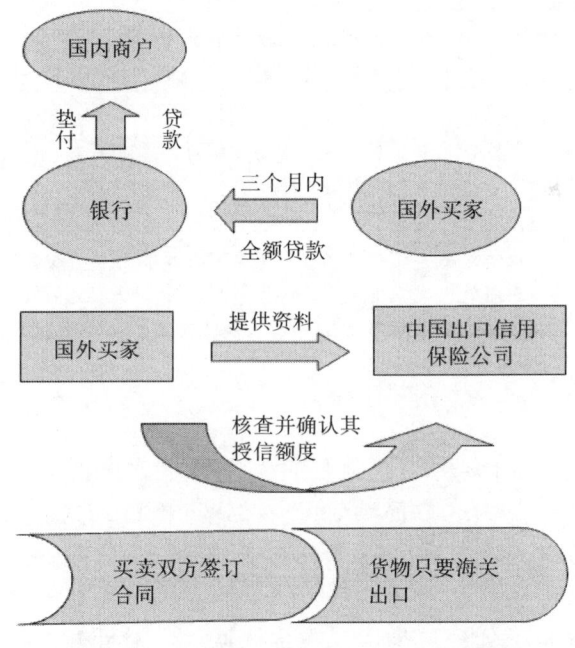

图 9-1 "国贸通"提供的一站式外贸服务

3.1.4 "国贸通"提供快捷低成本的金融服务

"国贸通"主要提供赊销金融服务、提单质押金融服务和信用证金融服务业务，帮助中小微企业缓解资金压力，即通关后3个工作日即可以拿到货款，无需提供其他财产抵押和担保，融资更方便，快速回笼资金，提升接单能力，有能力接以前不敢接的赊销订单，提升业务量。同时，"国贸通"内设365外贸金融服务中心，为客户提供周到的服务（见表9-4）。

表9-4　　"国贸通"提供快捷低成本的金融服务

金融服务	赊销金融服务	提单质押金融服务	信用证金融服务
费率	低费率，0.04%/天。灵活支用，随借随还，按日计息，最低利息万分之三每天	低费率，0.04%/天。灵活支用，随借随还，按日计息，最低利息万分之三每天	0.04%/天。灵活支用，随借随还，按日计息，最低利息万分之三每天
放款速度	放款快，通关后3个工作日内就能拿到融资款	放款快，通关后3个工作日内就能拿到融资款	放款快，通关后3个工作日内就能拿到融资款
融资额度	额度高，订单尾款的90%，即最高提供应收账款90%的融资金额，账期长达90天	额度高，应收账款的90%，即最高提供应收账款90%的融资金额，账期长达90天	额度高，信用证款项的90%，即最高提供应收账款90%的融资金额，账期长达180天
融资门槛	门槛低，纯信用融资，无需抵押和担保	门槛低，纯信用融资，无需抵押和担保	更专业，专业团队提供审证、制单、交单等一站式解决方案，无抵押无担保
业务流程	申请服务→买家资信评估→签署合作协议→收海外买家预付款→通关→收融资款	申请服务→买家资信评估→签署合作协议→收海外买家预付款→通关→收融资款	申请服务→买家和开证行资信评估→审证制单→收海外买家预付款→通关→收融资款

资料来源：浙江省国贸供应链服务有限公司的官方网站，http://www.esupplychain.cn/web/ours/ours.html。

同时提供相应的征信服务，"国贸通"得到中国出口信用保险公司（简称中信保）的大力支持，为客户提供信保内部优惠价格、免费信保咨询及赔付服务。针对常规业务，单笔投保无需年报或季度保险，即投保企业需根据每一买方分别申请限额，中信保在对买家进行资信调查、风险评估之后批复限额，并以此为上限承担保险责任。这样，保险全覆盖，规避外贸风险，帮助客户规避风险。

3.2 "义乌通"贸易金融一体化供应链金融服务平台的案例剖析

3.2.1 "义乌通"成立的背景

浙江物产中大供应链服务有限公司（即"义乌通"）于 2014 年 1 月 26 日在义乌市工商行政管理局登记成立，注册资本 1 亿元，是全球 500 强企业（物产中大入围 2016 中国企业 500 强）、义乌市政府共同打造的以混合所有制形式、互联网思维、电子商务技术开展外贸综合服务的平台公司，由浙江物产电子商务有限公司认缴出资额 4500 万元、义乌市丽德塑胶工贸有限公司认缴出资额 1200 万元、义乌市国有资本运营中心认缴出资额 300 万元组成（见图 9-2），是《浙江省重点培育外贸综合服务企业认定和管理办法》（浙商务联发〔2015〕72 号）第一批省级重点培育外贸综合服务企业。2015 年"义乌通"被评为浙江省首批重点培育外贸综合服务企业。

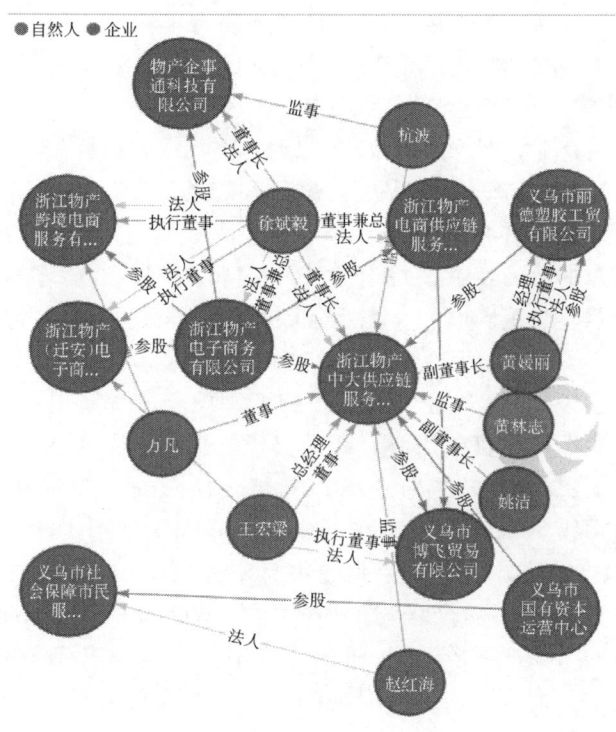

图 9-2　"义乌通"参股情况

"义乌通"的服务核心基于真实贸易背景和出口信用保险覆盖的供应链金融服务，配套国内信用证融资、提单质押、退税融资、远期外汇保值服务等业务，为跨境B2B贸易定制融资服务新模式，是义乌国际贸易改革与金融改革的重要载体之一。

3.2.2 "义乌通"提供在线供应链金融服务

"义乌通"作为一家外贸综合服务平台，是义乌市为提升贸易便利化水平，积极推进金融专项改革的产物。其依托浙江物产产业资源优势、融合互联网平台技术，创新整合用户资金流、信息流、物流，运用物联网理念，为中小微企业提供一站式采购、仓储、通关、物流、退税、结汇、融资等综合外贸服务，集中解决中小企业融资难题、增强风险抗御能力。2014年"义乌通"在义乌海关成功申报全国首票以市场采购贸易方式（1039）出口的货物；"义乌通"2015年市场采购贸易出口总额为10.69亿美元，成为中国最大市场采购服务平台，受到外贸司、商务部、海关、商检以及省市相关部门多次考察指导，与中国银行、中国建设银行、中信银行、保险等金融机构签订了战略合作协议，受到资本市场高度关注，是2015年浙江物产整体上市唯一募投项目，应邀参加世界电商大会、进口商品博览会、广交会、义博会等大型展会。

不少义乌中小企业仍然面临出口贸易环节繁多、海外"最后一公里"物流效率低效、库存补货响应时间慢等的问题。2015年"义乌通"与中国海运集团旗下"一海通"联合合作发布全国首个海外仓服务项目"壹仓通"，中国海运集团是一家以航运为主业的特大型综合性中央直属企业，是全球知名的班轮公司，拥有位于我国香港、北美、欧洲、东南亚、西亚、非洲、南美等地的七家海外控股公司，在102个国家（地区）拥有135家代理近400个营销网点，能为全球客户提供航运物流服务。"壹仓通"可以做到把国内仓和海外仓合二为一，外贸供应链上的很多事情都不用货主操心，海外出货、提货都帮货主完成，所有的流程货主都可以在网上实时跟踪。"壹仓通"起步合作海外仓选在中东迪拜，是因为义乌发往迪拜的货物量很大，占义乌通平台的24%；而中海运在迪拜拥有丰富的保税仓、非保税仓资源和高效专业的物流服务团队。通过对接"一海通"平台，能够实现"仓到仓"的全程物流及货物数据的可视化信息跟踪，缩减贸易环节，打通货物的"最后一公里"瓶颈，将销售市场从义乌前移到当地并进行分拨辐射到整个中东地区，快速及时地响应客户的补货需求，从而进一步提高物流效率，从整体上降低客户的销售成本。这样，"壹仓通"使"义乌通"金融服务更加便利化。

3.2.3 "义乌通"提供相关的基础金融服务

"义乌通"开展签证→通关出运→收汇→认证发票→发放贷款,收汇开票三天内获得100%退税款,金融服务价格低至1美元5分,秒杀所有同行价格。2014年3月份"义乌通"开通后,已为5万家小微企业提供融资服务1.5亿美元。搭建"义乌通"等贸易金融一体化供应链金融服务平台,并配套国内信用证融资、提单质押、退税融资、远期外汇保值服务等业务,为跨境B2B贸易定制融资服务新模式。2014年3月份"义乌通"开通后,已为5万家小微企业提供融资服务1.5亿美元(见图9-3)。

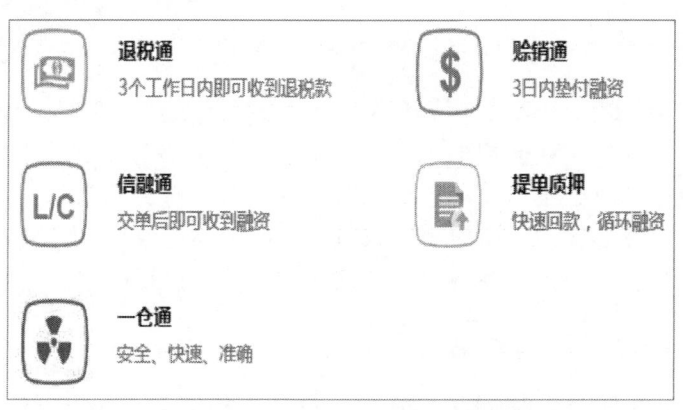

图9-3 "义乌通"基础金融服务

"市场采购"催生"海外仓","海外仓"是跨境电商最佳物流模式之一。卖家可以通过海外仓库提前在境外备货,产生交易后将交易信息传递给"海外仓",由"海外仓"完成订单接收、订单分拣、本土物流派送等一系列动作,从而使买家体验到快速的物流时效。2015年7月10日公司推出"壹仓通"服务,集海运、金融、仓储、分拨于一体,将"国内仓"与"海外仓"合二为一,摒弃了中间商,帮助中小微企业的出口货物顺利进入"海外仓",在降低成本、提高效率的同时,也保障了中小微企业的回款安全。

3.3 义乌贸易链便捷金融新业态的作用

3.3.1 义乌市改革红利的重要产物

"义乌通"作为浙江省首批重点培育外贸综合服务企业之一,是义乌改革试点效应不断扩大，促进贸易便利化的重要产物，推动着义乌向更现代化的商业流通方式、更宽的贸易范围、更优的商业环境、更强的市场辐射力迈进，最终达成内外贸融合发展、线上线下同步推进、内贸流通改革和国际贸易改革协同展开、建成全球小商品贸易中心的目标。

3.3.2 加速义乌经济转型升级的重要推手

"义乌通"基于义乌企业"小、散、杂"特点以及先试先行的"市场采购贸易方式"，积极探索，不断完善，切实增强外贸经济新形势下的责任感和使命感，成为加速义乌经济转型升级的重要推手。

3.3.3 金融服务全面进入中小企业的重要入口

"义乌通"将物流、仓储、信息系统、金融、通关等分散性公共需求进行整合，为中小企业提供高效便捷的优势公共服务，提高各环节的集约化管理水平。基于互联网数据分析解决信息不对称难题，通过退税通、赊销通、提单质押、仓储融资、备货融资等多项金融服务为数量众多的中小企业提供金融服务支撑，提高中小企业出口竞争力，优化外贸出口结构和保持出口增长。

3.3.4 共建外贸生态圈的重要角色

"义乌通"以平台为基础，与海关、税务、外管等政府机构，中国工商银行、中国银行等银行金融机构，中信保险、人寿保险等保险机构，中国海运、招商物流、物流协会等物流机构，欧洲华商会、意大利总商会等商会组织，浙江大学、工业大学等高等院校建立合作，深化合作资源共享，打造互利共赢共同发展的外贸服务生态圈。

4 义乌贸易链金融具有金融的便捷性

4.1 个人跨境人民币业务试点使国际贸易更便利

国际贸易便利化是义乌金融改革的重点内容。义乌小商品市场的出口贸易方式区别于一般的贸易方式，个体工商户在进行国际贸易交易时遇到人民币结汇困难问题，所以义乌金改的第一步就是建立与市场采购相适应的外汇管理体制，在全国率先实施个人贸易外汇管理体制。根据这项政策，义乌率先开展个人跨境人民币业务试点。人民币外汇结汇措施的确便利了个体商户，试点前办理个人贸易外汇管理试点前需要提供出口货物报关单及代理协议，试点后只需提供《个人贸易结汇/购汇申请书》、代理协议，即可办理收结汇手续。金融改革前，个人在市场采购小商品后，需委托外贸公司代理出口，但外贸公司大多不负责货款回笼，货款由个人自行与国外进口商结算。这种外汇管理方式既不便于个人收结汇，也不利于审核贸易外汇收支的真实性，特别是在海关通关作业无纸化的趋势下也难以为继。改革试点实施后，简化单证审核流程，使每一笔业务的操作时间由原来的十几分钟甚至几十分钟缩短到现在的几分钟，大大推动了个人贸易的便利化。在推进贸易和金融改革数年后，义乌贸易实现快速的增长，2014年、2015年实现出口同比分别增长30.2%、20.2%。

4.2 中小企业享受无抵押低成本贷款

金电联行（北京）信息技术有限公司（简称"金电联行"）是义乌市政府、电商、金电联行大数据、金融机构四维一体化投融资功能的开放平台，通过大数据对企业信用的甄别，为电商和银行提供撮合服务，让信用为中小电商担保。2016年1月9日义乌市首个"诚信日"，义乌电商飞穹日用品有限公司获得50万元额度的纯信用贷款支票，融合了大数据"技能"的电商融资平台"一袋金币"上线后，"笼络"的第一笔纯信用贷款。

经过几个月的试点，很多经营户发觉办理业务成本大大降低，义乌的个体工商户可以在银行同时办理个人外汇结算账户的备案和开户申请手续，大大减少了业务办理时间。陈福昕就是其中一位受益者。2014年11月，他在办理个人外汇结算账户开户业务时，惊喜地发现自己办理该业务，没有邻居商户说得这么复杂。经过打听，原来新政策出台后，办理个人外汇结算账户已简化开户手续，取消组织机构代码证，这次他办理个人外汇结算账户开户业务就节省了2—3天证件办理时间，还省下了200元费用。

4.3 创新多元化的贸易金融产品与服务

义乌金融机构乘"金改"东风，陆续推出创新产品，满足贸易融资需求。中国银行义乌分行通过对接集海、汇隆等物流公司，开展海运费汇出汇款业务，塑造海运物流贸易融资新模板。此后，又创新推出"义乌通宝（网络版）"，服务对象从公司延伸至个人,运行平台从线下延伸至线上,为市场商户、电商企业提供便利的融资通道。浦发银行义乌支行结合供应链和离岸等服务,为集优公司的保税区业务设计综合服务方案,推出跨境兑、NRA 包买让渡福费廷、应收转款融资登记等跨境贸易创新产品。

义乌金融专项改革以来,先后创新推出"市场采购"出口贸易融资、融易达、信保融资等贴近义乌市场和小微企业的贸易金融产品,充分发挥多层次金融市场服务功能。截至 2014 年 11 月底,全市贸易融资余额 47.5 亿元,通过各类本币贸易融资产品为义乌企业融资 51.9 亿元。

5 义乌贸易金融发展的路径

5.1 政府和监管部门应该提供更多的导向性和倾斜政策

首先,政府和监管部门应该出台鼓励金融支持"市场采购"贸易方式的政策。例如给予金融机构产品创新和服务创新的奖励、提供授信利率的下浮补贴、鼓励推动"市场采购"贸易专营金融机构的建立、允许民间资本通过金融机构运作为"市场采购"贸易融资等新思路、新做法;使"市场采购"贸易方式发展和地区金融发展互相推动,互相促进。

其次,政府和监管部门应该运用网络信息科技,强化工商、税务、经侦、检验检疫、海关、银行的信息沟通和共享,通过多方联动、互相支持的模式,合作提供便捷的综合管理服务。

此外,政府和监管部门应该通过宣传引导和优惠政策,鼓励国际贸易人才和金融人才的培育和引进,解决县级市人才结构性短缺的困难,顺应义乌国际贸易综合改革的时势。

5.2 降低授信准入门槛,政策支持贸易融资授信

为进一步推动义乌进口产业快速发展,优结构促转型,再按照《关于加快进口贸易发展的若干意见》(义委发〔2015〕5 号)的重要精神,从破解小微进口主体融资难、融资贵等问题着手,市金融办在充分调动政府、银行、担保等三方资源的基础上,制定了《进口产业政府增信基金实施方案(试行)》,并于 2016

年7月由义乌市政府发文（义政办发〔2016〕101号），该方案的出台，有效解决了进口主体在银行融资过程中融资授信不足的问题，帮助进口主体以10倍的杠杆撬动整笔进口业务，有利促进了全市进口贸易的发展。

由于外贸企业管理和监管规范化提高，小微外贸企业的信用程度也会有所提高，银行可以考虑在授信客户的选取上，适当降低准入门槛，通过与政府部门的充分沟通和企业信息共享，更好利用风险缓释因素。银行在研发金融产品过程中，可以考虑降低对外贸企业资产规模、从业人员、从业年限等要求，按照企业资金运转的速度，为其实际融资需求提供金融服务。通过与工商、税务、经侦、海关等部门的合作，准确地把握企业的风险。准入门槛的降低，可以为银行带来更广大的客户群，也可以使更多的优质商贸流通企业获得急需的金融服务。

5.3 建立网上融资平台，有序建立全球供应链融资体系

"市场采购"贸易方式的建立，还要求建立与之配套的试行"市场采购"贸易方式联网信息平台。利用网络信息技术，银行可以建立与之链接的网上融资平台。通过对贸易企业真实金融需求信息的获取，与贸易企业建立客户关系，扩大金融服务营销的渠道。灵活运用金融产品和产品组合，为企业提供量身定做的网上金融服务。诸如订单质押贷款、应收账款质押贷款等一系列金融创新产品，将极快地普及到网络，使得金融服务的效率更加高，也使金融服务的信息更加对称，金融资源的配置更加合理。

境内供应链融资业务经过近几年的发展已相对成熟，然而对于跨境供应链融资业务还未向纵深方向发展，对境外上游、下游企业的融资产品体系相比于传统贸易融资还可进一步丰富，客观来讲目前对跨境贸易供应链融资的产品建设难度较大，主要体现在风险防控上，即便是全球授信下对境内银行直接为境内核心企业海外上下游的融资亦难以在风险防控方面进行有效把控。通俗来讲原因主要在于海外端缺支点、缺触角。而随着境内银行走出去进程的加速，海外分支机构规模的不断拓展，便于对当地受资企业的贷前、贷中及贷后管理，通过与境内融资行的有效联动，方可支撑起跨境供应链融资业务体系。

5.4 推出标准化的金融产品与服务

由于"市场采购"方式的外贸企业有统一的工商登记、统一的税收政策、相似的采购渠道和贸易路径、相近的资金周转能力和盈利能力，与之适应的标准

化金融产品很容易为其接受。尤其标准化金融产品具备准入门槛标准化、授信条件标准化、审批效率标准化等特点，便于同质外贸企业的使用，例如一些联保贷款产品，给予相同的授信准入要求、给予相同的授额度、给予相同的结算存款回笼条件等，非常利于同质外贸企业间互相联保获取银行授信。

推进贸易资产证券化，贸易（信贷）资产证券化业务目前已经落地，银行作为基础资产权益人的代理机构，委托证券及资管企业设立资产支持专项计划，面向机构投资者发行。贸易（信贷）资产证券化对应的基础资产质量与普通信贷及权益类资产质量相比要更高，缘于贸易资产的自偿性，完善的跨境结算体系等均体现了贸易资产的价值。但目前对于投资者来说还仅局限于对单个资产支持专项计划本身的了解，还未能去客观穿透了解贸易结算及融资业务体系的深层内容，未来贸易（信贷）资产证券化业务的开展需要银行、资产支持计划管理人及投资者的共同努力。

依据"义乌港"和全国性物流节点城市的金融服务需求，各金融机构要加强与专业化仓储公司、物流公司的合作，完善存货、仓单、应收账款等抵质押贷款业务，进一步探索开展标准化仓单质押、存货浮动质押、动态质押、提货权质押等创新业务，满足义乌物流服务体系中仓储、流通、交易等各个环节的融资需求。尽快成立或引入经营运输、装卸工具的融资租赁公司，为物流企业购买大型运输、装卸工具提供方便的金融服务。商业银行要对金融产品创新进行规模质量高品格定位，不断创新供应链金融产品，开展大型客户上下游中小企业的买方或他方付息商业汇票贴现和国内信用证议付、商品提货权融资等资产业务。

附件：

义乌市个人跨境人民币结算步骤

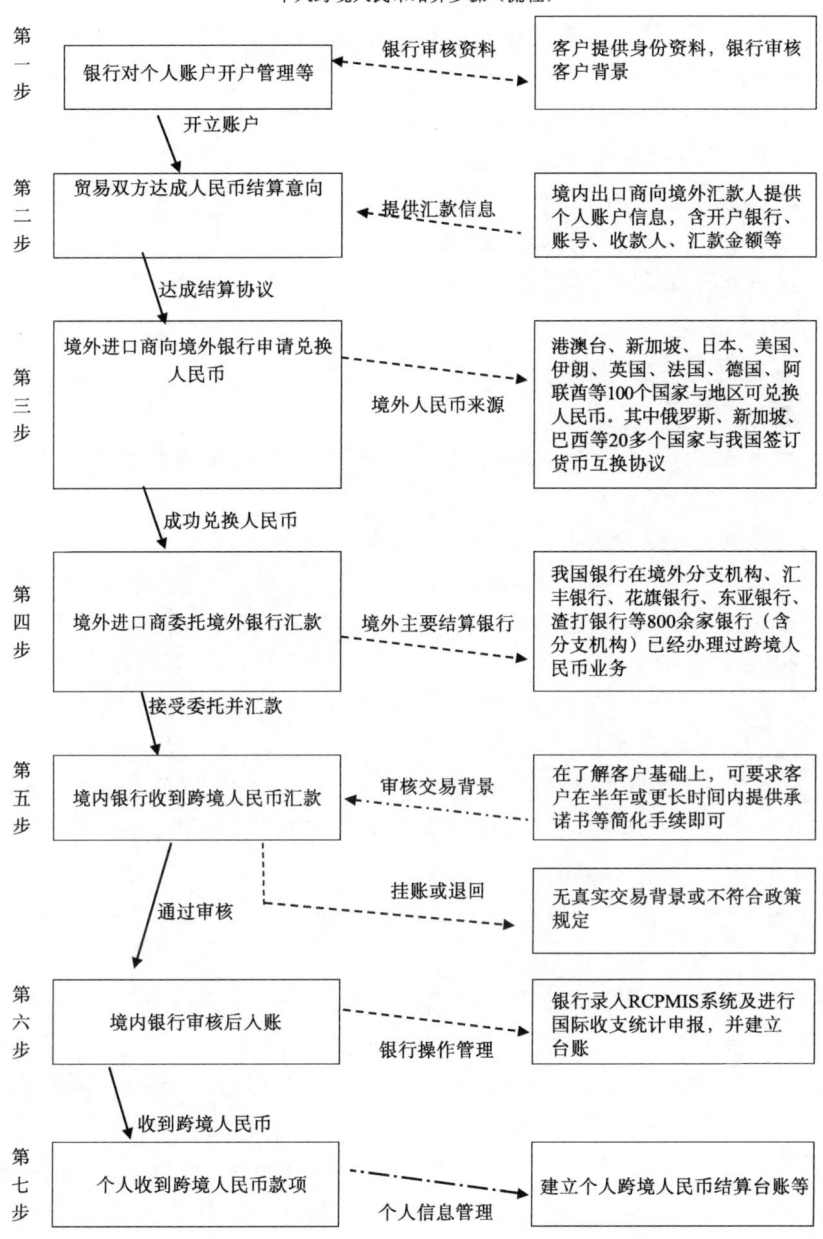

个人跨境人民币结算步骤（流程）

参考文献

[1] 楼晓靖:"义乌小商品市场如何通过创新实现可持续发展",《金融经济·理论版》2006 年第 7 期。

[2] 楼玉华:"义乌小商品市场低价竞争的隐患与对策分析",《中共浙江省委党校学报》2006 年第 4 期。

[3] 李慧玲:"义乌小商品贸易跨文化交流论纲",广西民族大学图书馆,2006 年。

[4] 张旭亮、张海霞:"区域经济发展中的会展产业分析及战略思考——以义乌为例",《商业研究》2006 年第 15 期。

[5] 蒋剑辉、苏为华:《义乌中国小商品指数"解读"》(第一版),浙江大学出版社 2011 年版。

[6] 陈民利:"义乌会展经济发展的 SWOT 分析与对策",《江苏商论》2006 年第 9 期。

[7] 张海霞、张旭亮:"义乌会展业的现状及发展对策",上海财经大学图书馆,2011 年。

[8] 姚益志:"浅析国际贸易供应链金融服务风险及其对策",《经济研究导刊》2012 年第 27 期。

[9] 于中琴、陶凌云:"后金融危机时代贸易金融的发展与创新",《湖北社会科学》2012 年第 2 期。

[10] 潘青:"国际服务贸易促进我国经济增长的实证分析及对策研究",《当代财经》2005 年第 4 期。

[11] 闫奕荣:"服务贸易比较优势理论综述",《经济师》2004 年第 10 期。

[12] 邓力平、孔令强:"金融开放、金融发展与经济增长:数据分析及政策启示",《经济与管理评论》年第 6 期。

[13] 张汉东:"探索建立市场采购新型贸易方式",《今日浙江》2011 年第 10 期。

[14] 刘传美:"义乌贸易改革与我国对外贸易新优势培育",《经营与管理》2013 年第 9 期。

[15] Leon Busc. Supply chain finance: flexibility and ease of implementation. *The Service Industries Journal*, 2012 (27): 16 – 21.

[16] Viktoriya Sadlovska. Financing the supply chain: are companies feeling the "credit crunch". *Production and Operations Management*, 2010 (15): 262 – 278.

第 10 章

数字普惠金融与互联网
金融服务实体经济

1 国内外互联网金融的发展与运行

1.1 国外互联网金融的发展与运行

互联网金融是金融与互联网技术相结合的产物。狭义上讲,它是指通过计算机连接终端和互联网平台所提供的金融服务和金融产品所形成的虚拟金融市场。广义上讲,还包括互联网金融服务提供的实体金融机构以及相关的法律法规等。互联网又称 Internet,始于 1969 年,源于美国军方的 ARPA(阿帕网,美国国防部研究计划署),即"开放、平等、协作、分享"互联网精神。1995 年 10 月美国花旗银行率先在互联网上设立站点,形成了虚拟银行的雏形。同年 10 月 18 日,美国第一家没有分支机构的纯网络银行(Security First Network Bank)诞生,标志着国际上互联网技术正式进入金融业。英国的艾格公司(即 Egg,隶属于 1848 年成立于英国伦敦的保诚集团,是英国最大的人寿保险公司及零售基金管理公司英国网上金融服务公司)被称为是世界上最成功的网络银行。2000 年 3 月德国最大的银行德意志银行宣布推行"全球电子商务战略"。博迪和莫顿(Bodie & Merton, 1993)认为,金融功能要比金融机构更加稳定,随着时间的推移和区域的变化,金融机构的形式和特征或许会有很大不同,但其所发挥的基本功能却大体不变。正规金融机构按新古典市场的基本原则要求农户和中小企业提供抵押品或担保,缺乏抵押品的农户和中小企业便遭遇到金融排斥,小企业因此无法提供公开的高信用等级进入网络借贷市场(Agrawal and Hauswald,2008)。

国外互联网金融运行模式主要包括网络银行运行模式、P2P 网贷平台典型的运营模式、第三方在线支付模式、众筹融资模式、大数据金融模式等。

1.1.1 网络银行

网络银行(Internet bank 或 Network bank)又称网上银行或在线银行,指通过信息网络开办业务的银行,或者说银行通过信息网络提供的金融服务,包括传统银行业务和因信息技术应用带来的新兴业务。纯网络银行起源于 1995 年开业的美国安全第一网络银行,这类银行除了后台处理中心外,一般只有一个具体的办公场所,没有具体的分支机构、营业柜台、营业人员。国外网络银行运行模式包括两种:一种是纯网络银行模式,代表银行是美国第一资本 360 银行(Capital One 360)和美国盟友银行(Ally Bank),通过 24 小时全方位服务,运营成本低廉能提供更高的利率吸引储户,凭借快速、便捷的方式,并因它专做存储业务,手续费低廉,对存钱金额没有下限规定,即使是一美元也可以存,吸引城市年轻精英一族。另一种是网络金融销售模式。如美国银行(Bank of America)、摩根大通银行(J. P. Morganchase),充分利用大量及时的电子数据,分析客户生活、消费、金融各个方面的习惯和行为,针对客户经常去消费的店铺,积极主动地提供消费回馈金。如美国银行的网上银行拥有世界上最多的在线注册用户,是在线金融服务的领先者。

1.1.2 国外 P2P 网贷平台典型的运营模式

所谓 P2P(Peer to Peer)网贷,根据中国银监会与小额信贷联盟的公文,中文官方翻译为"人人贷"。简单地说,就是有资金并且有理财投资想法的个人,通过中介机构牵线搭桥,使用信用贷款的方式将资金贷给其他有借款需求的人。其中,中介机构负责对借款方的经济效益、经营管理水平、发展前景等情况进行详细地考察,并收取账户管理费和服务费等收入。这种操作模式依据的是《中华人民共和国合同法》,其实就是一种民间借贷方式,只要贷款利率不超过银行同期贷款利率的 4 倍,就是合法的。P2P 网络贷款 2005 年起源于英国,而总部在伦敦的 Zopa 是开创历史的世界第一家 P2P 网贷平台。典型的国外 P2P 借贷平台主要有 Kiva、Zopa、Lending Club 等典型代表公司。如批量出借人+小额借贷的 Kiva 模式,竞标匹配的 Zopa 模式,P2P 社区贷款服务的 Lending Club 模式,他们具有批量借贷、竞标匹配、个人对个人融资等特点。在国内第一家 P2P 公司是 2007 年 6 月成立的上海拍拍贷金融信息服务有限公司（即上海拍拍贷）。2011 年后涌现出大批 P2P 网贷平台，2013 年网贷平台更是蓬勃发展，以每天 1—2 家上线的速度快速增长。

1.1.3 在线付款模式

PayPal 是 1998 年 12 月由彼得·蒂尔（Peter Thiel）及马克斯·列夫琴（Max Levchin）建立的，在 1999 年 Peter Thiel 获得来自诺基亚和德意志银行的 450 万美元风险投资，发展迅速（见表 10－1），2002 年被全球最大的拍卖网站易贝（Ebay）收购，成为易贝的主要付款途径之一。PayPal 已经支持 193 个国家和地区，注册用户量超过三亿户，是全球最大的在线支付提供商，并在许多国家是排名第一的在线付款方式。特别是 2008 年贝宝收购过后账单付款，过后账单付款具有类似信用卡融资延期支付功能，对贝宝在线支付是一个战略性的经营补充模式。PayPal 在全球 203 个国家和地区拥有超过 1.69 亿活跃用户。2014 年 PayPal 处理交易总金额达 2350 亿美元，营收 80 亿美元，其中 PayPal 处理的移动支付交易量为 460 亿美元。另据市场调研公司高德纳（Gartner）估计，到 2017 年，每年的移动支付规模将超过 7200 亿美元。

表 10－1　　　　　　　　　　　PayPal 的发展

时间	重大事件
1998 年	Peter Thiel 和 Max Levchin 推出可以在掌上电脑完成金钱交易的服务
1999 年	Peter Thiel 获得来自诺基亚和德意志银行的 450 万美元风险投资
2000 年	PayPal 支持 eBay 的支付方式
2001 年	PayPal 在纳斯达克上市
2002 年	eBay 以 15 亿美元的价格收购 PayPal，并将其中整合到网站系统中
2004 年	PayPal 发布了首批 API，并介绍了自家的 Web 服务
2005 年	PayPal 对外介绍小额支付
2010 年	PayPal 推出智能手机支付应用，并处理了 7.5 亿美元的交易金额
2011 年	PayPal 一年累积下来总共处理 40 亿美元的交易金额
2012 年	PayPal 联合美国家居连锁店家得宝（Home depot），用户可以通过 PayPal 在 2000 家门店中完成支付
2015 年 7 月 20 日	在线支付公司 PayPal 正式完成与母公司 eBay 的拆分，独立上市。

1.1.4 互联网金融的众筹融资模式

众筹的雏形最早可追溯至 18 世纪，当时很多文艺作品都是依靠一种叫做"订购（subscription）"的方法完成的，例如莫扎特、贝多芬采取这种方式来筹集资金。众筹（crowdfunding）作为一种商业模式最早起源于美国，利用互联网和 SNS 传播的特性，让小企业、艺术家或个人对公众展示他们的创意，争取大家的关注和支持，进而获得所需要的资金援助。这种模式的兴起打破了传统的融资模式，每一位普通人都可以通过该种众筹模式获得从事某项创作或活动的资金，使得融资的来源者不再局限于风投等机构，而可以来源于大众。美国有 Kickstarter（Kickstarter 是一间于 2009 年在美国纽约成立、基于美国人的商业公司，通过该网站进行公众集资以提供人们进行创意项目的筹集资金）和 Indiegogo（Indie-GoGo 成立于 2008 年 1 月的一个集资平台，创始人 Slava Rubin）等两个知名众筹网站，Kickstarter 对项目的筛选和服务规则更加严格，这使得它的项目成功率更高。2012 年 Kickstarter 的总融资项目是 3.2 亿美元，投资人数达到 220 万人，在这个平台上，44% 的项目都成功募集到了资金。而 Indiegogo 则面向全球，接受更多的创意类项目。

互联网金融的本质是众筹金融，众筹模式作为互联网金融的主要组成部分，是对整个资本市场的重构和变革，国内众筹模式主要有买卖双方产品式众筹平台，如点名时间；股权式众筹平台，如大家投。

1.1.5 基于大数据的金融服务平台模式

基于大数据的金融服务平台模式指金融产品垂直搜索引擎的方式，把有借款需求的个人和有放款需要的中小银行和小贷机构在一个平台上进行对接，然后通过广告费或者交易佣金的方式获得收入。简单而言，通过金融数据垂直搜索，其实就是给银行带客户的一个市场外包渠道，赚的主要是银行和小贷公司的市场费。大数据服务平台的运营模式可以分为以阿里小额信贷为代表的平台模式和京东、苏宁为代表的供应链金融模式。

1.2 国内互联网金融的发展与运行

中国互联网发展经历了三个阶段：

第一阶段：1997—2000 年。自 20 世纪 90 年代中期以来，网络银行、网络证券和网络保险业务逐渐兴起，招商银行于 1997 年率先推出中国第一家网上银行，标志着中国互联网金融开始出现并不断创新发展。1998年3月中国第一笔网上电子交易成功，提供网上银行服务的是中国银行，扮演网上商家的是世纪互联通信技术有限公司。

第二阶段：2001—2012年。传统金融机构不断利用互联网技术发展业务，而互联网企业则利用先天优势涉足金融业。除了网上金融以外，互联网企业利用电子商务、社交网络、移动支付、大数据、云计算、搜索引擎等新技术形式将其业务范围渗透到金融领域。第三方支付、网络信贷、众筹融资和整合销售金融产品等互联网金融模式开始实现快速发展。

2001年，国内的第三方支付不断兴起，它的最大问题是门槛低，价值有限，简单地做网关软件而并不深入。到2005年新支付企业包括易宝、支付宝、财付通等逐渐发展起来，呈现出一些新的模式。第三方支付开始具有更高的技术含量，业务模式也更加多元化。随着电子商务和第三方支付的成熟，P2P在2007年传入中国。借助互联网金融蓬勃发展的东风，国内在2011年涌现出大批P2P网贷平台，2012年进入了爆发期。据不完全统计，国内P2P网贷平台已超过2000家，截至2012年年底，网贷平台包含线下放贷的部分全年交易额已超过200亿元。以第三方支付为例，2012年市场规模超过10万亿元，其中支付机构互联网支付业务达6.9万亿元，移动支付业务1811.9亿元，处理收单业务3.8万亿元，预付卡业务575.6亿元。

第三阶段：2013年至今。2013年是我国互联网金融元年，国内互联网金融呈现出爆发式增长，传统金融机构包括银行、证券、保险开始纷纷涉足互联网金融，而传统互联网企业更是发挥技术、商务等优势开始全面布局互联网金融。

我国互联网金融模式众多，主要有支付类，如支付宝综合型、财付通综合型、环讯IPS综合型等；融资平台型，如众筹平台"点名时间"、人人贷、合力贷、宜信、苏宁小贷、百度小贷以及腾讯小贷；理财类，如以支付宝为代表的理财产品网络销售平台、中国农业银行的"互动e站"和招商银行的"i理财"等的理财式互联网金融推出的理财社区、"百度金融中心"；互联网金融门户型，如融360以及软交所金融超市。"互联网金融"已成为一个新的研究和讨论热点。陈初（2010）认为，网络借贷经营模式主要分成四类：一是以企业网上行为参数为基础综合授信；二是做银行金融业务前端流程的外包服务商；三是"P2P"网络融资模式；四是建立为学生提供贷款的社区。谢平（2012）认为，以互联网为代表的现代信息科技，特别是移动支付、社交网络、搜索引擎以及云计算等，将会对人类金融模式产生根本影响，可能出现既不同于商业银行间接融资，也不同于资本市场直接融资的第三种融资，即互联网金融模式。互联网金融以一种"非抵押、低成本、便捷"的信贷模式实现了金融末端的普惠，是加快发展多层次资本市场的重要一环，是对传统金融机构借贷作用的有益补充（李博、董亮，2013）。将互联网技术拓展到金融行业，扩大了金融服务的边界和市场，也使得相应的技术风险、业务风险和法律风险更加凸显，加大了金融管理部门调控和监管的难度，所以需要从建立健全互联网金融的安全体系、风险管理体系、法制体系和监管体系入手，以防范互联网金融的特殊风险（杨群华，2013）。

综上所述，互联网金融（Internet of Finance，简称 IOF）是互联网技术与传统金融相结合的新兴产物。用 Internet Finance 检索一下外文文献，几乎检索不到。国外的叫法其实有 Mobile Payments、Nonbank Participation in the U.S. Retail Payments System、Emerging Retail Payments、Electronic Fund Transfers（EFTs）、Proprietary Online Balance – transfer Systems、Electronic Money Institution（ELMI）、Digital Currency 等。根据巴塞尔银行监管委员会的定义，网络银行是指那些通过电子通道，提供零售与小额产品与服务的银行，这些产品和服务包括存贷、账户管理、金融顾问、电子账务支付以及其他一些诸如数字货币等电子支付的产品与服务。欧洲银行标准委员会（CEBS）将网络银行定义为：那些利用网络为通过使用计算机、网络电视、机顶盒及其他一些个人数字设备连接上网的消费者和中小企业提供银行服务的银行。国内对互联网金融的关注，主要用"大数据金融"、"互联网金融"两个关键词。

互联网金融不仅给传统金融机构带来了巨大挑战，而且使金融市场日趋无界，并对国家的金融宏观调控产生了重大影响，而金融宏观调控作为市场经济体制下宏观经济调控的重要组成部分，在调节社会总供给与总需求平衡过程中发挥着重要作用。同时，金融是社会经济发展到一定阶段的产物，如果实体经济没有金融支持其资源配置效率非常低下，会引发整个金融配置效率低下，经济发展非常缓慢，而脱离实体经济支撑的金融将成为无源之水、无本之木。根据国务院办公厅关于金融支持经济结构调整和转型升级的指导意见（国办发〔2013〕67号），要稳步推进利率市场化改革，更大程度地发挥市场在资金配置中的基础性作用，促进企业根据自身条件选择融资渠道、优化融资结构，提高实体经济特别是小微企业的信贷可获得性，进一步加大金融对实体经济的支持力度。而互联网金融是近年来最重要的金融创新的实践之一，如何通过有效监管，促进互联网金融和实体经济的协调发展是极富挑战性的重要课题。

2 互联网金融与实体经济的对接

2.1 第三方支付与实体经济的对接

2.1.1 第三方支付的发展现状

第三方支付的含义就是一些和产品所在国家以及国内外各大银行签约、并具备一定实力和信誉保障的第三方独立机构提供的交易支持平台。在一般的交易过程中，买家选中需要的商品之后并付款，货款首先会打入到第三方支付平台中，第三方支付平台收到货款后便暂时保管并通知卖家发货。买家拿到货物之后，第三方支付平台再将货款给卖家。根据北京信陵神州有限公司数据显示，截至2014年互联网支付许可证获批112家，主要有支付宝、微信支付、银联商务、银联在线、快钱、拉卡拉、汇付天下、易宝支付、通联支付、百度钱包等。截至2016年，银行网络支付中笔数为686.05亿笔，总金额为2243.45万亿元；支付机构交易笔数为1481.52亿笔，总金额为90.95万亿元。

2.1.2 第三方支付与实体经济的对接方式

第三方支付平台相当于一个中介人的角色，连接着商家与客户的关系。客户在网上选定要购买的商品后，将货款支付给第三方支付平台，平台收到货款后通知商家发货，等客户收到商品后给出确认信息，第三方支付平台就会将货款转入商家的账户中。由于在整个交易过程中货款是寄存在第三方支付平台这个"中介人"之处的，因此客户不用担心自己付款以后商家不发货，商家也不必担心发货以后客户不付款，就如客户在淘宝网、拍拍网等购物网站上购物，收到商品并确认商品没有质量问题，发出付款请求后，商家才能收到货款一样。第三方支付主要存在于网上交易平台，一般来说，互联网企业利用自身累积的网站用户，开通金融服务以及担保业务；或者，金融机构通过与非金融机构签约保障安全，再联系网络公司建立支付流程（图10-1）。

以支付宝为例，当网上消费者浏览淘宝网页并选择相应商品，买家在购买页面达成交易下订单之后，在弹出的支付宝支付页面上，系统会自动默认选择支付宝作为第三方支付平台，然后买家直接链接到它的安全支付页面上，买家就在自

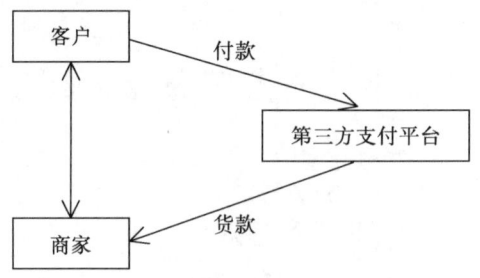

图 10－1　第三方支付与实体经济的对接流程

已银行卡所在的银行支付界面完成付款。通过第三方网上交易平台，支付宝便会将交易中所涉及的信息分别发送给买家银行卡所开户的银行服务器以及买家手机中进行确认；银行会确认买家是否具有购买能力，卡内余额是否充足等相关数据；买家会核对交易的金额以及商品信息；双方核对无误之后，第三方便会向卖家发出货款已收到的信息，通知其发货。当买家收到商品之后，第三方支付平台就会将之前暂时保管的资金转账到卖家的支付宝账户中完成交易，而卖家可以利用支付宝来转账到银行卡中。

2.1.3　第三方支付与实体经济对接的普惠金融作用

（1）使实体经济支付方便快捷。第三方平台结算支付模式对支付者而言，支付者所面对的是友好的界面，不必考虑背后复杂的技术操作过程。随着第三方支付平台应用范围的扩大，在不少 B2C 网上商城购物也可以通过第三方支付平台付款，甚至订机票、交水电费、信用卡还款、网上买基金等都可以通过第三方支付平台来进行，是一般传统机构不能做到的，非常便利。第三方支付平台的购物网站越多，说明该平台的覆盖面越广，这样，使用这个平台作网上支付的用户越多。支付宝官方数据显示，目前已有超过 46 万家商户使用了支付宝的服务，其中同为阿里巴巴旗下的兄弟网站淘宝网占据了国内 C2C 网上购物市场的 80%份额，而 C2C 网上交易量又占据了网上购物总体交易量的 90%，支付宝由此占据了国内第三方网上支付市场的半壁江山。

另外，第三方平台打破银行卡壁垒，使消费者支付方便快捷。由于目前我国实现在线支付的银行卡各自为政，每个银行都有自己的银行卡，这些自成体系的银行卡纷纷与网站联盟推出在线支付业务，客观上造成消费者要自由地完成网上购物，手里面必须有十几张卡。同时，商家网站也必须安装各个银行的认证软件，这样就会制约网上支付业务的发展。而第三方支付服务系统解决了这个问题。

（2）使实体经济运行低成本。支付成本较低，支付中介集中了大量的电子小额交易，形成规模效应，因而支付成本较低。同时，第三方支付的支付担保业务可以在很大程度上保障付款人的利益。以支付宝为例，支付宝支持所有的银行卡和信用卡，消费者持有任意银行卡，都能通过支付宝进行绑定然后消费，不会出现有钱没地方花的困境。商家也不需要准备大量的 POS 机等工具，只要直接在支付宝上进行资金的流动，大大降低了运营成本。而银行减少了与其他银行的账务往来。同时，第三方支付的用户付款成本较低，不受时间限制；商户开通一家第三方支付平台，可对接用户几乎所有银行卡。

（3）第三方平台较为诚信安全。第三方平台将互联网公司的快捷以及金融机构的安全集合与一体。第三方支付有延期付款功能，用户可在收到货物后才确认付费，规避部分网购欺诈风险。以淘宝为例，日均千万交易额都是通过支付宝的第三方平台来进行。而支付宝则与大部分银行都签订了安全交易协议，最大限度地保证了交易过程中的安全诚信问题。如果需要购物花钱，资金首先会到支付宝上进行暂时保存，如果你发现你购买的商品有质量问题或者与卖家描述不符时，便可以申请退款，保护了买家的利益。

同时，第三方平台为商家提供增值服务，帮助商家网站解决实时交易查询和交易系统分析，提供方便及时的退款和止付服务。第三方支付平台是独立于买方、卖方和银行的交易支付网点，它起到买卖双方在交易的过程中的资金中转、保管、监督作用，使买卖双方都放心交易，如果发生交易纠纷（如质量问题），还能帮助退还货款。

2.2　P2P 与实体经济的对接

2.2.1　P2P 借贷平台的现状

2016 年重磅监管文件陆续出台，据网贷之家及盈灿咨询数据统计，截至 2016 年 11 月底，P2P 网贷行业成交量为 18195.46 亿元，是 2015 年同期累计成交量的 2.14 倍。虽然行业整体体量仍在增大，但 2016 年自 4 月开展专项整治以来，P2P 网贷行业正常运营的平台数量连续下降。随着 P2P 了解的加深，越来越多的投资者进入了这个领域。又因为平台数量的增加以及平台业务的多元化，P2P 的利率开始下降，趋于理性化。但是，由于互联网金融的运作模式与发展策略研究，P2P 平台蕴含仍然着较大的市场风险，其信用问题依然受到质疑，其与商业银行的合作与共赢将成为 P2P 借贷发展重要选择。大平台在 2016 年纷纷开始去 P2P 化，不再局限于 P2P 网贷业务，通过集团化的方式，逐步进行横向或纵向的业务拓展，一方面考虑的是资产端及资金端的多样化；另一方面出于监管合规性考量，而未来集团化仍是大平台的选择。

2.2.2　P2P 与实体经济对接的流程

P2P 的网上交易一般是在专门的网站上完成的。无论你是借款人还是投资者，首先要在其网站上进行注册，完善个人信息以及绑定手机和银行卡等操作。之后，借款人可以在网站上发布自己的借款申请，包括需要的资金量，借贷的期限、资金用途以及还款方式等内容。投资人则会浏览网站的信息，当看中某一项目时，便可以转账。借贷双方的关系确定全是自助式的，按照个人意愿来完成交易（见图 10-2）。

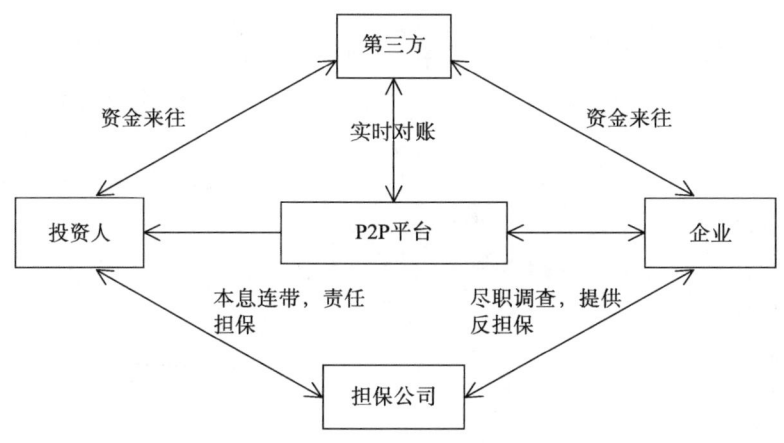

图 10-2　P2P 平台与实体经济的对接流程

P2P 平台众多，存在的形势多种多样，但是基本的内容差不多的。当借款人有资金需求时，通过向 P2P 平台发出信息。P2P 平台对借款人的信息进行审核，确定信息无误之后，在平台上进行发布，而有理财需求的理财人在找到适合自己投资的项目之后，可以在平台上投入资金。当到达投资期限时，借款人给予理财人相应的本金及利息，但这些资金流通过程都在第三方监督平台监督之下进行，防止了一系列问题的产生。另外，企业需要提供担保物给担保公司，保证贷款的安全性。

2.2.3　P2P 平台与实体经济对接的普惠金融作用

（1）P2P 平台金融的高覆盖。P2P 网贷平台是互联网思维下的金融创新，加快了国内金融改革的步伐，政府寻求稳中求进的金融改革方式，给了互联网金融发展契机；互联网金融在自身快速发展壮大的同时也倒逼着金融机构改革。P2P网贷平台投资门槛较低，拥有闲散资金的普通民众都可以进行投资，形成了人人可参与的市场，真正做到了普惠金融。而且通过P2P网贷平台投资收益一般高于传统理财产品，为广大民众提供了房地产、股市之外的又一大投资理财方式。

（2）为中小微企业创业者提供便利、快捷的融资渠道。中小企业为我国的经济发展做出了巨大的贡献，但是融资难却一直是阻碍中小企业发展的巨大阻力，企业日益增长的资金需求与融资渠道过窄成了无法逾越的障碍。此外银行贷款的时效性也将中小企业拒之门外。而自从2007年P2P进入中国以来，速度占领了市场。P2P网贷平台利通低门槛、操作便捷等特点不仅帮助许多中小企业渡过难关，也帮助投资者实现财富增长。

帮助借款人成长，以宜信公司为例。宜信分别设计出了宜信助业贷和宜信精英贷这两款，分别对应不同需要的客户群体。其中一款为宜信助业贷，针对中小企业以及农户群体制定。这款产品能够帮助绝大多数企业或者农户渡过资金难题，顺利完成生产任务。另一款是宜信精英贷，是面向社会精英的纯信用贷款产品。这款产品可以满足许多白领买车或者买房的首付需求。

（3）吸进民间资本通过规范化运作。盘活民间流动性，P2P网贷平台能够吸引大量民间闲散资金，通过平台聚集从而为市场提供流动性，盘活了民间闲散资金。中小微企业创业者无法通过传统金融机构融资，基于融资需求，不得不承担高利率通过抵押、担保从民间、地下渠道获取资金，而这种途径往往得不到相关部门的监管。P2P网贷平台的出现为中小微企业创业者提供了阳光化的融资渠道，使民间借贷规范化，从而促进了金融市场的健康发展。

传统金融机构的利率市场受到监管部门的严格控制，背离了供求关系决定市场的理论，而通过P2P网贷平台借款者提供的自由的、不同的利率，投资者或自愿匹配或竞标匹配，不再局限于传统金融机构的相对固定的利率，有利于金融市场利率的市场化。

2.3 众筹与实体经济的对接

众筹是指人们在互联网上的一种合作行为，汇集一定的资金以支持其他人或组织发起的某项努力。众筹的出现，充分发挥了人多力量大的优势，即使资金缺口巨大的项目，利用众筹平台进行众筹，将项目的信息宣传出去，便会很快获得资金支持，不仅小微企业能够转型发展，渡过生产难关，而且只要是有想法的大学生创业者利用众筹也能获得第一份资金。

2.3.1 众筹的现状

中国互联网众筹萌芽于2011年，2014—2015年在政策面整体向好以及互联网金融受热捧的情况下，众筹平台迎来爆发式增长，如，众筹网、京东众筹、淘宝众筹、股权众筹平台云筹网、人人投融等。2015年是中国股权众筹的元年，据不完全统计，截至2015年12月31日，全国共有正常运营众筹平台283家（不含测试上线平台），全国众筹行业历史累计成功筹资金额近140亿元，其中2015年全国众筹行业共成功筹资114.24亿元。中证众筹平台是2015年中证资本市场发展监测中心依托机构间私募产品报价与服务系统搭建的私募股权众筹公共平台，是多层次资本市场的基础金融设施，为报价系统参与人作为中介机构开展股权众筹业务提供交易管理和后台运维等公共服务，是平台的平台，也是众筹行业的创新实践基地。在中证众筹平台的数据显示，2015年1—10月中证募集成功融资金额累计为15480.93万元，共成功43个项目，平均每个成功的项目都获得了约360万元的金额（见表10-2）。

表10-2 中证众筹平台业务开展情况

指标名称	募集成功融资金额累计值（万元）	项目数量本月增加（个）	项目数量本月募集结束（个）	项目数量月末存量（个）	项目数量本年累计
2015年10月	15480.93	3.00	0.00	14.00	57.00
2015年9月	15480.93	7.00	7.00	11.00	54.00
2015年8月	14892.93	6.00	3.00	11.00	47.00
2015年7月	14162.93	1.00	6.00	8.00	41.00
2015年6月	14162.93	3.00	9.00	13.00	40.00
2015年5月	12332.93	8.00	5.00	19.00	37.00
2015年4月	2552.93	3.00	7.00	16.00	29.00
2015年3月	1924.93	8.00	1.00	20.00	26.00
2015年2月	1284.43	6.00	4.00	13.00	18.00
2015年1月	300.00	12.00	1.00	11.00	12.00

数据来源：同花顺 IFIND。

零壹财经发布的《2016年中国互联网众筹年度报告》显示，2016年众筹行业筹资规模达到220亿元，截至2016年年末，国内已上线608家众筹平台，其中问题平台和已转型平台至少达到271家；正常运营平台仅剩下337家。尽管2016年是互联网金融进行专项整治的一年，但我国众筹规模依旧保持增长。

2.3.2 众筹与实体经济的对接方式

众筹是新兴的互联网金融，利用网络的传播性来募集资金，完成自己的项目。众筹平台主要由筹资人、出资人和众筹平台三个角色组成，有资金需求的为筹资人，进行投资的人为出资人，而众筹平台作为第三方提供了一个平台供两者交流。当筹资人有资金需求时，便会将自己项目的具体情况上传给众筹平台，众筹平台审核之后发布到众筹平台的网站上去。出资人浏览众筹网页时，如果出现他中意的项目，便会向着项目投入资金。如果众筹成功，众筹平台会将资金转给筹资人并给予回报，如果失败就退还给投资人（见图10-3）。

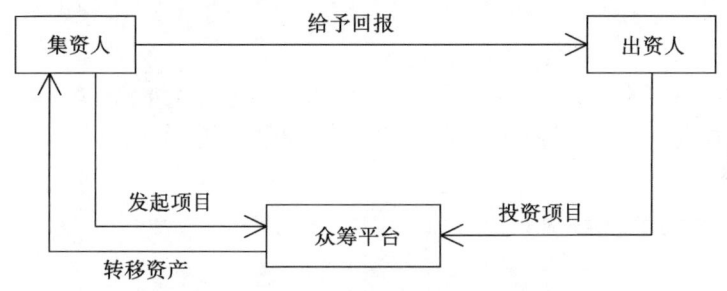

图 10-3 众筹平台与实体经济的对接流程

国内众筹平台的发展受到国外的影响较大，各类众筹平台从文化创意、科技硬件、股权融资、实业众筹等方面将众筹平台进行细分，深度挖掘众筹平台的市场。总的来说，众筹的活动主要涵盖社会事件、电影和表演艺术、商业和企业、时尚、能源和环境、信息和通讯技术等，其主要模式可以分为以下几类：公益众筹、回报众筹、产品众筹、股权众筹以及房地产权众筹。

2.3.3 众筹与实体经济对接的普惠金融作用

（1）众筹促进企业融资。投资者在众筹平台承诺向该项目投资一定数额的保证金，并选择回报方式。筹资结束时，若完成融资目标，网站会根据投资者提供的银行账号信息统一转账，或发送产品。网站向项目创建者收取一定比例手续费。若未完成融资目标，则不向投资者收款。网站不收费，项目发起人可等待时机再次融资。

众筹项目融资使企业轻松获得资金。2015年2月，联合光伏在众筹网发起建立全球最大的太阳能电站的众筹项目，众筹预计金额为1000万元，每份为10万元，预计购买人数为100人，但是这个众筹项目的火爆远远超出了预期，总共的众筹金额为预计金额的几倍。

（2）众筹平台便捷低廉。众筹平台之所以会发展迅速，是因为互联网传播信息具有传播范围广、方便快捷、低成本的特点，且操作交互性强，是高效的信息交换平台。传统融资环境下，金融中介作为控制交易成本与信息成本的专业化机构，起到了平衡借贷双方信息不对称的作用。而基于互联网的众筹模式中，借款方与投资者借助互联网可以高效地进行信息交换，有效地建立信任机制，相比之下融资成本更为低廉。

（3）为创业者提供融资平台。一个新项目在开始的时候往往不被人们发现和认可，而众筹平台作为创新项目的载体，更多聚集的是愿意尝试新鲜的消费群体或者是投资人，他们更容易发现项目价值并积极推广。如人人投聚焦实体店铺，以众筹的模式帮助优质品牌开设直营连锁，开辟了定向众筹模式，通过定向众筹，企业可以结合当地经济水平、市场前景及商业模式的分析，根据项目的上线时间、所在地域、市场资源有选择地寻找投资人。

2.4 信息化金融机构与实体经济的对接

2.4.1 信息化金融机构的发展现状

金融在社会经济发展中越来越重要，凭借互联网技术很多复杂的金融业务只需要在网页上动动手指点击便能完成，金融机构信息化成为金融业发展的必然趋势。2011年9月中国人民银行发布了《中国金融业信息化"十二五"发展规划》，以信息化促进金融业平稳较快发展。同花顺数据显示（见表10－3），从2011年2月到2015年6月中国农业银行网上银行和中国建设银行网上银行使用人数在不断地增加，说明网上银行的接受程度越来越高，使用率也逐步上升。中国农业银行个人客户数从65270000户上升到15000000户，企业客户数量从1285900户上升到3490000户；中国建设银行网上银行个人客户数从84540000户增加到193320000户，企业客户数量从1390000上升到366000户。

表10－3　　　　　　2011年至2015年两大银行客户数量

时间	中国农业银行网上银行个人客户数	中国农业银行网上银行企业客户数	中国建设银行网上银行个人客户数	中国建设银行网上银行企业客户数
2015年6月	150000000	3490000	193320000	3660000
2014年12月	135000000	3190000	178690000	3300000
2014年6月	124000000	2923000	163870000	3040000

续表

时间	中国农业银行网上银行个人客户数	中国农业银行网上银行企业客户数	中国建设银行网上银行个人客户数	中国建设银行网上银行企业客户数
2013年12月	110880000	2553800	150000000	2800000
2013年6月	103000000	2264100	134860000	2530000
2012年12月	88370000	1900100	119260000	2130000
2012年6月	77140000	1564200	101680000	1730000
2011年12月	65270000	1285900	84540000	1390000

数据来源：同花顺IFIND。

2.4.2 信息化金融机构与实体经济的对接方式

作为需求强烈、客户群体庞大的金融机构，自从开启自助银行、电话银行等业务之后，商业银行又发展了网上银行。当客户需要办理某一项业务时，只需要进入所属银行的网上银行登录个人信息，便能在网上办理相对应的业务，如同在营业厅办理业务一样。网上银行是金融机构建立在互联网技术发展基础上，并进行信息化改造之后带来的便利，大大节约了人力、物力和时间，减少了银行客户对营业厅的依赖程度。商业银行的信息化一直走在前列，通过信息化金融机构建设，不但减少了银行信息不对称的问题，更增强了金融机构对实体经济的支持（见图10-4）。

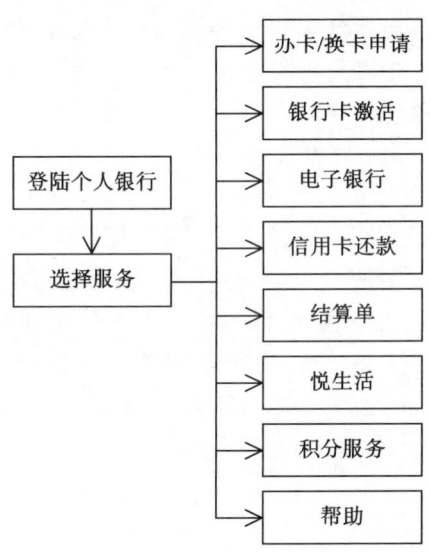

图10-4 信息化金融机构与实体经济的对接流程

以建设银行为例，进入建设银行首页之后可以发现有两个主要的入口，分别为个人客户以及公司机构客户。进入个人客户入口，会出现电子银行、理财保险、私人银行、基金、贵金属、悦生活等一系列功能分支。在公司机构客户里，设计有电子银行、公司业务、机构业务、个人业务、现金管理等一系列功能分支。当需要向客户转账时，可以选择个人客户里的电子银行这个功能，这时候网页会进行跳转，进入建设银行的登录界面。需要注意的是正确填入自己的账号密码以及系统给的附加码。确定登录后，填写收款人的账号和需要转账的金额，手机便会收到短信通知，其中包括交易类型、交易金额、系统给予的验证码等，审核无误后在网页进行输入验证码，点击确定，便能完成网上银行转账了。

2.4.3 信息化金融机构与实体经济对接的普惠金融作用

（1）高效便捷的金融服务。传统金融机构通过信息技术投入，硬件设施升级等基础性信息化建设，实现了工作效率的极大提升。信息化金融机构通过以互联网技术为基础的更高层次的信息化建设，对传统运营流程、服务产品进行改造或重构，更是在金融服务方面同样取得了质的提升。特别是，几乎所有的金融交易平台都推出了自己的移动客户端，客户只需要在自己的移动设备上下载，便可以登录自己的账号，随时随地进行交易操作。

同时，金融机构的信息化建设极大地提高了金融的创新能力，各金融行业不断推出新型的金融产品。金融行业线上线下业务的创新组合，也给人们的生活带来了便利，同时拓展了金融机构自身的服务空间。

（2）在线供应链金融成为可能。通过信息化建设集成的统一内部管理系统，使得金融机构可以运作的空间更为广阔。以银行为例，现代银行的业务分布非常广泛，对于一个规模较大的银行来说，其信贷业务可能遍布于某一行业的整个产业链中。在信贷链条上，可能有几百家上游企业，同时可能有几千家下游企业，这些企业之间是相互关联的。而上下游企业相互之间就可能有直接的业务往来，身处产业链中的银行完全可以把上下游结合起来，实现将现代科学技术与企业或者银行的经营理念、核心业务管理方式和客户服务进行高度融合。

3 互联网金融与实体经济对接的障碍与风险

3.1 第三方支付存在的信息外泄与监管不力

第三方支付机构开立支付结算账户，先代收买家的款项，然后付款给卖家，这实际已突破了现有的诸多特许经营的限制，它们可能为非法转移资金和套现提供便利，形成潜在的金融风险。同时，第三方支付对接实体经济的主要障碍便是不法分子利用用户的操作习惯进行资金盗取和第三方支付公司内部的监管失职。如 2015 年 6 月珠海市公安机关侦破一宗横跨广东、黑龙江、四川、上海和浙江等 5 省（市）的特大利用黑客手段盗取支付宝资金系列案件，该案是比较常见的支付账户盗窃案件，犯罪嫌疑人通过网上购买他人提供的账号、密码信息，使用扫号软件批量测试是否与支付机构支付账号、密码一致，比对成功后实施盗窃。犯罪嫌疑人涉嫌盗窃支付宝账户 117 个，涉案金额 7 万余元。嫌疑人电脑硬盘中存储各类公民个人信息 40 多亿条，涉及支付宝、京东和 Paypal 等支付账户达 1000 多万个，初步估算账户涉及资金近 10 亿元。

3.2 P2P 存在的失信与监管空白

P2P 网贷平台主要是依靠线下的小贷公司和第三方担保机构的推荐，平台本身没有分析数据的业务，从整个投资环节上来看，平台一直处于被动状态。同时，P2P 网贷平台刚性兑付问题迟迟没有解决，平台兜底是情怀，不兜底才是未来。如 2013 年很多 P2P 网络借贷公司跑路，其中一家便是众贷网。根据众贷网的资料显示，众贷网一千万的注册资金，主要帮助小众企业进行贷款。然而在短短的 60 天后，众贷网便因为无法收回投资资金而倒闭。P2P 公司的倒闭不是因为无法吸收资金，而是借出去出后没能再收回来。P2P 公司的审核一旦没有到位，就会给投资者造成损失，而且很多 P2P 借贷网站没有专业的金融人士，不具有金融许可认证，风险性极高，跑路的事情屡见不鲜（见表 10-4）。停业及问题平台主要分布在广东、北京、上海、浙江、山东 5 个地区。

表 10-4　　　　　　　　P2P 网贷平台停业及问题平台

时间	停业及问题平台数	涉及投资人数（万人）	占总投资人数比例（%）	涉及贷款余额（亿元）	占总贷款余额比例（%）
2013 年及之前	93	1.6	6.4%	16.1	6.0%
2014 年及之前	394	6.3	5.4%	68.2	6.6%
2015 年及之前	1688	27.7	4.7%	171.1	4.2%
2016 年及之前	3429	45.2	4.5%	258.1	3.2%
2017 年 1 月及之前	3493	47.8	4.5%	265.8	3.1%

注：涉及投资人数、涉及贷款余额数据统计仅包括跑路、提现困难、经侦介入 3 种类型。
资料来源："网贷评级——P2P 网贷平台评级——网贷之家"，http://www.wdzj.com/pingji.html。

3.3　众筹存在的责任缺失与经营的持续性问题

征信体系也是众筹平台的一大难点，通过陌生平台或者弱关系开展众筹，筹资人的信任机制、分配机制、退出机制是否健全到足以让人相信，而且持久相信，这是一个很关键的问题。项目发起人可以利用虚假信息进行圈钱，领投人也很可能是同谋。由于众筹平台游离于央行征信系统之外，再加之目前众筹缺乏明确的金融监管主体，很难被纳入央行征信系统。目前大多数众筹平台所能做的，是自建征信数据库排查借款人的恶意违约风险。

另外，大量的股权类众筹及高科技产品的回报类众筹不具有吸引力的原因。2013 年 8 月 66 位股东众筹成功，建立了一家名为女性众筹咖啡馆（HERCOFFEE）的咖啡馆。开业当天，这 66 位众筹成功的白富美请来了不少朋友和明星助阵，成了一时间的话题，但那时好景不长，一年不到，就传出来了店要关门的消息。根据众筹者的介绍，这家咖啡店建立之后便存在着一个持续性经营的问题。

欧雅（Ouya）是有名的游戏主机制造商之一，2012 年在众筹平台上吸引了 6.4 万户的支持者，共筹集了 860 万美元的资金。但是当产品投放市场之后，效果并不理想，只有少部分用户在其平台上进行消费，大大减少了利益收入，最终因为债务问题被雷蛇收购。同样的还有 Bong 团队，众筹 30 天内，Bong 吸收了超过 710 万元的金额，超过 4 万的支持人数，但第二代产品差强人意的设计也让其走向了失败。

3.4 信息化金融机构存在信息技术风险与黑客病毒

对于信息化金融机构，最突出的操作风险是信息技术风险。中国金融机构的业务开展高度依赖于信息技术的应用，信息技术风险已成为金融机构操作风险的重要方面，特别是许多金融机构热衷于信息化建设，但对潜在的信息技术风险防范意识不强。世界上第一家虚拟网络银行为美国安全第一网络银行（SFNB Security First Network Bank），得到了美国联邦银行管理机构的批准，进行包括电子支票、利息支票、货币市场、储蓄等多种银行业务，但金融技能、产品等缺点使其走向被收购的命运。

黑客水平是和信息产业的技术水平同步发展的，只要计算机、网络与信息系统存在一天，黑客现象就不可能被杜绝或消灭。根据美国马萨诸塞的Akamai公司研究，全球43%的网络攻击来自中国。在国内，信息化金融机构存在的风险也来自黑客的威胁，信息泄露、恶意软件、钓鱼网站、黑色产业链正成为我国网银服务安全的主要威胁。

4 促进互联网金融对接实体经济的对策

4.1 支持发展在线供应链金融，使金融与实体经济互动发展

任何企业或者都要寻求在新的经济增长常态中如何更好地发展，对采购、仓储、物流、分销等上下游企业分销链条进行有效的整合管理，加强与上下游企业的协作，建立敏捷的供应链，降低内部的供应链成本。金融正在和实体经济、产业技术密切地融合，以在线供应链金融为代表的新的互联网机制、金融服务形式，正在实体经济和金融业之间相互交流、推进、促进。供应链金融的本质是要实现"物流"、"商流"、"资金流"、"信息流"等的多流合一，而互联网无疑是实现这一目标的最佳方式。随着2014年6月12日"首届在线供应链金融推进大会"的召开，产融互补、产融融合将双核推动着现代经济健康发展。所以，政府相关部门应对在线供应链金融的技术、法规、商业模式、客户习惯等方面进行规范化和制度化，从主制造商、主物流商、主交易商、主流通商、主服务商、主金融商、主保理商等多个维度探讨在线供应链金融。

政府应增加财政投入支持发展在线供应链金融。"世贸通"① 是浙江省首家以电子商务模式开展外贸综合服务的平台型企业，为中小外贸企业提供信息、物流、通关、金融等一体化、全程化、透明化的专业服务，涵盖供求、政策、运输、仓储、单证、报检、报关、口岸、保险、外汇、核销、退税、融资等全方位管家式服务，所以，线上供应链金融将沿着传统供应链金融的产业链条，可向下拓展更多的中小微企业客户甚至企业主个人，将 N 个产业链条拓展为"N 的平方"，快速实现在线审贷、在线出账与还款和贷后管理等工作流程，以线上信贷工厂和批量化营销，快速拓展和服务于"两小企业"群体，成为中小微综合金融服务平台。

4.2 实现互联网金融的转变升级，培育行业标杆式的互联网金融企业

构建多元化科技投入新机制，引导传统金融机构在对新兴优质产业提供优惠贷款、加强信贷支持的同时，积极探索新兴金融方式如投资基金、担保平台等多种方式对新兴优质企业加强支持，加快企业层次的转化，提升企业竞争力，全面改造提升传统产业。对于重点支持的在建项目，必须要保障信贷投入，对其贷款要定期监测，掌握银行信贷投放节奏，保持贷款投放的连续性和稳定性。

着力培育和发展一批行业地位居前、特色鲜明、竞争力强的互联网金融企业，加快构建互联网金融创新集聚区，形成传统金融与互联网金融良性互动、共生发展的新格局。发展互联网金融产业链联盟。支持互联网金融企业与金融机构、创业投资机构、产业投资基金深度合作，整合资源优势，结成互联网金融产业链联盟。支持互联网金融产业链联盟发起设立产业基金、并购基金和风险补偿基金，以满足互联网金融企业不同阶段、不同层次的资金需求。

培育大数据金融企业。大数据正在重构整个金融行业，金融业是大数据的重要产生者，交易、报价、业绩报告、消费者研究报告、官方统计数据公报、调查、新闻报道无一不是数据来源。金融业也高度依赖信息技术，是典型的数据驱动行业。互联网金融环境中，数据作为金融核心资产，将撼动了传统客户关系、抵质押品在金融业务中的地位，在云计算、大数据、手机或平板电脑等移动智能终端设备（BYOD）等技术正在引领金融信息化的变革。

---

① 2014 年 6 月 20 日，浙江省商务厅研究确定了十家重点培育外贸综合服务试点企业（浙商务贸发〔2014〕103 号），"世贸通"于 2012 年获得了国家发展和改革委员会批复的"国家级国际贸易电子商务服务试点项目"。

4.3 进行网络诚信体系建设，构建良好的互联网金融生态环境

金融的核心在信用，良好健全的信用体系及征信结构是金融业特别是互联网金融可持续发展的支撑，信用体系不完善以及缺失会造成较高的信用成本并损害金融消费者的权益，特别是互联网金融所具有的运营模式更需要信用制度与之适应。现阶段，互联网金融行业亟待解决的主要问题包括：行业准入门槛过低，互联网金融企业数量急剧增多，业务经营实力、风险管控能力参差不齐；行业监管主体不明确，法律法规监管政策不完善，违法违规现象频发；网络技术安全存在隐患，个人权益保护力度不够等。

互联网金融行业具有技术相对密集、参与人员众多、跨区域发展等特点，一旦陷入信用危机泥潭，将可能引发事关社会稳定的重大问题，因此要建立互联网金融行业的风险预警机制及相应的风险应急处置预案。特别是，对非法互联网金融平台、高风险互联网金融产品等信息更应该及时向投资参与者进行风险预警，并采取有效措施进行风险化解。

应推进实名制建设，纳入统一的央行征信管理体系。互联网金融行业的健康发展需要一个良好的金融生态环境。国内个人及小微企业的信用评价体系建设尚未健全，绝大多数的互联网金融企业尚未接入央行个人征信系统，要准确获知借款人的信用状况需额外付出较高成本。另外，由于网络的虚拟性和没有征信系统的约束，互联网金融更容易产生欺诈和欠款违约的纠纷，投资人的资金安全难以得到保证。因此，建议加强互联网金融生态环境建设，推行互联网身份认证、网站认证和电子签名等实名制度，确保互联网金融参与者实名制；同时，将互联网金融企业纳入央行征信管理体系，这不仅规范了互联网金融企业的信用评级体系建设，更可用其平台上的交易数据来充实完善央行征信管理信息。

4.4 基础设施持续优化，注重内部风险控制

近年来，中国不断投入巨额财政建设基础设施，为我国互联网金融的发展打下了基础。互联网无论是从上网速度还是反应速度都得到了大幅度改善，将互联网的优势最大程度发挥了出来。网上消费是此经经济增长的有效方法之一，网上消费跨越了地域的阻碍，让许许多多中小企业获得了宝贵的发展机会，也给大企业提供了走出去的机会。网络设施的改善将提升网络用户的上网体验，并提高通信质量与安全。

互联网金融企业往往在不明确量化借贷风险的情况下对投资者就承诺较高的收益，即使借贷者出现任何的延期还款甚至不还款的情况下，平台都需要挪用其他的资金来按时给予投资者承诺的收益，一旦借贷方面出现的问题呈现规模，平台就可能因没有资金给投资者还款而倒闭。因此互联网企业要注重内部风险控制，可引入第三方审计机构定期进行账目审计，同时逐渐还原互联网金融部分产品的投资属性，不再对投资者进行收益的担保，转向以其他的竞争优势来吸引投资者。

4.5　加快金融法律建设，不断优化互联网金融行业的监管

要不断加快金融法律的建设，促进互联网金融健康的发展。国家应出台专门的法律来面对不断发展的互联网金融发展现状。中国银监会应该充分意识到，互联网金融对实体经济带来的巨大作用。如果政府部门不引导，任由其发展，便会出现问题，影响中国的经济发展。因此监管法律的建设变得尤为迫切。

借鉴国外互联网金融立法的经验，完善对消费者隐私保护、电子合同的合法性以及交易证据确认等方面的规定，最终营造权责分明、法理明确的互联网金融市场。互联网金融业务准入标准和退出机制，并对现有的互联网金融平台进行清理，对不符合标准、风险较高的平台要坚决予以关闭。要制定互联网金融行业规范，政府部门不仅要出台有关管理办法，还应推动建立相关的互联网金融行业协会，制定行业规则，规范和引导互联网金融平台的健康发展，由此强化自身建设，提高其抵御风险的能力和盈利能力。

互联网金融的快速发展，引起了我国政府及监管部门的高度关注。在第十二届全国人民代表大会第二次会议上，互联网金融首入政府工作报告。国务院总理李克强指出"促进互联网金融健康发展，完善金融监管协调机制"。互联网金融的发展和监管已然进入中国政府高层的视野，"两会"期间，中国人民银行行长周小川、副行长潘功胜和副行长易纲均表示，鼓励互联网金融发展，鼓励金融领域科技的应用。中国银监会主席尚福林也提出"栅栏、普惠、驱动"三大原则推进银行业金融创新。

监管部门也加大了互联网金融监管力度。2014年3月13日，中国人民银行下发《关于暂停支付宝等公司线下二维码支付等业务意见的函》，暂停支付宝、腾讯的虚拟信用卡以及条码（二维码）支付。2014年3月14日，中国人民银行对《支付机构网络支付业务管理办法》、《手机支付发展指导意见》草案征求意见，内容涉及个人支付账户单笔、累计支付转账限额。2014年4月9日，中国人

民银行、中国银监会共同出台《关于加强商业银行与第三方支付机构合作业务管理的通知》,对银行与第三方支付机构合作中涉及的信息管理、身份验证、交易限额、风险防控等内容进行了规范。国务院办公厅 2016 年 4 月 12 日印发《互联网金融风险专项整治工作实施方案》(国办发〔2016〕21 号),2016 年 8 月 17 日中国银监会、工业和信息化部、公安部、国家互联网信息办公室联合起草的《网络借贷信息中介机构业务活动管理暂行办法》,至此,互联网金融的行业监管基本定调。

要进一步出台促进互联网金融发展的政策意见,引导行业规范健康发展。积极支持网络借贷服务企业联盟等组织开展行业自律、出台准入标准、规范经营行为、防控行业风险;探索建立互联网金融领域统计监测制度,与第三方机构合作对相关领域开展监测评估;支持相关网络融资中介企业(主要是 P2P 机构)申领增值电信业务经营许可证(ICP 证)等。

参考文献

[1] Petersen Mitchell A. Information: Hard and Soft. Working paper, Kellogg School Of Management, 2004.

[2] Heng S, Meyer T, and Stobbe A. Implications of web 2.0 for financial institutions: Be a driver, Not a passenger. *Social Science Electronic Publishing*, 2007.

[3] Berger S. and Gleisner F. Emergence of financial intermediaries on electronic Markets: The case of online P2P lending. *Journal of Business Research*, 2008. 2009, 2 (1): 39 – 65.

[4] Lauri Puro, Jeffrey E. Teich, Hannele Wallenius, Jyrki Wallenius. Borrower decision aid for people – to – people lending. *Decision Support Systems*, 2010, 49 (1): 52 – 60.

[5] Barasinska, N., The role of gender in lending business: Evidence from an online market for peer – to – peer lending. *Working Paper FINESS*, 2009.

[6] Berkovich, E. Search and herding effects in peer – to – peer lending: evidence from prosper. com . *Annals of Finance*, 2011, 7 (3): 389 – 405.

[7] Chen D. Y., Han chaodong. A comparative study of online P2P lending in the USA and China. *Journal of Internet Banking and Commerce*, 2012, 17 (2): 1 – 15.

[8] Collier, B., and Hampshire. R. Sending mixed signals: Multilevel reputation effects in peer – to – peer lending markets. *Proceedings of the CSCW, Savannah,*

Georhia. USA, 2010.

［9］Garman, S., Hampshire, R., and Krishnan, R. Person–to–person lending: The pursuit of competitive credit markets. *Twenty Ninth International Conference on Information Systems*, 2008.

［10］Greiner M. E., Wang H. The role of social capital in people–to–people lending marketplaces［R］. *International Conference on Information Systems*, 2009.

［11］Hearzenstein M., Dholakia U. M., Andrews R. L. Strategic herding behavior in peer–to–peer loan auctions. *Journal of Interactive Marketing*, 2011, 25 (1): 27–36.

［12］Lin, M. F., Prabhala, N. R., and Viswanathan, S. . Judging borrowers by the company they keep: Friendship networks and information asymmetry in online peer–to–peer lending. *Management Science*, 2013, 59 (1): 17–35.

［13］Puro, L., Teich, J. E., Wallenius, H., & Wallenius, J. Borrower decision aid for people–to–people lending. *Decision Support Systems*, 2010, 49 (1): 52–60.

［14］H. Wang, M. Greiner, J. E. Aronson. People–to–people lending: The emerging e–commerce transformation of a financial market. *Americas Conference on Information Systems*, 2009 .

［15］M. Binswanger. Stock market booms and real economic activity: Is this time different? . *International Review of Economics and Finance*, 2000, 9 (4): 387–415.

［16］C. Green. Flow of Funds: Implications for research on financial sector development and the real economy. *Journal of International Development*, 2003, 15 (8): 1015–1036.

［17］G. Caporalea, N. Spagnolob. Asset prices and output growth volatility: The effects of financial crises. *Economics Letters*, 2003, 79 (1): 69–74.

［18］王洪波："虚拟经济与实体经济双向效应的实证分析"，《南方金融》2012年第3期。

［19］胡正、秦娟："中国货币流通速度的新度量：1987—2009"，《云南财经大学学报》2014年第3期。

［20］伍超明："虚拟经济与实体经济关系研究——基于货币循环流模型的分析"，《财经研究》2004年第8期。

［21］成思危："虚拟经济与金融危机"，《管理科学学报》2005年第1期。

［22］刘俊民："财富本质与虚拟经济"，《南开经济研究》2002年第5期。

［23］段彦飞："虚拟经济与实体经济关系研究",《南开大学学报》2009年第2期。

［24］卢卡斯·门克霍夫、诺伯特·托克斯多尔夫:《金融市场的变迁——金融部门与实体经济分离了吗》,中国人民大学出版社2005年版。

［25］潘英丽："关于虚拟经济的演进及其两重性探讨",《华东师范大学学报》2003年第3期。

［26］成思危："虚拟经济探微",《南开大学学报》2007年第2期。

［27］陈凌岚、陈永志："美国金融危机的启示——基于虚拟经济与实体经济匹配的视角",《学海》2010年第3期。

［28］杨昌斌："从GDP核算看实体经济与虚拟经济",《开放导报》2013年第2期。

［29］邱兆祥、安世友："金融与实体经济关系的重新审视",《教学与研究》2014年第1期。

［30］刘俊民："虚拟经济的理论框架及其命题",《南开大学学报》2003年第2期。

［31］伍超明："虚拟经济与实体经济关系模型——对经常性背离关系的论证",《上海经济研究》2014年第12期。

［32］董圆圆："电子商务信任问题理论框架研究",《管理学报》2005年第5期。

［33］尤瑞章、张晓霞："P2P在线借贷的中外比较分析兼论对我国的启示",《金融发展评论》2010年第3期。

［34］王紫薇、袁中华、钟鑫："中国P2P网络小额信贷运营模式研究——基于'拍拍贷'、'宜农贷'的案例分析",《新金融》2012年第2期。

［35］周黎安、张维迎、顾全林、沈鼓："信誉的价值：以网上拍卖交易为例",《经济研究》2006年第12期。

［36］路阳："网络信贷的现状及发展分析——以拍拍贷为例",《新财经（理论版）》2010年第10期。

［37］王卫东："中国城市居民的社会网络资本与个人资本",《社会学研究》2006年第3期。

［38］邢增艺、王艳："网络借贷：微型金融发展新趋势",《前沿》2010年第23期。

［39］郭阳："中国P2P小额贷款发展现状研究",《上海金融》2012年第12期。

[40] 陈雨露、边卫红:"电子货币发展与中央银行面临的风险分析",《国际金融研究》2002 年第 1 期。

[41] 何光辉、杨咸月:"手机银行模式与监管:金融包容与中国的战略转移",《财贸经济》2011 年第 4 期。

[42] 谢平、尹龙:"网络经济下的金融理论与金融治理",《经济研究》2001 年第 4 期。

[43] 谢平:"互联网金融模式研究",《金融研究》2012 年第 10 期。

[44] 李博、董亮:"互联网金融的模式与发展",《中国金融》2013 年第 10 期。

[45] 莫易娴:"P2P 网络借贷国内外理论与实践研究文献综述",《金融理论与实践》2011 年第 12 期。

[46] 黄海龙:"基于以电商平台为核心的互联网金融研究",《上海金融》2013 年第 8 期。

后 记

本书是我多年来在普惠金融相关课题研究和资料积累的基础上、经过近四年年的修改整理完善才得以完成的。在完成该著作的过程中得到了宁波市政府有关部门、宁波市人民政府金融办、中国人民银行宁波市中心支行、温州市金融办、德清县金融办、临海农商银行等单位和机构的帮助,并提供了相应的资料,对提高本著作的质量起到很重要的作用,在此表示感谢。

金融学专业 2011 级孟玥、童岚、陈翔、张欢欢等同学,金融学专业 2012 级张佳凤、周凯吉等同学,物流工程 2014 级硕士王剑潇同学等参与完成本著作进行了资料搜集和整理工作,在此一并表示感谢!

写作过程中得到了单位领导和同事的帮助、提出了很好的建议;也感谢家人对我的支持和理解、使此著作得以完成。

作者　田剑英
2017 年 2 月 9 日